O IMPOSTO SOBRE A RENDA E AS DEDUÇÕES
DE NATUREZA CONSTITUCIONAL

Bibliotecária responsável: Maria Erilene de Alencar, CRB-8/ 9677

C344i

Castellani, Fernando Ferreira. O imposto sobre a renda e as deduções de natureza constitucional / Fernando Ferreira Castellani. – São Paulo : Noeses, 2015.

Inclui bibliografia.
256 p.
ISBN: 978-85-8310-051-5

1. Imposto sobre a renda. 2. Imposto sobre a renda - direito constitucional. 3. Lei complementar tributária. 4. Direitos fundamentais.

CDU - 336.215:342

FERNANDO FERREIRA CASTELLANI

Doutor e Mestre em Direito Tributário pela PUC/SP. Especialista em Direito Tributário pelo IBET. Autor da obra As Contribuições Especiais e sua Destinação (Noeses, 2009). Ex-Conselheiro do Conselho Administrativo de Recursos Fiscais - CARF. Professor do IBET. Advogado e Consultor Tributário.

O IMPOSTO SOBRE A RENDA E AS DEDUÇÕES DE NATUREZA CONSTITUCIONAL

2015

Fundador e Editor-chefe: Paulo de Barros Carvalho
Gerente de Produção Editorial: Rosangela Santos
Arte e Diagramação: Renato Castro
Revisão: Georgia Evelyn Franco
Designer de Capa: Aliá3 - Marcos Duarte

TODOS OS DIREITOS RESERVADOS. Proibida a reprodução total ou parcial, por qualquer meio ou processo, especialmente por sistemas gráficos, microfílmicos, fotográficos, reprográficos, fonográficos, videográficos. Vedada a memorização e/ou a recuperação total ou parcial, bem como a inclusão de qualquer parte desta obra em qualquer sistema de processamento de dados. Essas proibições aplicam-se também às características gráficas da obra e à sua editoração. A violação dos direitos autorais é punível como crime (art. 184 e parágrafos, do Código Penal), com pena de prisão e multa, conjuntamente com busca e apreensão e indenizações diversas (arts. 101 a 110 da Lei 9.610, de 19.02.1998, Lei dos Direitos Autorais).

2015

Editora Noeses Ltda.
Tel/fax: 55 11 3666 6055
www.editoranoeses.com.br

Este trabalho é dedicado aos meus filhos, Isabela e Pedro Henrique, expressão maior de meu amor, na esperança de que o convívio perdido, pela ausência decorrente das horas de dedicação a este projeto, reverta-se em exemplo próximo, a cada um deles, de que o trabalho sempre dignifica o homem e é a única via digna para a conquista dos objetivos.

É dedicado, ainda, à minha esposa, Ana Martha, por ter sido, durante todo esse tempo, pilar inabalável de nossa família. Seu amor, demonstrado não apenas por seus carinhos, mas, principalmente, por sua dedicação, é conforto inesgotável e fonte de felicidade.

AGRADECIMENTOS

Tarefa ingrata e difícil, para não dizer impossível, elaborar agradecimentos a todos aqueles que mereciam, aqui, ser lembrados.

Esse trabalho é fruto da tese de doutorado, defendida perante a prestigiada Pontifícia Universidade Católica de São Paulo. Trata-se de um processo e uma fase na vida do acadêmico e, assim sendo, envolve todos aqueles que, de alguma forma, marcaram e participaram desse período.

Por justiça, inicio os agradecimentos pela nobre professora e orientadora Dra. Regina Helena Costa. Sua presença, sua cobrança e sua intervenção, sempre precisa, contribuíram de maneira decisiva para o trabalho. A forma direta, às vezes dura, de apontar as inconsistências de pontos do trabalho é mostra incontestável de seu desejo de extrair, de seus alunos, o que tem de melhor. Como uma boa amiga, não aceitava o mediano, indicando o erro e exigindo sua superação. Obrigado por tudo.

Também por justiça, agradeço aos membros da banca de qualificação, professores Estevão Horvath e Renato Lopes Becho. Com comprometimento e lealdade acadêmica, não pouparam críticas ao que merecia ser criticado, contribuindo também, de maneira decisiva, para a construção do presente trabalho.

O IMPOSTO SOBRE A RENDA E AS DEDUÇÕES DE
NATUREZA CONSTITUCIONAL

Da mesma forma, agradeço aos membros da banca efetiva, composta, ainda, pelas professoras Elizabeth Nazzar Carrazza, Susy Gomes Hoffmann e Paulo Ayres Barreto. Os pertinentes e precisos questionamentos influenciaram e aperfeiçoaram o trabalho desenvolvido. De maneira absolutamente generosa, dividiram seus conhecimentos, apontaram caminhos e desdobramentos possíveis. Generosos, ainda, ao atribuírem nota máxima. Muito obrigado.

Agradeço, ainda, ao Professor Paulo de Barros Carvalho, orientador de meu trabalho de mestrado e influência marcante em minha trajetória acadêmica e profissional. Mais uma vez, honra-me, sobremaneira, ao permitir que compartilhe com o meio acadêmico meu trabalho, por intermédio da publicação da obra na conceituada e seletiva editora Noeses. Trata-se de um privilégio singular poder conviver com os integrantes da escola formada ao seu redor. Muito obrigado por esta e por todas as demais oportunidades.

Por justiça, mas agora, também, por amizade, agradeço ao meu sócio e companheiro de jornada profissional, José Renato Camilotti. Agradeço a compreensão pela ausência em diferentes momentos, o enriquecimento teórico, fruto de nossas discussões e a revisão de partes do trabalho.

Por fim, mas não menos importante, agradeço ao dedicado e primoroso trabalho de revisão e de adequação realizado pela equipe da Editora Noeses. A competência, o comprometimento e o cuidado demonstrados mostram que a notoriedade já alcançada pela Editora não é por acaso. Trata-se de resultado da busca constante da excelência.

Muito obrigado a todos.

VIII

[...] Tu sabes,
conheces melhor do que eu
a velha história.

Na primeira noite eles se aproximam
e roubam uma flor
do nosso jardim.

E não dizemos nada.

Na segunda noite, já não se escondem:
pisam as flores,
matam nosso cão,
e não dizemos nada.

Até que um dia,
o mais frágil deles
entra sozinho em nossa casa,
rouba-nos a luz e,
conhecendo nosso medo,
arranca-nos a voz da garganta.

E já não podemos dizer nada.

POEMA "NO CAMINHO COM MAIAKÓVSKI"

EDUARDO ALVES DA COSTA

(1936)

SUMÁRIO

PREFÁCIO..XVII

APRESENTAÇÃO..XXI

CAPÍTULO I – INTRODUÇÃO...01

1.1. Relevância do tema proposto...01

1.2. Considerações propedêuticas..03

    1.2.1. Objetivos do trabalho...03

    1.2.2. Desenvolvimento e delimitação do tema..........03

CAPÍTULO II – AS TEORIAS SOBRE RENDA...........07

2.1. Renda e as teorias econômicas......................................08

2.2. Renda e as teorias dos produtos de uma fonte..........11

2.3. Renda e as teorias do acréscimo patrimonial............13

2.4. Renda e as teorias legalistas...15

2.5. Renda e algumas posições doutrinárias.....................17

XI

O IMPOSTO SOBRE A RENDA E AS DEDUÇÕES DE
NATUREZA CONSTITUCIONAL

CAPÍTULO III – AS NUANCES CONSTITUCIONAIS PARA A CONSTRUÇÃO DO CONCEITO DE RENDA 27

3.1. Renda e proventos na Constituição Federal: os usos do signo e seus significados possíveis 28

3.1.1. Renda como rendimentos decorrentes de trabalho pessoal 29

3.1.2. Renda como receitas líquidas disponíveis 31

3.1.3. Renda como riqueza média de uma região do país 32

3.1.4. Renda como ganho de capital (acréscimo patrimonial) 33

3.1.5. Renda como riqueza nova (em oposição ao patrimônio e à receita) 34

3.1.6. Proventos e sua caracterização como remuneração aos aposentados 38

3.1.7. Renda e proventos como fatos geradores do imposto sobre a renda 43

3.2. A renda e as demais materialidades constitucionais: o conceito de renda construído pela exclusão de bases 45

3.2.1. As classificações constitucionais como elemento determinante 46

3.2.2. Conceituação negativa de renda 52

3.2.2.1. Fatos geradores relacionados às operações com produtos ou serviço 54

3.2.2.2. Fatos geradores relacionados à transmissão de bens ou de direitos 56

XII

3.2.2.3. Fatos geradores relacionados ao patrimônio 56

3.2.2.4. Fatos geradores relacionados ao resultado econômico.. 57

3.2.2.5. Das exclusões recíprocas dos fatos 58

3.2.3. Do inter-relacionamento dos fatos geradores e de suas bases de cálculos 61

CAPÍTULO IV – AS ACEPÇÕES DE RENDA E PROVENTOS NAS NORMAS GERAIS EM MATÉRIA TRIBUTÁRIA (LEI COMPLEMENTAR TRIBUTÁRIA) 65

4.1. A lei complementar tributária 66

4.2. A função típica e atípica da lei complementar em matéria tributária.. 67

4.2.1. As funções típicas 68

4.2.2. Das funções atípicas................................. 72

4.3. Das normas gerais acerca de imposto sobre a renda e proventos de qualquer natureza 73

4.3.1. Acréscimo patrimonial 74

4.3.2. Das origens da renda 79

4.3.3. Da disponibilidade da renda 84

CAPÍTULO V – O IMPOSTO SOBRE A RENDA E OS PRINCÍPIOS FUNDAMENTAIS 89

5.1. O princípio da isonomia.. 93

5.2. Isonomia tributária... 98

XIII

O IMPOSTO SOBRE A RENDA E AS DEDUÇÕES DE
NATUREZA CONSTITUCIONAL

5.3. Capacidade contributiva 102

5.4. O mínimo existencial... 106

    5.4.1. Conceituação do mínimo essencial ou existencial 107

    5.4.2. Capacidade econômica e capacidade contributiva: diferenciação necessária 110

    5.4.3. Impossibilidade de tributação do mínimo existencial 115

    5.4.4. O mínimo existencial na doutrina e na legislação alienígena 118

5.5. A limitação explícita do não confisco 124

    5.5.1. Contextualização do não confisco e sua definição 133

5.6. Os princípios da generalidade, universalidade e progressividade 139

CAPÍTULO VI – SISTEMATIZAÇÃO DAS DEDUÇÕES RELACIONADAS AOS DIREITOS FUNDAMENTAIS E À PRATICABILIDADE TRIBUTÁRIA 151

6.1. O mínimo existencial e o mínimo existencial digno ... 152

6.2. As atuais regras de deduções no imposto sobre a renda 158

    6.2.1. Limitações às deduções na tributação da renda da pessoa física 164

6.3. A construção de um modelo de deduções pautado no mínimo existencial digno... 168

    6.3.1. A tipificação das despesas dedutíveis: das despesas necessárias... 172

FERNANDO FERREIRA CASTELLANI

6.3.2. A quantificação das despesas dedutíveis: das despesas suficientes 174

6.3.3. Do fato à norma, pela valoração 180

6.4. O princípio da praticabilidade no direito tributário... 182

6.4.1. Sistematização das deduções pela praticabilidade 191

6.4.2. Da simplificação das despesas dedutíveis e seus limites 198

6.4.2.1. Despesas plenamente dedutíveis 199

6.4.2.2. Despesas parcialmente dedutíveis....... 203

6.4.3. Proposta de redação legislativa das deduções no imposto sobre a renda pessoa física 206

CAPÍTULO VII – ANÁLISE PRAGMÁTICA: A INCONSTITUCIONAL LIMITAÇÃO DE DESPESAS COM EDUCAÇÃO **211**

7.1. Da delimitação da controvérsia 212

7.2. Da arguição de inconstitucionalidade no TRF3 e a declaração de inconstitucionalidade dos limites de dedução 215

7.3. Da Ação Direta de Inconstitucionalidade – ADI – 4927 222

7.4. Breve análise das ações propostas 227

CONCLUSÕES **231**

BIBLIOGRAFIA **239**

XV

PREFÁCIO

O imposto sobre a renda e proventos de qualquer natureza continua sendo, entre as receitas coativas do Estado, aquela que reúne as melhores condições de aproximar-se efetivamente do suporte contributivo do sujeito passivo, sem lhe ofender os limites, ultrapassando suas possibilidades. O conhecimento desse tributo, concebido e implantado numa organização extensa, surpreende pela dificuldade, desde o exame do primeiro instante, porque são feixes normativos editados em tempos diferentes e que adquiriram entrosamento por força de contingências produzidas pela própria realidade social, numa evolução histórica que acompanha a instabilidade política e econômica de nossa experiência republicana.

O vulto do modelo brasileiro do imposto sobre a renda reflete iniciativas de várias ordens, coordenadas para atingir determinados objetivos, algumas vezes mediante a ponderação sobre fatores nacionais relevantes, mas, em outras, simplesmente para inserir, sem maiores reflexões, providências bem-sucedidas em ambientes sociais diversos, que pouca ou nenhuma afinidade mantinha com a prática de nossas instituições. E os desencontros manifestaram-se rapidamente: não basta adotar projetos atualíssimos, colhidos em sociedades mais desenvolvidas, gerados em sistemas que obtiveram

O IMPOSTO SOBRE A RENDA E AS DEDUÇÕES DE
NATUREZA CONSTITUCIONAL

resultados eficientes e estimulantes, para que dê certo o projeto. Aliás, o relato histórico desse imposto é afirmação eloquente de quão difícil pode ser a montagem de um conjunto normativo que se pretenda compensado e harmonioso, a ponto de provocar incidências apenas dentro dos marcos que assinalem as possibilidades econômicas dos destinatários.

De uma concepção inicial simples, precária, deficiente em múltiplos sentidos, foi longa e sofrida a trajetória para compor o vasto e intrincado subsistema atual, objeto de muitas críticas, de muitas polêmicas, mas que tem sua identidade e está apto para responder, em certa medida, aos anseios e expectativas do contribuinte brasileiro. Em outras palavras, temos o nosso sistema, apurado no dia a dia da instabilidade jurídica, de seu próprio ambiente, susceptível sempre a processos de alteração que atendam aos expedientes nomodinâmicos de seu funcionamento, pronto que deve estar para fazer frente às mutações sociais mais importantes.

Neste livro que o leitor tem em mãos, Fernando Castellani desenvolveu estudo sério e consistente acerca do imposto sobre a renda e proventos de qualquer natureza, partindo, como sói acontecer, do Texto Constitucional, para buscar os contornos jurídicos da figura impositiva, nos diferentes patamares do direito posto. Agora, a tônica de seu trabalho está num ponto fundamental e decisivo: o conceito constitucional de *renda* e o domínio possível das despesas dedutíveis, como elementos de determinação da base de cálculo. É observando as oscilações semânticas da palavra *renda*, cumprindo seu papel sintático de complemento de um verbo que o constituinte, na verdade, nunca enunciou, que o Autor firma posição, sentindo-se intelectualmente autorizado a fazer progredir a pesquisa e levar adiante seu objetivo de manifestar-se a respeito do regime de deduções do gravame, mesmo porque há de existir, segundo pensa, uma compatibilidade absolutamente necessária entre o núcleo do critério material da hipótese e a base de cálculo

XVIII

do imposto, grandeza escolhida pelo legislador para dimensionar a intensidade do evento. Tal relação, de tão relevante, mereceu expressa referência constitucional.

Fernando, com sua experiência didática e espírito aceso pelo vivo interesse no trato do assunto, vai conduzindo o raciocínio até chegar a conclusões incisivas, que me permito referir pela importância que representam para a demarcação do conteúdo desta obra.

Com efeito, afirma que as regras sobre dedução do IR, especialmente no plano das pessoas físicas, são incompatíveis com os princípios constitucionais aplicáveis, pois a técnica de dedução pelas tipificações, ao mesmo tempo em que se adotam limitações de gastos essenciais a tetos arbitrariamente concebidos, gera inadequada combinação que compromete a funcionalidade do sistema. Entende, por isso, que serão dedutíveis todas as despesas necessárias à manutenção da vida familiar digna, mencionadas na própria Constituição da República, nos montantes suficientes para a garantia do mínimo essencial familiar, acolhendo-se, para tanto, os padrões de consumo indicados em levantamentos governamentais sobre o percentual de rendas consumidas. Isso evitaria circunscrever a discussão em termos meramente jurídicos, fazendo com que a norma de dedução fosse construída a partir da identificação dos números atinentes ao fato social específico, em consonância com critérios mais uniformes e estáveis.

Não seria necessário assinalar que essas anotações permitem, quando muito, aproximar-se do pensamento do Autor. A sustentação de seu escrito, porém, é tecida mediante discurso organizado retoricamente, de tal modo que leva à reflexão, favorecendo o convencimento. É preciso dizer, também, que Fernando Castellani associa a atividade profissional com a formação acadêmica, acrescentando a isso sua efetiva participação em importantes órgãos julgadores. Quem sabe a lembrança desse aspecto possa sugerir a destreza em passar

XIX

de normas gerais e abstratas para normas individuais e concretas, ou partir dessas últimas para chegar às primeiras. E o resultado é um trabalho de excelente qualidade, bem fundamentado e que certamente será útil à comunidade jurídica em geral.

São Paulo, 27 de outubro de 2015.

Paulo de Barros Carvalho

Professor Emérito e Titular da PUC-SP e da USP

APRESENTAÇÃO

É com prazer que apresento esta obra, da lavra de Fernando Ferreira Castellani, membro da nova geração de juristas dedicados ao Direito Tributário.

O trabalho resulta de tese de Doutorado, por mim orientada, defendida perante banca, na PUC/SP, e agraciada com a nota máxima.

O autor alia consistente formação acadêmica — Doutor, Mestre e Especialista em Direito Tributário — estampada em produção científica que inclui a obra intitulada *As Contribuições Especiais e sua Destinação* (Noeses, 2009), *Direito Tributário* (Saraiva, 2009) e inúmeros artigos científicos, aliada à intensa atividade profissional como advogado, professor e diretor acadêmico de instituições de ensino. Foi, outrossim, Conselheiro do Conselho Administrativo de Recursos Fiscais — CARF, em Brasília. Essa conjugação de fatores, registre-se, ensejou a confecção de um livro de caráter didático e pragmático, lastreado em boa pesquisa e reflexão, sobre tema atual e pouco explorado — as deduções de natureza constitucional no contexto do Imposto sobre a Renda.

Desse modo, cumprimento o autor e ex-orientando por este livro, de grande valia a todos os interessados em

XXI

O IMPOSTO SOBRE A RENDA E AS DEDUÇÕES DE
NATUREZA CONSTITUCIONAL

aprofundar-se em temas que envolvam a difícil relação entre a tributação e o exercício dos direitos fundamentais.

Regina Helena Costa.

Livre-Docente em Direito Tributário pela PUC/SP. Professora de Direito Tributário da Faculdade e da Pós-Graduação em Direito da PUC/SP. Ministra do Superior Tribunal de Justiça.

CAPÍTULO I
INTRODUÇÃO

1.1. Relevância do tema proposto

A tributação da renda, no Brasil, desde há muito tempo, é objeto de críticas pelos diversos segmentos da sociedade, com especial concentração no meio acadêmico especializado.

Critica-se, com razão, a deficiente adequação da legislação vigente e os princípios da universalidade, da progressividade e da capacidade contributivas. Especialmente neste último item, a limitada relação de despesas dedutíveis, em especial na tributação da pessoa física, leva à inexorável consequência de tributação, sob a rubrica de renda, de valores necessários à manutenção da vida digna da pessoa e da família (art. 1º, III, da CF/88).

A discussão acerca dos limites legais para as deduções, relacionados às despesas de moradia, alimentação, transporte, educação, saúde, entre outras, sempre encontrou resistência da jurisprudência. O grande argumento, para isso, sempre foi a liberdade do legislador para a definição do conceito de renda tributável, assim como a impossibilidade de apuração, com razoabilidade, de tais despesas.

O IMPOSTO SOBRE A RENDA E AS DEDUÇÕES DE NATUREZA CONSTITUCIONAL

Esse panorama geral foi objeto de críticas, especialmente pelos estudos que passaram a relacionar a tributação aos direitos humanos, com a evidente relação entre a liberdade, a propriedade e a tributação. Percebeu-se o vínculo indissociável e passou-se, com isso, a contestar algumas premissas até então aceitas.

Em recente decisão, o Tribunal Regional Federal da 3ª Região, em julgamento de grande relevância[1], reconheceu a inconstitucionalidade de limitações legais à dedução na apuração do imposto sobre a renda da pessoa física de despesas com educação, aplicando, de forma direta, as premissas relacionadas à dignidade da pessoa e capacidade contributiva, abrindo, com isso, via expressa para a rediscussão de temas relacionados aos direitos humanos, dignidade e tributação.

No mesmo período, importante Ação Direta de Inconstitucionalidade[2] foi proposta perante o Supremo Tribunal Federal, discutindo, da mesma forma, mas sob diferentes argumentos, a inconstitucionalidade das limitações de dedução de despesas com educação.

Essas duas ações apenas, de maior envergadura, sem esquecer a existência de inúmeras outras ações e decisões nas instâncias iniciais da Justiça Federal, mostram que o tema tributação e direitos humanos é uma tendência, doutrinária, jurisprudencial e, esperamos, legal.

Isso motivou nosso estudo.

---

1. Para visualização do inteiro teor do acordão, sugerimos a busca em portal do TRF3. Disponível em: <http://goo.gl/cP5Kua>. Acesso em: 21 set. 2015.

2. ADI 4927. Disponível em: <http://goo.gl/iUPYKJ>. Acesso em: 15 set. 2015.

1.2. Considerações propedêuticas

1.2.1. Objetivos do trabalho

O estudo da tributação da renda e suas deduções é, sempre foi e sempre será, de grande relevância para as empresas e para as pessoas físicas em geral.

Especialmente motivado pela atualidade do tema, somada a relevância destacada pelas decisões e pelos processos judiciais de referência, citados anteriormente, pretende-se, com o presente estudo, entender as premissas da tributação da renda, desde a seara constitucional até a legal, para construir, de maneira mais objetiva possível, critérios de mensuração eficaz da capacidade contributiva do sujeito passivo.

No espinhoso e complexo tema de deduções, deu-se ênfase total às definições aplicáveis ao imposto sobre a renda da pessoa física, já que a premissa do trabalho, adotada por corte metodológico, é a análise da influência dos direitos humanos e busca da dignidade sobre a tributação.

Assim, partindo-se dessas premissas, objetivar-se-á construir um sistema de referência no assunto dedutibilidade para a legislação do imposto sobre a renda da pessoa física, atualizável e ajustável pela dinâmica do orçamento familiar e gastos da pessoa física, voltado para o atendimento das necessidades de formação do cidadão.

1.2.2. Desenvolvimento e delimitação do tema

Para o atendimento dos objetivos propostos, o presente estudo tem início na definição do conceito de renda, a partir das teorias mais relevantes, encontradas na doutrina e na jurisprudência. Nada mais natural, afinal o tema dedutibilidade está umbilicalmente relacionado ao conceito da própria renda tributável.

O IMPOSTO SOBRE A RENDA E AS DEDUÇÕES DE
NATUREZA CONSTITUCIONAL

Definidas as premissas doutrinárias, passa-se à análise do mais importante aspecto para a construção do conceito de renda tributável, que é sua definição, ou, ao menos, parametrização, constitucional. Usando de técnica de exclusão, busca-se o confronto entre os diversos fatos geradores eleitos pela Constituição Federal, a fim de impedirmos uma indevida sobreposição de tributação sob mesmo fato gerador.

Obedecendo à lógica natural do sistema jurídico, analisa-se o conjunto de normas gerais em matéria tributária, aplicável ao imposto sobre a renda. A busca da padronização e dos conceitos gerais, mais do que extremamente útil, é necessária à padronização dos diversos sistemas tributários vigentes em nosso sistema jurídico nacional.

Definidas as premissas conceituais e legais acerca da materialidade do imposto sobre a renda, inicia-se uma análise dos mais relevantes princípios constitucionais relacionados à tributação e, em especial, a esse imposto. Tudo isso para, imediatamente após, analisar-se a aplicação das garantias constitucionais relacionadas aos direitos fundamentais e seus impactos na tributação da renda. Nesse ponto, a conceituação da capacidade contributiva é confrontada com dignidade e com necessidade, pessoal e familiar.

De nada valeria tal esforço, nitidamente conceitual e abstrato, se não fosse possível sua operacionalização pelo sistema. Exatamente por isso, debruça-se, nesse ponto, sobre a praticabilidade, representativa de excepcional e necessária ferramenta para a aplicação das regras do sistema. Desenham-se, nesse ponto, critérios de quantificação das deduções relacionadas aos direitos fundamentais mínimos (representadas, por que não, pelas despesas custeadas, em tese, pela remuneração mínima vigente no país).

Por fim, demonstra-se a aplicação concreta, pela jurisprudência, de tais ideias. Isso representa o inicial e o natural efeito das pesquisas e dos estudos doutrinários sobre o tema,

representando, por fim, uma grande tendência da nova tributação, relacionando e harmonizando as necessidades estatais
e os direitos humanos.

CAPÍTULO II

AS TEORIAS SOBRE RENDA

Existe praticamente uma unanimidade doutrinária no sentido da dificuldade interpretativa gerada pela falta de um conceito expresso de renda na Constituição Federal (CF). Isso não significa, contudo, que não existam nuances e limites impostos pela Carta, assim como não existem pontos definidos e regulados pela legislação infraconstitucional.

A expressão *renda* tem sua origem no latim, de *redius*, derivada de *reddere*, que significa devolver ou algo que se repete.[3]

Existem, basicamente, duas posições antagônicas e bem definidas, sendo uma no sentido da existência de um conceito pressuposto de renda, na CF, e outra no sentido da inexistência de tal conceito, cabendo tal definição ao legislador.

As posições são, claramente, distantes. Admitir pela existência de um conceito constitucional de renda significa vislumbrar, no texto magno, a existência de notas, de indicações, de definições que devam ser obrigatoriamente obedecidas pelo ente tributante, a União, ao exercer sua competência.

---

3. Para os espanhóis, temos o termo *renta*; para os franceses, *revenue*; para os alemães, *einkommen* ou *einkunft;* para os ingleses, *income*; para os italianos, *renddito*.

Admitir o contrário, ou seja, a não existência desse conceito, significa dar liberdade plena[4] ao legislador.

Com o objetivo de iniciar o caminho da definição do conceito de renda, analisaremos algumas teorias sobre o tema.

Usaremos, em nossa análise, excelente compilação realizada por Luís Cesar de Souza Queiroz[5], decorrente da análise da obra de Horácio A. Garcia Belsunce[6].

2.1. Renda e as teorias econômicas

Indubitavelmente, a renda é não apenas uma grandeza tributária, mas econômica. E, mais que isso, sua análise e compreensão sempre foram objeto de estudo na economia, afinal, é um de seus objetos.

As teorias econômicas clássicas acerca do conceito de renda trabalham com alguns conceitos fundamentais.

Primeiro, tem-se que renda é o valor obtido da exploração econômica da natureza, especialmente o solo, e, segundo, que configura uma transferência de riquezas ou valores entre diferentes classes sociais, dando a ideia de riqueza nova.

Interessantes palavras de Fernando Aurelio Zilveti:

> Os fisiocratas foram pioneiros a tratar da economia como um sistema, dividiram a sociedade produtiva em três grupos básicos: a classe produtora; a classe dos proprietários de terras e a classe estéril. Como a classe produtora consideravam-se aqueles dedicados à agricultura, ao cultivo da terra; os proprietários de terra recebiam a renda proveniente da atividade de classe produtora;

---

4. A liberdade plena referida, obviamente, não engloba a possibilidade de ignorar os princípios, as imunidades e as demais limitações à competência tributária. Em quaisquer das teorias, não se altera a possibilidade de reconhecer que o imposto sobre a renda, assim como todos os demais, devem respeitar tais regras.

5. *Imposto sobre a renda*: requisitos para uma tributação constitucional. Rio de Janeiro: Forense, 2003, p. 121.

6. *El concepto de crédito en la doctrina y en el derecho tributario*. Buenos Aires: Depalma, 1967.

por último, a classe estéril (industriais, comerciantes e transportadores) era assim designada por não fazer senão a transformação de bens já existentes, sem criar riqueza nova. Designaram, então, os fisiocratas, a renda como o resultado da produção de bens e serviços em um processo econômico circulatório.[7]

Um dos grandes pensadores econômicos da história foi Adam Smith[8]. Para ele, a renda é uma riqueza nova, derivada de uma fonte produtora, podendo se caracterizar como salário (produto do trabalho), lucro (produto do capital) ou interesse (juros de capital emprestado a terceiros). Adam entende que não se pode falar em renda bruta, mas, sim, em renda líquida, separada da manutenção da própria pessoa e recomposição do capital.

David Ricardo expôs o essencial de sua teoria de renda em seu *Princípios de Economia Política e Tributação* (1817) de uma forma clara e concisa. Basicamente, definiu a chamada *teoria de renda diferencial*, analisando que a renda, em uma atividade empresarial, não pode ser analisada de maneira isolada, mas, sim, ampla, considerando as diferentes etapas produtivas, em diferentes locais. Usava o exemplo de diferentes campos de cereais. O resultado *renda*, do produtor, deveria ser calculado com base nos resultados individuais de todos os campos, com abatimentos e compensações entre eles, de forma a apurar o resultado médio.

Em período mais recente, Alfred Marshall[9], resumiu *renda* como o produto de capital, seja ele material ou imaterial. Defende a necessidade de apuração do incremento líquido, ou seja, deduzindo-se os custos necessários para a criação do produto.

---

7. "O princípio da realização da renda". *Direito tributário*, coordenação Luis Eduardo Schoueri. São Paulo: Quartier Latin, 2003, p. 301

8. Autor, entre outras obras, da famosa *Riqueza das nações*, em 1775.

9. Autor, entre outras obras, de *Princípios de economia*, em 1890.

O IMPOSTO SOBRE A RENDA E AS DEDUÇÕES DE NATUREZA CONSTITUCIONAL

A partir desses autores e outros analisados[10] por Horácio A. Garcia Belsunce e Luiz Cesar Souza Queiroz, assim se resumem as teorias econômicas sobre a renda:

> Renda é o acréscimo de valor patrimonial (riqueza nova, acréscimo de riqueza), representativo da obtenção de produto, da ocorrência de fluxo de riqueza ou de simples aumento no valor do patrimônio, de natureza material ou imaterial, acumulado ou consumido, que decorre ou não de uma fonte permanente, que decorre ou não de uma fonte produtiva, que não necessariamente está realizado, que não necessariamente está separado, que pode ou não ser periódico ou reproduzível, normalmente líquido, e que pode ser de índole monetária, em espécie ou real.[11]

As teorias econômicas, apesar dos evidentes e importantes acertos e contribuições, parecem não diferenciar *renda* de *rendimentos*. Mais que isso, não se ocupam em identificar a natureza da fonte produtora da renda, além de não analisarem, com cuidado, eventuais despesas e custos para composição do que seria a renda ou o acréscimo líquido.

José Luiz Bulhões Pereira elenca três teorias econômicas sobre a renda:

> a) renda real é resultado do ato de consumo: consiste nos serviços que o agente recebe ao usar os bens econômicos e que utiliza como meios para realizar seus fins e objetivos; b) renda produzida é o resultado líquido dos atos de produção, que transferem serviços de recursos para bens econômicos; consiste, portanto,

---

10. Na obra de Horácio A. Garcia Belsunce, elenca-se a posição de dezessete pensadores econômicos, como Jean B. Say, autor do *Tratado de economia (1803)*; Thomas Robert Malthus, autor de *Princípios de economia política (1820)*; Ricardo Thunen, autor de *Der isolieterte staat (1826)*; John Stuart Mill, autor de *Princípios da economia política (1848)*; Biersack, autor de *Grundsaetza und ehre (1850)*; Roscher, autor de *Grundlangen (1869)*; Adolf Held, autor de *Die Einkpmmentseur (1872)*; Hermann; autor de *Staatwirtschaftliche (1876)*; Adolf Wagner, autor de *Grundlegung der polltischen Oekonomie (1876)*; Guth, autor de *Die lehe von Einkommen indessen Gesammtweige (1878)*; Neumann, autor de *Grundlagen der Vlonkswirstchaftlere (1878)*; Irving Fisher, autor de *Natureza do capital e da renda (1906)*; e Giuseppe Ugo Papi, autor de *Elementi di economia política (1947)*.

11. *Imposto sobre a renda*: requisitos para uma tributação constitucional. Rio de Janeiro: Forense, 2003, p. 128.

em bens econômicos; c) renda individual é o resultado dos atos de repartição da renda produzida pela sociedade: é poder de compra distribuído aos agentes com a intermediação da moeda; consiste, portanto, em moeda, ou o valor em moeda de bens econômicos.[12]

Dá-se, economicamente, um conceito e uma abrangência elástica ao termo *renda*. Por essa razão, apesar de importantes, os delineamentos dessas teorias, não terão, como veremos, aplicação jurídica.

2.2. Renda e as teorias dos produtos de uma fonte

As teorias de renda-produto, ou teoria da fonte[13], definem renda como os produtos de uma fonte permanente, deduzidos os gastos necessários à sua percepção, que se encontram disponíveis para o consumo.[14]

Sua origem remonta às teorias econômicas de renda que a identificavam como produto de capital.

Como mais expressivo autor dessa teoria, Edwin Seligman, em seu *The incometax (1911)*, defende que renda é toda entrada de um determinado indivíduo, que seja superior aos gastos necessários para a sua geração ou aquisição e que esteja disponível para ser consumida.[15] Tem-se, aqui, nitidamente, uma ideia de renda líquida e disponibilidade econômica efetiva. Entende, ainda, que determinadas receitas irregulares, ganhos de usufruto e outros são potencialmente renda.

---

12. José Luiz Bulhões Pereira. *Imposto sobre a renda*: pessoas jurídicas. Rio de Janeiro: Justec, 1979, v. 1, p. 172.

13. COSTA, Alcides Jorge. "Conceito de renda tributável". In: MARTINS, Ives Grandra da Silva (Coord.). *Estudos sobre o imposto de renda*. São Paulo: Resenha Tributária, 1994, p. 20.

14. Nesse sentido, o excelente trabalho de MARTINS, Ricardo Lacaz. *Tributação da renda imobiliária*. São Paulo: Quartier Latin, 2011, p. 65.

15. *Imposto sobre a renda*: requisitos para uma tributação constitucional. Rio de Janeiro: Forense, 2003, p. 131.

O IMPOSTO SOBRE A RENDA E AS DEDUÇÕES DE
NATUREZA CONSTITUCIONAL

Outro autor relevante, Ramon Valdés Costa, em seu *Concepto de renta en la legislacion tributária (1962)*, defende a possibilidade de maior abrangência do conceito de renda, inserindo ganhos de capital, incrementos patrimoniais em geral, entre outros definidos pela lei. Aponta, expressamente, a possibilidade e a conveniência de a lei definir o conceito de renda, descolado das teorias econômicas.

Enfatiza a importância de ligação entre a renda e a regularidade da fonte produtora, ou seja, não se admite, como renda, ingressos acidentais, como prêmios, heranças, doações, entre outros.

Horácio Belsunce, mais uma vez, apresenta, como conceito genérico dos autores[16] filiados a essa corrente, renda como uma riqueza nova material, periódica ou suscetível de ser originada de uma fonte produtiva durável e expressa em termos monetários.[17]

Luís Cesar Souza de Queiroz, mais uma vez, resume o que seria uma definição ampla das diferentes teorias fiscalistas, de forma quase idêntica à usada na definição das teorias econômicas.[18]

---

16. Em sua obra analisa, ao todo, 12 diferentes correntes doutrinárias, como Quarta, autor de *Commento alla legge sulla imposta di richezza mobile (1905)*; Gerbino, autor de *Sull conceto di reddito (1911)*; Battistella, autor de *Il concetto di reddito in economia, in fincanza e nel diritto finaziario (1912)*; Jacopo Tivaroni, autor de *Compendio di scienza delle finanze (1920)*; Charles Ambroise Colin, autor de *La nations du revenue em materie de legislacion fiscale (1924)*, C.C Plehn, autor de *The concept of income as recurrent, consumable receipts (1924)*; Edgard Allix e Marcel Lecercle, autores de *L'impot sur le revenue (1926)*; Antonio de Viti de Marco, autor de *Principii di economia finanziaria (1934)*; e Henry Laufendurger, autor de *Traité de économie et legislation financières. Revenue, capitalet impôt (1950)*.

17. *El concepto de crédito en la doctrina y en el derecho tributario*. Buenos Aires: Depalma, 1967, p. 132, tradução livre.

18. "Renda é o acréscimo de valor patrimonial (riqueza nova, acréscimo de riqueza), representativo da obtenção de produto, da ocorrência de fluxo de riqueza ou de simples aumento no valor do patrimônio, de natureza material ou imaterial, acumulado ou consumido, que decorre ou não de uma fonte permanente, que decorre ou não de uma fonte produtiva, que não necessariamente está realizado, que não necessariamente está separado, que pode ou não ser periódico ou reprodutível, normalmente líquido, e que pode ser de índole monetária ou em espécie." Conforme

A definição de renda, para essa corrente, em nada difere da adotada pelas teorias econômicas, a não ser pela exclusão da consideração da renda real. A renda real, considerada no conceito econômico, considera os bens ou os serviços que se podem adquirir com a renda, o que, para as teorias fiscalistas, atentas à renda enquanto base tributável, nada importa.

As teorias de renda-produto apresentam limitações que estimulam sua não adoção, especialmente a exigência de periodicidade e de regularidade da fonte produtora da renda, que, considerada sua manutenção, não permitiriam determinadas tributações comuns hoje, que implicam a necessidade de realização do próprio capital ou patrimônio, como os ganhos de capital. Por fim, parecem também não diferenciar adequadamente *renda* e *rendimentos*.

2.3. Renda e as teorias do acréscimo patrimonial

Mais uma teoria fortemente desenvolvida é a que enxerga a renda como acréscimo patrimonial.

Identifica-se[19], como seu precursor, Georg Schanz, com seu *Der Einkommensbegriff* (1896 – *O conceito de renda*, em tradução livre). Em seu estudo, aborda a importância da análise da capacidade contributiva como elemento essencial para a definição do conceito de renda, assim como a necessidade

---

Imposto sobre a renda: Requisitos para uma tributação constitucional. Rio de Janeiro: Forense, 2003, p. 136.

19. Mais uma vez, com Horácio Belsunce, no seu *El concepto de crédito en la doctrina y en el derecho tributario*. Buenos Aires: Depalma, 1967. O autor analisa, ainda, outros 12 autores, como F. Gartner, autor de *Über den Einkommenbegriff (1898)*; Ricci, autor de *Reddito e o imposta (1914)*; Garelli, autor de *Il concetto di reditto, nella scienza finanziaria (1917)*; Robert Murray Haig, autor de *El concepto de ingresso: aspectos económicos y legales (1921)*; U. Gobbi, autor de *Trattado di economia (1923)*; Benvenuto Griziotti e Henry C Simons, autores de *Personal income taxation (1938)*; Achille Donato Giannini (1938) e Luigi Einaudi, autores de *Princípios de Fazenda Pública (1940)*, EzioVanoni, autor de *Osservazione sul concetto di reddito in finanza (1932)*; e John F. Due, autor de *Government finance and economic analysis (1959)*.

O IMPOSTO SOBRE A RENDA E AS DEDUÇÕES DE
NATUREZA CONSTITUCIONAL

de verificação do efetivo acréscimo no poder econômico do sujeito, em determinado período.

Instaura, com isso, a ideia de que a renda é o acréscimo líquido do patrimônio em um período de tempo determinado, incluindo os benefícios e rendimentos remunerados por terceiros[20].

Nessa teoria, incluem-se todos os ingressos, oriundos de fonte produtiva ou não, periódicos ou não, mantendo a fonte produtora ou não. Incluem-se, então, heranças, prêmios, legados, presentes, ganhos de capital, serviços, entre outros. É a mais abrangente das teorias.

Luís Cesar Souza de Queiroz, ao resumir as teorias de renda como acréscimo patrimonial, mais uma vez, usa exatamente o mesmo conceito adotado pelas teorias econômicas e de produto, apenas com a diferença de não admissão da chamada renda real (produtos ou serviços adquiridos).[21]

Essa teoria, de enfoque mais moderno, é o posicionamento adotado pelo Código Tributário Nacional de 1966. Nas palavras de Alcides Jorge Costa, a renda seria:

> (1) no montante total recebido de terceiros durante o período, menos as despesas necessárias para a obtenção deste total; (2) no valor do consumo da pessoa, excluído o que for pago com a utilização do montante recebido de terceiros no período. Este valor inclui itens como o valor de uso dos bens duráveis de consumo, como a casa própria, e o valor de bens e serviços de produção própria; e (3) no acréscimo do valor dos ativos possuídos no período.[22]

---

20. Conforme QUEIROZ, Luís Cesar de Souza. *Imposto sobre a renda*: Requisitos para uma tributação constitucional. Rio de Janeiro: Forense, 2003, p. 139.

21. Idem, p. 143.

22. COSTA, Alcides Jorge. *Conceito de renda tributável*. In: MARTINS, Ives Grandra da Silva (Coord). *Estudos sobre o imposto de renda*. São Paulo: Resenha Tributária, 1994, p. 23.

Esse conceito de renda, entendido como acréscimo patrimonial, permite a tributação da renda poupada, consumida, imputada e outros acréscimos patrimoniais diversos.[23]

Outro não é o entendimento de José Luiz Bulhões Pereira, para quem a renda, definida financeiramente, é o fluxo de direitos patrimoniais que acrescem ao patrimônio do indivíduo, passíveis de avaliação em moeda.[24]

Para as teorias de acréscimo patrimonial, em regra, considera-se renda o acréscimo realizado. A distinção entre renda e rendimentos também aparece pouco delineada.

2.4. Renda e as teorias legalistas

As teorias legalistas sobre o conceito de renda partem de uma premissa contestável, mas muito confortável: a lei definirá com total liberdade o conceito de *renda*.

Isso significa reconhecer a inexistência de definição constitucional e, portanto, delegação plena para o legislador, que, aplicando quaisquer das teorias de fundo analisadas (econômica, fonte ou acréscimo), poderá adaptá-las e incrementá-las, visando a maior arrecadação.

Essa teoria não foi esquecida por Horácio A. Garcia Belsunce, que analisou a opinião de três importantes juristas, entre eles, um brasileiro.[25]

Rubens Gomes de Souza, nos estudos de Belsunce, teria utilizado o conceito de renda relacionado ao de rendimento,

---

23. Em regra, a legislação exclui a renda imputada (doações, por exemplo) e difere o acréscimo patrimonial somente quando realizado.

24. PEREIRA, José Luiz Bulhões. *Imposto sobre a renda*: Pessoas jurídicas. Rio de Janeiro: Justec, 1979, v. 1. p. 172.

25. Analisou as opiniões de Rubens Gomes de Souza, autor da obra *O fato gerador do imposto sobre a renda* (1950); Dino Jarach, autor da obra *Curso superior de direito tributário* (1958) e de Carlos M. Giuliane Fonrouge, autor da obra *El concepto de renda en el derecho fiscal* (1959).

O IMPOSTO SOBRE A RENDA E AS DEDUÇÕES DE NATUREZA CONSTITUCIONAL

sendo este definido pela legislação. Assim sendo, reconhecia a possibilidade de o legislador definir amplamente o conceito de *renda*.

Ricardo Lacaz Martins[26] não concorda com a afirmação do jurista argentino. Escreve que a passagem da obra de Rubens Gomes de Souza, na qual supostamente teria adotado tal posição, não foi corretamente interpretada e contextualizada.

Vejamos o texto:

> [...] veremos, desde logo, que é praticamente impossível aplicar essa definição ao caso do imposto de renda sem subordinar essa aplicação ao regime legal imposto. [...] Por outro lado, procurar elaborar uma definição completa de rendimento, mesmo em função da lei brasileira, seria difícil e de resto excedendo do programa deste trabalho: parece-nos suficiente, para fins do presente trabalho, indicar que o fato gerador do imposto de renda, no sistema brasileiro, consiste na disponibilidade econômica de uma importância de dinheiro ou suscetível de avaliação em dinheiro, proveniente do capital, do trabalho ou da combinação de ambos, e compreendida na definição legal da incidência dos impostos cedulares ou do imposto complementar progressivo, em se tratando de pessoas físicas, ou na determinação legal dos lucros tributáveis, em se tratando de pessoas jurídicas.[27]

Citando Brandão Machado[28], o autor defende que Gomes de Souza filiava-se, na verdade, à teoria da propriedade econômica, oriunda do Direito alemão. Alega, ainda, que sua manifestação somente reconhecia o sistema vigente e foi pautado no absoluto pragmatismo.

Dino Jarach, em seu *Curso superior de direito tributário (1958)*, defende a impossibilidade de uma definição sintética

---

26. MARTINS, Ricardo Lacaz. *Tributação da renda imobiliária*. São Paulo: Quartier Latin, 2011, p. 65.

27. SOUZA, Rubens Gomes de. *O fato gerador do imposto de renda*. São Paulo: Saraiva, 1950, p. 174, citado por MARTINS, Ricardo Lacaz. *Tributação da renda imobiliária*. São Paulo: Quartier Latin, 2011, p. 70.

28. MACHADO, Brandão. "Breve exame crítico do art. 43 do CTN: em memória de Henry Tilberty". São Paulo: Resenha Tributária, 1994, p. 119.

de *renda*, por força das inúmeras teorias e estudos. Por força disso, entende ser mais razoável que o legislador defina, com liberdade, descolado das teorias econômicas, o que se entende por *renda*, para fins de tributação.

Percebe-se, claramente, que as teorias legalistas optam pelo pragmatismo da legislação. O conceito de *renda* deve ser dado pelo legislador, ao escolher os fatos, os rendimentos, as situações que permitem a incidência da norma tributária.

2.5. Renda e algumas posições doutrinárias

O conceito de renda já foi trabalhado, de maneira contundente, por dezenas de doutrinadores, desde os mais clássicos, até os mais modernos.

Abordaremos de maneira simplificada a posição de alguns deles para, posteriormente, passarmos à análise da legislação.

Iniciaremos nossa sistematização lançando mão das colocações do grande mestre Rubens Gomes de Souza[29], pela sua emblemática importância, seja como professor e doutrinador, seja como autor do atual Código Tributário Nacional.

Em linhas gerais, o tributarista inicia seus escritos sobre o conceito de renda demonstrando tendência de filiação a uma teoria legalista de renda.

---

29. Especificamente sobre o tema de imposto sobre a renda, o autor elaborou as seguintes obras, todas de referência: "Imposto sobre a renda e o seguro dotal". *Revista de Direito Administrativo*. Rio de Janeiro: Fundação Getulio Vargas, 1952; Imposto de renda – amortização das ações das sociedades anônimas. *Revista de Direito Administrativo*. Rio de Janeiro: Fundação Getulio Vargas, 1963; A evolução do conceito de rendimento tributável. *Revista de Direito Público*. São Paulo: Ed. RT, 1970; *Pareceres – 1 – Imposto sobre a renda*. São Paulo: Resenha Tributária, 1975; *Pareceres – 2 – Imposto sobre a renda*. São Paulo: Resenha Tributária, 1975; *Pareceres – 3 – Imposto sobre a renda*. São Paulo: Resenha Tributária, 1975; O fato gerador do imposto sobre a renda. *Revista de Direito Administrativo*. Seleção histórica. Rio de Janeiro: Renovar, 1991.

O IMPOSTO SOBRE A RENDA E AS DEDUÇÕES DE
NATUREZA CONSTITUCIONAL

Escreveu que a renda "é o fato (ou o conjunto de fatos correlatos), de cuja ocorrência a lei faz depender o nascimento do direito da Fazenda ao imposto"[30].

Gomes de Souza identifica, ainda, que são elementos clássicos do conceito de renda: (i) a proveniência de uma fonte patrimonial permanente; (ii) o caráter periódico ou regular; e (iii) a aplicação da atividade do titular na exploração da fonte. Ao longo de seu trabalho, passou a identificar, ainda, como elemento essencial da renda, o acréscimo patrimonial, chamando-a de riqueza nova. [31]

Salienta, com muita ênfase, que a tributação sobre a renda não pode se confundir com a tributação sobre o capital, o que significa que a tributação sobre a renda não pode incidir sobre o mero rendimento bruto, mas, sim, sobre os ganhos líquidos, considerados como a sobra após as deduções necessárias das despesas.

Atesta, por fim:

> Renda, com efeito, é tão somente aquilo que acresce ao patrimônio de seu titular, num determinado período de tempo, em excesso do capital empregado e das despesas necessárias à sua produção.[32]

Percebe-se, então, inclinação a uma teoria legalista, baseada, contudo, na ideia de riqueza nova, ou seja, aproximando-se das chamadas teorias do acréscimo patrimonial.

---

30. SOUZA, Rubens Gomes de. "O fato gerador do imposto sobre a renda". *Revista de Direito Administrativo*. Seleção histórica. Rio de Janeiro: Renovar, 1991, p. 167.

31. SOUZA, Rubens Gomes de. *Pareceres – 3 – Imposto sobre a renda*. São Paulo: Resenha Tributária, 1975, p. 277.

32. O fato gerador do imposto sobre a renda. *Revista de Direito Administrativo*. Seleção histórica. Rio de Janeiro: Renovar, 1991, p. 17.

FERNANDO FERREIRA CASTELLANI

Com a mesma importância e autoridade, José Luiz Bulhões Pereira [33], em várias de suas obras, não concorda com a possibilidade de renda ser definida, livremente, pela lei. Dizia:

> Mas a lei ordinária, ao definir os rendimentos ou a renda sujeitos ao tributo, não é livre para escolher qualquer base imponível, e há de respeitar o conceito de renda e proventos de qualquer natureza constante da Constituição: as definições adotadas pela lei ordinária devem ser construídas e interpretadas tendo em vista a discriminação constitucional de competências tributárias, e estão sujeitas ao teste de constitucionalidade em função de sua compatibilidade com essa discriminação.[34]

Deixa claro, o autor, a necessidade de se procurar e respeitar o conceito constitucional de renda. Essa conclusão, inclusive, mostra-se como grande tendência doutrinária atual.

Bulhões Pereira, inicialmente, define renda como a participação de uma pessoa na renda nacional e proventos de qualquer natureza, como a aquisição de rendimentos, significando fluxo de moedas, bens e serviços.

Posteriormente, passou a identificar a necessidade de acréscimo patrimonial, mas não apenas fluxo financeiro.[35]

---

33. *Imposto de renda*. Rio de Janeiro: Justec, 1971, p. 385. Citado pelo excepcional GONÇALVES, José Artur Lima. *Imposto sobre a renda*. – Pressupostos constitucionais. São Paulo: Malheiros, 2002. p. 195.

34. O fato gerador do imposto sobre a renda. *Revista de Direito Administrativo*. Seleção histórica. Rio de Janeiro: Renovar, 1991, p. 17.

35. "A renda não é fluxo, mas o acréscimo patrimonial. O fluxo é curso do valor financeiro que vai acrescer ao patrimônio. E a elaboração doutrinária do conceito de renda tributável, como medida da capacidade de pagar tributos, demonstrou que a noção de renda como fluxo não abrange alguns ganhos que aumentam a capacidade contributiva das pessoas: a definição de ganho derivado do capital, do trabalho ou da combinação de ambos não se ajusta aos ganhos em sorteios, loterias e concursos, nem aos ganhos de capital e outras rendas extraordinárias, e a renda originária de pagamentos de capital não pode ser conhecida e mensurada enquanto fluxo, mas apenas pelos seus efeitos de acréscimo ao patrimônio do qual recebe o fluxo. Daí a preferência moderna pela definição de renda pessoal como acréscimo patrimonial, e não como fluxo". *Imposto de renda*. Rio de Janeiro: Justec, 1971, p. 387. Citado por QUEIROZ, Luís Cesar Souza de. *Imposto sobre a renda*: requisitos para

O IMPOSTO SOBRE A RENDA E AS DEDUÇÕES DE NATUREZA CONSTITUCIONAL

O autor, ao que parece, adota a existência de um conceito constitucional de renda, balizada nas teorias de renda acréscimo, principalmente.

Outro autor de grande importância histórica é Henry Tilbery.[36] O seu primeiro estudo, no qual se debruça no imposto sobre a renda, era, na verdade, um trabalho cujo objetivo seria comentar o CTN, especialmente os arts. 43, 44 e 45.

Nesse trabalho, foi defendido que a CF, aparentemente, limitava-se a definir a existência do tributo, sem tecer maiores considerações sobre seu fato gerador. Com isso, tal definição era naturalmente passada ao Código Tributário Nacional. Entendia, como realidade objetiva, o conceito legal de renda.

Como ressaltado por Luíz Cesar Souza de Queiroz[37], Henry Tilbery não trata, abertamente e de maneira clara, sobre a existência de um conceito constitucional de renda. Parece, ao menos, que adota teoria legalista, mas admitindo que se deve trabalhar, ainda que academicamente, com as premissas das chamadas teorias da renda produto de uma fonte.

Defende, ainda, inexistir uma única definição de renda tributável, mas não admite que a eventual conceituação dada pelo legislador possa se confundir com elementos totalmente distintos, como o patrimônio.

Roque Carrazza, em sua excelente obra dedicada ao tema[38], defende, de maneira contundente, a existência de

---

uma tributação constitucional. Rio de Janeiro: Forense, 2003, p. 183.

36. Entre outras obras, *Imposto sobre a renda e proventos de qualquer natureza. Direito Tributário 3*. São Paulo: José Bushatsky, 1975; *A tributação dos ganhos de capital*. São Paulo: Resenha Tributária, 1977; *A tributação dos ganhos de capital nas vendas de participação societária pelas pessoas físicas*. São Paulo: Resenha Tributária, 1978; *A tributação dos ganhos de capital das pessoas jurídicas*. São Paulo: Resenha Tributária, 1978.

37. QUEIROZ, Luís Cesar Souza de. *Imposto sobre a renda*: Requisitos pra uma tributação constitucional. Rio de Janeiro: Forense, 2003, p. 187.

38. CARRAZZA, Roque Antonio. *Imposto sobre a renda*. (Perfil constitucional e te-

um conceito constitucional de renda, que o legislador ordinário não pode nunca ultrapassar. No prefácio da obra citada, Eduardo Domingos Bottallo, de maneira objetiva e direta, como sempre, dispara:

> É fato notório existir grande distância, que sempre mais se acentua, entre o imposto sobre a renda delineado na Constituição Federal – com todos os princípios, critérios e diretrizes que ela consagra – e aquele que a legislação ordinária disciplina. A discrepância seria até certo ponto compreensível, levando-se em conta o proverbial empirismo do legislador tributário, que costuma agir por impulso, em função de objetivos imediatos, arrecadatórios ou regulatórios. Todavia, a reiteração de abusos jurídicos no que concerne à tributação por meio do imposto sobre a renda foi criando uma preocupante complacência, seja do Judiciário, seja de parte significativa da doutrina, que vem abdicando de seu papel crítico na contextualização do tributo dentro do sistema constitucional. Nesta linha, não chega a surpreender a afirmação – tantas vezes repetida, inclusive nos mais altos tribunais – de que renda, para fins de tributação específica, é aquilo que a lei vier a casuisticamente assim considerar.[39]

Roque Carrazza busca inúmeras indicações e traços semânticos mínimos na CF, para apresentar um conceito de renda que não se confunde, em qualquer momento, com os demais fatos eleitos para os demais tributos. E isso é muito salutar.

Destaca, em uma primeira definição, que:

> Renda e proventos de qualquer natureza são os ganhos econômicos do contribuinte gerados por seu capital, por seu trabalho ou pela combinação de ambos e apurados após o confronto das entradas e das saídas verificadas em seu patrimônio, num certo lapso de tempo.[40]

---

mas específicos). São Paulo: Malheiros, 2006.

39. BOTTALLO, Eduardo Domingos, no texto do prefácio da obra de CARRAZZA, Roque Antonio. *Imposto sobre a renda* (Perfil constitucional e temas específicos). São Paulo: Malheiros, 2006.

40. CARRAZZA, Roque Antonio. *Imposto sobre a renda.* (Perfil constitucional e temas específicos). São Paulo: Malheiros, 2006, p. 37.

O IMPOSTO SOBRE A RENDA E AS DEDUÇÕES DE NATUREZA CONSTITUCIONAL

Carrazza continua, ainda, de maneira sempre muito clara, a defender a total necessidade de busca pela definição constitucional de renda, afastando, por conseguinte, a teoria legalista. Destaca a necessidade de caracterização de uma riqueza nova, ainda que não constante ou renovável.[41]

Defende, com bastante ênfase, que a renda tributável é sempre renda líquida ou lucro, ou seja, o resultado de uma série de operações de deduções e abatimentos feitos a partir dos rendimentos brutos.

Luís Cesar Souza de Queiroz define *rendas e proventos de qualquer natureza*, para fins de incidência do imposto, com forte base constitucional, da seguinte forma:

> *Renda e proventos de qualquer natureza* (ou *renda*, em sentido amplo ou simplesmente *renda*) é conceito que está contido em normas constitucionais relativas ao imposto sobre a renda e proventos de qualquer natureza e que designa o acréscimo de valor patrimonial, representativo da obtenção de produto ou de simples aumento no valor do patrimônio (fatos-acréscimos) com certos fatos que, estando relacionados ao atendimento das necessidades vitais básicas ou à preservação da existência, com dignidade, tanto da própria pessoa quanto de sua família, contribuem para o decréscimo de valor do patrimônio (fatos-decréscimos).[42]

José Artur Lima Gonçalves[43] demonstra a necessidade de admitir-se a existência de um conceito pressuposto de renda, com base nas diretrizes constitucionais.

---

41. "Renda e proventos de qualquer natureza são acréscimos patrimoniais experimentados pelo contribuinte ao longo de um determinado período de tempo. Ou, caso preferirmos, são os resultados positivos de uma subtração que tem por minuendo os rendimentos brutos auferidos pelo contribuinte entre dois marcos temporais, e por subtraendo, o total das deduções e abatimentos que a Constituição e as leis com ela se afinam permitem fazer." (CARRAZZA, Roque Antonio. *Imposto sobre a renda*. (Perfil constitucional e temas específicos). São Paulo: Malheiros, 2006. p. 38).

42. *Imposto sobre a renda*: Requisitos para uma tributação constitucional. Rio de Janeiro: Forense, 2003, p. 239.

43. GONÇALVES, José Artur Lima. *Imposto sobre a renda* – Pressupostos constitucionais. São Paulo: Malheiros, 2002.

FERNANDO FERREIRA CASTELLANI

Em parecer de sua lavra, em conjunto com Geraldo Ataliba, critica veementemente as teorias legalistas, afastando a liberdade de a lei definir o conceito de renda e defendendo o conceito pressuposto. Vejamos:

> Por isso tudo é que, já na Constituição, se deduzem critérios idôneos para eleição (pela lei ordinária) da base de cálculo dos tributos. Tal lei só será constitucional quando se comporte nos lindes dessa esfera de atuação autorizada constitucionalmente, abstendo-se de indicar – como base – fatores que nada têm a ver com o objetivo fato submetido à tributação. [44]

José Artur, ao estabelecer as nuances necessárias de *renda*, no texto constitucional, ainda identifica a necessidade de tal conceito não se aproximar dos demais eleitos pela Constituição, como patrimônio, faturamento, lucro, ganho, entre outros. Não haveria sentido, de fato, que dois fatos jurídicos tributários diferentes fossem indicados com o mesmo nome, assim como dois nomes fossem usados, em contextos diversos, para identificar fatos jurídicos tributários idênticos.

O autor identifica *renda*, em seu conteúdo semântico mínimo, como o saldo positivo resultante do confronto entre certas entradas e certas saídas, ocorridas ao longo de um dado período. Arremata, na sequência, esclarecendo que haverá *renda* quando houver sido detectado um acréscimo, um *plus*, consumido ou não.

Roberto Quiroga Mosquera pondera a existência evidente de um conceito constitucional de renda, relacionado ao acréscimo patrimonial.

> O imposto sobre a renda e proventos de qualquer natureza incide sobre o elemento patrimonial que se constitui numa majoração de patrimônio, isto é, incide sobre riqueza nova; "Renda e proventos de qualquer natureza" são elementos patrimoniais que não existiam antes no conjunto de direitos pré-existentes

---

44. ATALIBA, Geraldo e GONÇALVES, José Artur Lima, Parecer Inédito, citado em LIMA, José Artur Gonçalves. *Imposto sobre a renda* – Pressupostos constitucionais. São Paulo: Malheiros, 2002. p. 172.

23

O IMPOSTO SOBRE A RENDA E AS DEDUÇÕES DE NATUREZA CONSTITUCIONAL

das pessoas e que não representam uma mera reposição de elementos patrimoniais ou permuta. Acréscimo, incremento ou majoração de elementos patrimoniais (riqueza nova) não se confunde com ingresso, entrada ou reposição de direitos patrimoniais.[45]

A riqueza nova é, sem dúvida, fato central do conceito de renda.[46]

Regina Helena Costa identifica o conceito de renda na própria Constituição.

> Em primeiro lugar, cabe lembrar que o conceito de renda encontra-se delimitado constitucionalmente. Traduz *acréscimo patrimonial*, riqueza nova, que vem se incorporar a patrimônio pré-existente, num determinado período de tempo. Constituiu sempre um *plus*, não apenas algo que venha substituir uma perda no patrimônio do contribuinte. Proventos, por seu turno, é a denominação dada a rendimentos recebidos em função da inatividade. Em ambos os casos, temos expressões de capacidade contributiva.[47]

Diante desses, e de muitas outras manifestações doutrinárias, percebe-se a complexidade e a importância do

---

45. MOSQUERA, Roberto Quiroga. *Renda e proventos de qualquer natureza*. São Paulo: Dialética, 1996, p. 137.

46. Mary Elbe Queiroz, em interessante definição, tenta definir riqueza nova como fato central do conceito de renda. São suas palavras: "(...) acréscimo patrimonial e riqueza nova, revelada por três fatores: i) prover a renda de fonte já constante do patrimônio do titular (capital), ou diretamente referível a ele (trabalho) ou resultante da combinação de ambos; ii) a renda deve ser suscetível de proveito ou utilização pelo titular (consumo, poupança ou investimento), sem implicar no esgotamento ou redução da fonte produtora, o que implica periodicidade do rendimento, isto é, sua capacidade de reproduzir-se a intervalos de tempo, pois, do contrário, a sua utilização envolveria a parcela do próprio capital; iii) a renda deve resultar da exploração da fonte pelo titular, o que exclui do conceito de renda as doações, heranças e legados, que são considerados como acréscimos patrimoniais com a natureza de capital e não de rendimento." (QUEIROZ, Mary Elbe. *Imposto sobre a renda e proventos de qualquer natureza*. Barueri: Manole, 2004. p. 88).

47. COSTA, Regina Helena. *Curso de direito tributário*. 2. ed. São Paulo: Saraiva, 2012, p. 353.

conceito de *renda* para fins de definição do campo de competência para a imposição tributária.

Passaremos, agora, a construir tal conceito, balizado por alguns desses posicionamentos e pela legislação.

CAPÍTULO III
AS NUANCES CONSTITUCIONAIS PARA A CONSTRUÇÃO DO CONCEITO DE RENDA

Nosso sistema tributário é, antes de tudo, constitucional. Essa é uma das consequências inexoráveis da República, como organizada no Brasil. Assim sendo, qualquer conceito de renda, para fins de tributação, não pode deixar de analisar, detalhadamente, as acepções dos termos *renda e proventos* usados pela Carta Magna.

É inconteste que as palavras usadas pela legislação possuem alto grau de indefinição. A relação entre o signo (vocábulo), a significação (efeito causado na mente do destinatário ou do intérprete) e o significado (correspondência, no mundo real ou dos eventos) nem sempre é simples, para não dizer que nunca o é.

Paulo de Barros Carvalho, citando as lições husserlianas, assim discorre:

> O falar em linguagem remete o pensamento, forçosamente, para o sentido de outro vocábulo: signo. Como unidade de um sistema que permite a comunicação inter-humana, signo é um ente que tem *status* lógico de relação. Nele, um suporte físico se associa a um significado e a uma significação, para aplicarmos a

O IMPOSTO SOBRE A RENDA E AS DEDUÇÕES DE NATUREZA CONSTITUCIONAL

> terminologia husserliana. O suporte físico, da linguagem idiomática, é a palavra falada (ondas sonoras, que são matéria, provocadas pela movimentação de nossas cordas vocais, no aparelho fonético) ou a palavra escrita (depósito de tinta no papel ou giz na lousa). Esse dado, que integra a relação sígnica, como o próprio nome indica, tem natureza física, material. Refere-se a algo do mundo exterior ou interior, da existência concreta ou imaginária, atual ou passada, que é seu significado; e suscita em nossa mente uma noção, ideia ou conceito, que chamaremos de significação.[48]

Apesar dessa constatação, é evidente que a interpretação a partir da literalidade dos termos deve ser a primeira a ser adotada. Ela é, nesse sentido, ao menos, nosso ponto de partida.

Na sistemática da tributação, devemos, então, analisar detidamente os usos dos termos *renda* e *proventos* no texto constitucional. Apesar de sabermos que não há um conceito expresso do significado do termo, ao utilizá-lo, diversas vezes, em diferentes contextos, poderá indicar algumas possibilidades interpretativas.

E é evidente que, ao construirmos algumas premissas a partir do texto constitucional, teremos, para dizer o mínimo, um importante elemento cognitivo para a construção dos seus significados.

3.1. Renda e proventos na Constituição Federal: os usos do signo e seus significados possíveis

Nosso trabalho de análise das acepções dos termos *renda* e *proventos*, na CF, deve iniciar-se com a identificação de todos os seus usos.

No que se refere ao signo *renda*, identificamos nos seguintes artigos, todos da CF: 7º, XII; 30, II; 43, § 2º, IV, 48, I;

---

48. CARVALHO, Paulo de Barros. *Apostila de filosofia do direito. Lógica Jurídica.* São Paulo: PUC, 1999, p. 12.

150, VI, "a", "c", e §§ 2º, 3º e 4º; 151, II; 153, III, 157, I; 158, I; 159, I e § 1º; 201, IV e § 12. Identificamos, ainda, nas ADCT, os seguintes artigos: 72, I, II, V e § 5º e 79, *caput*.

Já o signo *proventos* é identificado nos seguintes artigos: 37, § 10; 40 §§ 1º, 2º, 3º, 7º, I, 18 e 21; 103-B, § 4º, III; 130-A, § 2º, III; 151, II; 153, III; 157, I; 158, I; 159, I e § 1º; 201, § 6º; 249. Identificamos, ainda, nas ADCT, os seguintes artigos: 17; 20; 53, V; 72, I, II, V e § 5º.

Percebe-se, de maneira clara, que os signos são utilizados diversas vezes, em diferentes contextos. Passemos à sua análise.

3.1.1. Renda como rendimentos decorrentes de trabalho pessoal

A CF, em diversas passagens, utiliza-se do signo *renda* no sentido de rendimentos em geral, decorrentes de trabalho ou de fontes diversas, formadoras dos ganhos gerais de uma família.

Percebemos isso no tratamento dado, pela CF, ao termo *renda*, ao disciplinar os direitos dos trabalhadores, em diferentes passagens.

> O art. 7º, XII, assim dispõe:
>
> *São direitos dos trabalhadores urbanos e rurais, além de outros que visem à melhoria de sua condição social:*
>
> *(...)*
>
> *XII — salário-família pago em razão do dependente do trabalhador de baixa renda nos termos da lei;*

> O art. 201, por sua vez, assim dispõe:
>
> *A previdência social será organizada sob a forma de regime geral, de caráter contributivo e de filiação obrigatória, observados critérios que preservem o equilíbrio financeiro e atuarial, e atenderá, nos termos da lei, a:*

O IMPOSTO SOBRE A RENDA E AS DEDUÇÕES DE NATUREZA CONSTITUCIONAL

(...)

IV — salário-família e auxílio-reclusão para os dependentes dos segurados de baixa renda;

(...)

§ 12. Lei disporá sobre sistema especial de inclusão previdenciária para atender a trabalhadores de baixa renda e àqueles sem renda própria que se dediquem exclusivamente ao trabalho doméstico no âmbito de sua residência, desde que pertencentes a famílias de baixa renda, garantindo-lhes acesso a benefícios de valor igual a um salário-mínimo.

Nos dois artigos citados, percebe-se, claramente, que o texto constitucional refere-se aos rendimentos em geral, decorrentes do trabalho, de uma família. Isso porque, no art. 7º, estamos tratando dos direitos constitucionais garantidos aos trabalhadores. Ora, nada mais natural que o contexto da regulação sejam as relações de emprego ou trabalho e sua correspondente remuneração.

Já no art. 201, trata-se da previdência social, que é contextualizada, também, como um sistema retributivo, em regra, pelas contribuições pagas e calculadas com base nos rendimentos do trabalho, ainda que eventual.

A Lei 8.212/91, ao regular as contribuições especiais para a seguridade, devidas pelo trabalhador, define como segurado de baixa renda, as famílias assim declaradas, mediante cadastro em sistema próprio do governo federal, que possuam renda mensal de até dois salários-mínimos.

A citação da lei previdenciária, aqui, apenas pretende demonstrar que a terminologia *renda*, nos citados artigos constitucionais, parecem, de fato, querer fazer referência aos rendimentos decorrentes de trabalho, ainda que do grupo familiar completo.

O mesmo significado de *renda* pode ser percebido no uso pela ADCT, em seu art. 79, *caput*, ao disciplinar o Fundo de Combate e Erradicação da Pobreza. Vejamos a redação:

> *É instituído, para vigorar até o ano de 2010, no âmbito do Poder Executivo Federal, o Fundo de Combate e Erradicação da Pobreza, a ser regulado por lei complementar com o objetivo de viabilizar a todos os brasileiros acesso a níveis dignos de subsistência, cujos recursos serão aplicados em ações suplementares de nutrição, habitação, educação, saúde, reforço de renda familiar e outros programas de relevante interesse social voltados para melhoria da qualidade de vida.*

Ao tratar de *renda familiar*, mais uma vez, o texto constitucional pensa em presunção de capacidade contributiva coletiva da família, contabilizando os recursos totais provenientes de trabalho. Pensa-se, aqui, em renda mensal, renovável, constante, ainda que informal ou mesmo incerta e variável.

3.1.2. Renda como receitas líquidas disponíveis

A CF, ao tratar das competências administrativas dos entes tributantes, especialmente dos municípios, dispõe sobre a capacidade tributária ativa, assim como sobre a utilização dos recursos orçamentários.

> *Art. 30. Compete aos Municípios:*
>
> *(...)*
>
> *III — instituir e arrecadar os tributos de sua competência, bem como aplicar suas rendas, sem prejuízo da obrigatoriedade de prestar contas e publicar balancetes nos prazos fixados em lei;(...).*

Percebe-se, claramente, que no presente dispositivo, a Constituição Federal refere-se ao termo *renda* no sentido de recurso disponível para utilização, já que regula a competência para a aplicação de tais valores.

Por imposição lógica, somente é passível de aplicação os valores efetivamente disponíveis, ou seja, rendimentos líquidos auferidos, contabilizados e acessíveis, ainda que futuramente.

O IMPOSTO SOBRE A RENDA E AS DEDUÇÕES DE
NATUREZA CONSTITUCIONAL

Percebe-se, aqui, a ideia de receita líquida, ou seja, receitas auferidas, descontadas as despesas do próprio ente tributante.

Em sentido similar, podemos identificar a utilização do signo *renda* no art. 48, I, da CF.

> *Cabe ao Congresso Nacional, com a sanção do Presidente da República, não exigida esta para o especificado nos arts. 49, 51 e 52, dispor sobre todas as matérias de competência da União, especialmente sobre:*
>
> *I — sistema tributário, arrecadação e distribuição de rendas; (...).*

Nesse artigo, apesar de fazer referência às rendas públicas, não podemos deixar de considerar que, de alguma forma, também, refere-se às receitas líquidas da União. O artigo trata da distribuição de rendas, de forma que haverá sentido lógico, mais uma vez, na distribuição do valor positivo apurado, ou seja, a receita total, descontadas as despesas.

Nos dois artigos, identificamos uma tendência da Constituição Federal em apurar os ganhos líquidos para se falar em *renda*. Essa ideia é muito importante.

3.1.3. Renda como riqueza média de uma região do país

A Constituição Federal, mais uma vez, usando o termo *renda*, altera seu conteúdo de base.

No art. 43, percebemos uma utilização menos rigorosa, tendente a equiparar o termo a uma apuração de capacidade contributiva média da população e das empresas de uma determinada região.

> *Art. 43. Para efeitos administrativos, a União poderá articular sua ação em um mesmo complexo geoeconômico e social, visando a seu desenvolvimento e à redução das desigualdades regionais.*
>
> *(...)*

§ 2º - Os incentivos regionais compreenderão, além de outros, na forma da lei:

(...)

IV - prioridade para o aproveitamento econômico e social dos rios e das massas de água represadas ou represáveis nas regiões de baixa renda, sujeitas a secas periódicas.

Como se percebe pela redação do artigo, o legislador pretende conferir à União a possibilidade de manejar o sistema tributário nacional, assim como suas atividades administrativas e de investimentos, de forma a estimular determinadas regiões. Esses estímulos, materializados em incentivos regionais, deverão ser pautados, dentre outros critérios, pela caracterização de regiões de baixa renda.

A baixa renda citada refere-se à baixa capacidade de investimentos próprios daquela região. Essa baixa capacidade, obviamente, decorre da baixa capacidade da população, das empresas, dos entes tributantes (municípios, em especial), ou seja, dos agentes da atividade econômica com um todo.

Percebe-se, então, a utilização do termo *renda*, nessa passagem, no sentido de receitas auferidas e riquezas existentes, sem distinção. A capacidade de investimentos não decorre somente de patrimônio, nem de receitas totais, isoladamente. A capacidade de investimentos decorre da combinação de ambos. Assim, é amplo o conceito adotado aqui.

3.1.4. Renda como ganho de capital (acréscimo patrimonial)

Em mais uma utilização em sentido diverso, a Constituição Federal adota a terminologia *renda* para identificar resultados de operações e de aplicações financeiras, o que significa, na terminologia que todos conhecem, *ganhos de capital*:

Art. 151. É vedado à União:

(...)

O IMPOSTO SOBRE A RENDA E AS DEDUÇÕES DE NATUREZA CONSTITUCIONAL

> *II — tributar a renda das obrigações da dívida pública dos Estados, do Distrito Federal e dos Municípios, bem como a remuneração e os proventos dos respectivos agentes públicos, em níveis superiores aos que fixar para suas obrigações e para seus agentes;*

A Dívida Pública Federal é o conjunto de todas as dívidas firmadas pelo governo federal, com o objetivo de financiar o orçamento público. As obrigações da dívida pública são financiadas, principalmente, pelos títulos públicos federais, que são instrumentos financeiros de renda fixa, emitidos pelo governo federal para obtenção de recursos na sociedade e na atividade privada, com o objetivo primordial de financiar suas despesas.

Os títulos são, como se percebe, um investimento financeiro, na medida em que o adquirente investidor tem a expectativa de auferir ganhos diretos no capital investido. Tem-se aqui, sem qualquer dúvida, a definição da renda como resultado do capital, que nada mais é que uma parcela do patrimônio (conjunto de bens e direitos de titularidade da pessoa).

3.1.5. Renda como riqueza nova (em oposição ao patrimônio e à receita)

A CF, especificamente no capítulo do sistema tributário nacional, refere-se à *renda* em oposição aos conceitos de *serviços* e *patrimônio*.

> *Art. 150. Sem prejuízo de outras garantias asseguradas ao contribuinte, é vedado à União, aos Estados, ao Distrito Federal e aos Municípios:*
>
> *(...)*
>
> *VI — instituir impostos sobre:*
>
> *a) patrimônio, renda ou serviços, uns dos outros;*
>
> *(...)*
>
> *c) patrimônio, renda ou serviços dos partidos políticos, inclusive suas fundações, das entidades sindicais dos trabalhadores, das instituições de educação e de assistência social, sem fins lucrativos,*

atendidos os requisitos da lei;

(...)

§ 2º A vedação do inciso VI, "a", é extensiva às autarquias e às fundações instituídas e mantidas pelo Poder Público, no que se refere ao patrimônio, à renda e aos serviços, vinculados a suas finalidades essenciais ou às delas decorrentes.

§ 3º As vedações do inciso VI, "a", e do parágrafo anterior não se aplicam ao patrimônio, à renda e aos serviços, relacionados com exploração de atividades econômicas regidas pelas normas aplicáveis a empreendimentos privados, ou em que haja contraprestação ou pagamento de preços ou tarifas pelo usuário, nem exonera o promitente comprador da obrigação de pagar imposto relativamente ao bem imóvel.

§ 4º As vedações expressas no inciso VI, alíneas "b" e "c", compreendem somente o patrimônio, a renda e os serviços, relacionados com as finalidades essenciais das entidades nelas mencionadas.

Percebe-se, claramente, que a Constituição Federal diferencia explicitamente os conceitos citados. É bem verdade que não os define, mas, certamente, não os equipara.

É evidente que a Constituição Federal, ao não definir expressamente esses elementos, cria dificuldades ao intérprete. Contudo, em uma análise sistematizada, valendo-se das técnicas de construção de significado dos termos, podemos vislumbrar diferentes nuances, aplicáveis aos diferentes termos, que mostram, se não seu conteúdo completo, ao menos, suas diferenças fundamentais.

Assim percebemos ao analisarmos os termos *patrimônio, bens* e *renda*.

Em uma visão inicial contábil, podemos, e devemos, adotar o conceito de patrimônio como o conjunto de tudo o que uma entidade (pessoa, empresa, associação etc.) possui. Trata-se, assim, do conjunto de bens, direitos e obrigações a ela afetado.

Podemos identificar, nesse contexto, os chamados ativos, como o conjunto de bens (estoques de mercadorias, móveis, utensílios de uso, instalações, prédios, galpões, veículos,

O IMPOSTO SOBRE A RENDA E AS DEDUÇÕES DE
NATUREZA CONSTITUCIONAL

aplicações financeiras, entre outros) e de direitos (valores a receber pelas operações, cessões de crédito, heranças etc.) e o passivo, como o conjunto de todas as obrigações (dívidas, com fornecedores, tributos devidos, aluguel a ser pago, contas de consumo, entre outras).

Desse conceito decorre sua depuração, o chamado patrimônio líquido, que nada mais é do que a diferença entre ativo e passivo.

Contudo, para o Direito, o conceito de patrimônio não é objetivo. O próprio Código Civil usa o termo em mais de um sentido.[49]

Podemos conceituar, sob a nuance jurídica, como o conjunto de todas as relações jurídicas economicamente caracterizáveis, opondo-se aos direitos e às obrigações do titular[50]. Em interessante enumeração, Clóvis Beviláqua relaciona o conjunto de posses, direitos reais, intelectuais, obrigacionais e as relações econômicas decorrentes do direito de família[51].

Observa Paulo Nader, no seguinte sentido:

> Pela própria definição de patrimônio, dele não participam os chamados *direitos da personalidade*, como direito à honra e à integridade física, por não possuírem valor econômico. Também não se incluem os *direitos de família puros ou pessoais*, que não têm aplicações econômicas, diferentemente dos *direitos de família de conteúdo econômico*, como os relativos aos alimentos, que fazem parte do patrimônio da pessoa. A aptidão para o trabalho ou capacidade para adquirir riquezas não integra o patrimônio. Na observação de Karl Larenz, com o concurso de credores, o insolvente perde a disposição de seu patrimônio, não, todavia, a capacidade para adquirir novos bens.[52]

---

49. O Código Civil, no art. 1.228, § 1º, usa a expressão *patrimônio histórico e artístico*, ou seja, dissociado totalmente da ideia contábil ou econômica.

50. Em cotejo com a contabilidade, os direitos correspondem à noção do ativo e às obrigações, à noção de passivo.

51. *Teoria geral do direito civil*. 3. ed. Brasília: MJNI, 1966, p. 176.

52. NADER, Paulo. *Curso de direito civil* – Parte Geral, v. 1, 4. ed., Rio de Janeiro: Forense, 2007, p. 297.

Vale ressaltar que a mera existência de direitos inalienáveis e, portanto, impossíveis de aferição patrimonial, não afasta a possibilidade de eventual recomposição patrimonial por danos a esses bens. Eventual indenização por dano moral, assim, compõe, a partir do momento de sua caracterização e disponibilização, o patrimônio do titular. A rigor, poderá ser objeto de relações disciplinadoras do patrimônio, não como nova riqueza, mas como correspondente a um bem não identificado, anteriormente, economicamente.[53]

Ao lado do conceito de patrimônio, a CF, ainda, opõe à figura da *renda* o termo *serviços*.

Ao utilizar tal expressão, nos parece que o texto supremo teve a intenção de definir o conceito de receitas decorrentes de exploração de atividade, ou seja, de ingressos operacionais.

Obviamente, entendemos a indicação de serviços, nesse artigo, como indicativo da remuneração decorrente de serviços, ampliando, para eventual alienação de bens.

Não seria, então, equivocado entender o significado do termo *serviço*, nessa passagem, como o próprio conceito de *receita*. Valemo-nos, aqui, de interessante conceito construído pela doutrina de José Antônio Minatel:

> (...) anunciamos ser receita qualificada pelo ingresso de recursos financeiros no patrimônio da pessoa jurídica, em caráter definitivo, proveniente dos negócios jurídicos que envolvam o exercício da atividade empresarial, que corresponda à contraprestação pela venda de mercadorias, pela prestação de serviços, assim como pela remuneração de investimentos ou pela cessão onerosa e temporária de bens e direitos a terceiros, aferido instantaneamente pela contrapartida que remunera cada um desses eventos.[54]

---

53. Citado por Paulo Nader, o jurista Carlos Alberto da Mota Pinto diferencia *patrimônio* de *esfera jurídica*. Enquanto o primeiro refere-se apenas a uma parte da realidade jurídica da pessoa, caracterizada pela possibilidade de mensuração econômica, o segundo refere-se à totalidade das relações jurídicas de uma pessoa, ainda que sem conteúdo econômico. (*Teoria geral do direito civil*. 1. ed. Portugal: Coimbra Editora, 1976.

54. MINATEL, José Antônio. *Conteúdo jurídico de receita e regime jurídico de sua*

O IMPOSTO SOBRE A RENDA E AS DEDUÇÕES DE
NATUREZA CONSTITUCIONAL

Obviamente, ao tratar do tema, a Constituição Federal estabelece tratamento diferenciado às receitas decorrentes de atividade empresarial, praticadas pelo Estado em regime de direito privado. Nessas hipóteses, exclui-se o alcance da imunidade, mas não se afasta a ideia central do conceito de receita, como o elemento previsto no termo *serviço*.

Dessa forma, percebe-se, para concluir, que a expressão *renda*, nessa passagem, é tomada como algo diverso de mero patrimônio, estático e pré-existente, assim como diferente de meros ingressos quaisquer, caracterizados pela remuneração de atividades diversas.

Em assim sendo, inclinamo-nos a entender que a Constituição Federal utilizou a expressão *renda* no sentido de algum tipo de ingresso novo, que não seja mera recomposição patrimonial pré-existente, apurado com base nos seus custos para geração ou criação. Trata-se de uma riqueza nova, mas não bruta.[55] Detalharemos mais esse conceito em passagem específica.

3.1.6. Proventos e sua caracterização como remuneração aos aposentados

Em diversas passagens, a Constituição Federal faz uso da expressão *proventos*. Vejamos, apesar de extensa enumeração:

> Art. 37. § 10. *É vedada a percepção simultânea de proventos de aposentadoria decorrentes do art. 40 ou dos arts. 42 e 142 com a remuneração de cargo, emprego ou função pública, ressalvados os cargos acumuláveis na forma desta Constituição, os cargos eletivos e os cargos em comissão declarados em lei de livre nomeação e exoneração.*
>
> *(...)*

---

tributação. 1. ed. São Paulo: Editora MP, 2005.

55. Bruta no sentido de valor total nominal, sem verificação dos eventuais custos para sua produção ou geração.

FERNANDO FERREIRA CASTELLANI

Art. 40. Aos servidores titulares de cargos efetivos da União, dos Estados, do Distrito Federal e dos Municípios, incluídas suas autarquias e fundações, é assegurado regime de previdência de caráter contributivo e solidário, mediante contribuição do respectivo ente público, dos servidores ativos e inativos e dos pensionistas, observados critérios que preservem o equilíbrio financeiro e atuarial e o disposto neste artigo.

§ 1º Os servidores abrangidos pelo regime de previdência de que trata este artigo serão aposentados, calculados os seus proventos a partir dos valores fixados na forma dos §§ 3º e 17:

I — por invalidez permanente, sendo os proventos proporcionais ao tempo de contribuição, exceto se decorrente de acidente em serviço, moléstia profissional ou doença grave, contagiosa ou incurável, na forma da lei;

II — compulsoriamente, com proventos proporcionais ao tempo de contribuição, aos 70 (setenta) anos de idade, ou aos 75 (setenta e cinco) anos de idade, na forma de lei complementar; (Redação dada pela Emenda Constitucional n. 88, de 2015)

III — voluntariamente, desde que cumprido tempo mínimo de dez anos de efetivo exercício no serviço público e cinco anos no cargo efetivo em que se dará a aposentadoria, observadas as seguintes condições:

(...)

b) sessenta e cinco anos de idade, se homem, e sessenta anos de idade, se mulher, com proventos proporcionais ao tempo de contribuição.

§ 2º Os proventos de aposentadoria e as pensões, por ocasião de sua concessão, não poderão exceder a remuneração do respectivo servidor, no cargo efetivo em que se deu a aposentadoria ou que serviu de referência para a concessão da pensão.

§ 3º Para o cálculo dos proventos de aposentadoria, por ocasião da sua concessão, serão consideradas as remunerações utilizadas como base para as contribuições do servidor aos regimes de previdência de que tratam este artigo e o art. 201, na forma da lei.

§ 7º Lei disporá sobre a concessão do benefício de pensão por morte, que será igual:

I - ao valor da totalidade dos proventos do servidor falecido, até o limite máximo estabelecido para os benefícios do regime geral de previdência social de que trata o art. 201, acrescido de setenta por cento da parcela excedente a este limite, caso aposentado à data do óbito; ou

O IMPOSTO SOBRE A RENDA E AS DEDUÇÕES DE
NATUREZA CONSTITUCIONAL

(...)

§ 11 Aplica-se o limite fixado no art. 37, XI, à soma total dos proventos de inatividade, inclusive quando decorrentes da acumulação de cargos ou empregos públicos, bem como de outras atividades sujeitas a contribuição para o regime geral de previdência social, e ao montante resultante da adição de proventos de inatividade com remuneração de cargo acumulável na forma desta Constituição, cargo em comissão declarado em lei de livre nomeação e exoneração, e de cargo eletivo.

(...)

§ 18 Incidirá contribuição sobre os proventos de aposentadorias e pensões concedidas pelo regime de que trata este artigo que superem o limite máximo estabelecido para os benefícios do regime geral de previdência social de que trata o art. 201, com percentual igual ao estabelecido para os servidores titulares de cargos efetivos.

(...)

§ 21 A contribuição prevista no § 18 deste artigo incidirá apenas sobre as parcelas de proventos de aposentadoria e de pensão que superem o dobro do limite máximo estabelecido para os benefícios do regime geral de previdência social de que trata o art. 201 desta Constituição, quando o beneficiário, na forma da lei, for portador de doença incapacitante.

(...)

Art. 103-B. O Conselho Nacional de Justiça compõe-se de 15 (quinze) membros com mandato de 2 (dois) anos, admitida 1 (uma) recondução, sendo:

(...)

§ 4º Compete ao Conselho o controle da atuação administrativa e financeira do Poder Judiciário e do cumprimento dos deveres funcionais dos juízes, cabendo-lhe, além de outras atribuições que lhe forem conferidas pelo Estatuto da Magistratura:

(...)

III — receber e conhecer das reclamações contra membros ou órgãos do Poder Judiciário, inclusive contra seus serviços auxiliares, serventias e órgãos prestadores de serviços notariais e de registro que atuem por delegação do poder público ou oficializados, sem prejuízo da competência disciplinar e correicional dos tribunais, podendo avocar processos disciplinares em curso e determinar a remoção, a disponibilidade ou a aposentadoria com subsídios ou proventos proporcionais ao tempo de serviço e aplicar outras sanções administrativas, assegurada ampla defesa;

(...)

Art. 130-A. O Conselho Nacional do Ministério Público compõe-se de quatorze membros nomeados pelo Presidente da República, depois de aprovada a escolha pela maioria absoluta do Senado Federal, para um mandato de dois anos, admitida uma recondução, sendo:

(...)

§ 2º Compete ao Conselho Nacional do Ministério Público o controle da atuação administrativa e financeira do Ministério Público e do cumprimento dos deveres funcionais de seus membros, cabendo lhe:

(...)

III — receber e conhecer das reclamações contra membros ou órgãos do Ministério Público da União ou dos Estados, inclusive contra seus serviços auxiliares, sem prejuízo da competência disciplinar e correcional da instituição, podendo avocar processos disciplinares em curso, determinar a remoção, a disponibilidade ou a aposentadoria com subsídios ou proventos proporcionais ao tempo de serviço e aplicar outras sanções administrativas, assegurada ampla defesa;

(...)

Art. 151. É vedado à União:

(...)

II — tributar a renda das obrigações da dívida pública dos Estados, do Distrito Federal e dos Municípios, bem como a remuneração e os proventos dos respectivos agentes públicos, em níveis superiores aos que fixar para suas obrigações e para seus agentes;

(...)

Art. 201. A previdência social será organizada sob a forma de regime geral, de caráter contributivo e de filiação obrigatória, observados critérios que preservem o equilíbrio financeiro e atuarial, e atenderá, nos termos da lei, a:

(...)

§ 6º A gratificação natalina dos aposentados e pensionistas terá por base o valor dos proventos do mês de dezembro de cada ano.

(...)

O IMPOSTO SOBRE A RENDA E AS DEDUÇÕES DE
NATUREZA CONSTITUCIONAL

> *Art. 249. Com o objetivo de assegurar recursos para o pagamento de proventos de aposentadoria e pensões concedidas aos respectivos servidores e seus dependentes, em adição aos recursos dos respectivos tesouros, a União, os Estados, o Distrito Federal e os Municípios poderão constituir fundos integrados pelos recursos provenientes de contribuições e por bens, direitos e ativos de qualquer natureza, mediante lei que disporá sobre a natureza e administração desses fundos.*

> *(...)*

> *ADCT*

> *Art. 17. Os vencimentos, a remuneração, as vantagens e os adicionais, bem como os proventos de aposentadoria que estejam sendo percebidos em desacordo com a Constituição serão imediatamente reduzidos aos limites dela decorrentes, não se admitindo, neste caso, invocação de direito adquirido ou percepção de excesso a qualquer título. (...).*

Apesar de longa enumeração, percebemos, em todos os artigos transcritos, a utilização, de forma constante, do termo *proventos* no sentido de remuneração devida pela aposentadoria.

Roberto Quiroga Mosqueira, com isso concorda:

> Com efeito, vimos no item antecedente, que o termo proventos significa a remuneração proveniente da aposentadoria recebida pelas pessoas, direito este constitucionalmente consagrado aos trabalhadores urbanos e rurais. É de inferir-se, todavia, que neste caso, ao utilizar o mencionado vocábulo, o constituinte estava a dizer os "proventos" dos ex-agentes públicos (já aposentados), pois, caso contrário, não teria utilizado a expressão remuneração e os proventos. Ou, quando muito, estar-se-ia lançando mão do termo proventos como sinônimo de remuneração. Entendemos, no entanto, que o Texto Magno utilizou a palavra remuneração para se referir ao valor recebido pelo agente público como contraprestação do trabalho executado, quando ainda na ativa. Já o vocábulo proventos está a indicar, justamente, os pagamentos efetuados ao agente público (ex-agente público) como rendimentos da aposentadoria. [56]

---

56. *O conceito Constitucional de renda e proventos de qualquer natureza.* 1996. Dissertação de Mestrado – PUC-SP. São Paulo: PUC-SP, 1996, p. 73.

Entendemos, também, no mesmo sentido. O termo *proventos*, em todas as suas passagens, é usado, pelo texto constitucional, para referir-se aos pagamentos de rendimentos aos aposentados.

3.1.7. **Renda e proventos como fatos geradores do imposto sobre a renda**

Por fim, a Constituição Federal, em inúmeras passagens, faz uso dos termos *renda* e *proventos* no próprio contexto da identificação do imposto federal, nosso objeto de estudo.

Obviamente, ao assim utilizar os termos, o faz no sentido técnico tributário, definidor das balizas da competência tributária, que pretendemos definir e limitar.

Para visualização, seguem os artigos:

> *Art. 153. Compete à União instituir impostos sobre:*
>
> *(...)*
>
> *III — renda e proventos de qualquer natureza;*
>
> *(...)*
>
> *Art. 157. Pertencem aos Estados e ao Distrito Federal:*
>
> *I — o produto da arrecadação do imposto da União sobre renda e proventos de qualquer natureza, incidente na fonte, sobre rendimentos pagos, a qualquer título, por eles, suas autarquias e pelas fundações que instituírem e mantiverem;*
>
> *(...)*
>
> *Art. 158. Pertencem aos Municípios:*
>
> *I — o produto da arrecadação do imposto da União sobre renda e proventos de qualquer natureza, incidente na fonte, sobre rendimentos pagos, a qualquer título, por eles, suas autarquias e pelas fundações que instituírem e mantiverem;*
>
> *(...)*
>
> *Art. 159. A União entregará:*

O IMPOSTO SOBRE A RENDA E AS DEDUÇÕES DE NATUREZA CONSTITUCIONAL

I — do produto da arrecadação dos impostos sobre renda e proventos de qualquer natureza e sobre produtos industrializados quarenta e oito por cento na seguinte forma:

(...)

§ 1º. Para efeito de cálculo da entrega a ser efetuada de acordo com o previsto no inciso I, excluir-se-á a parcela da arrecadação do imposto de renda e proventos de qualquer natureza pertencente aos Estados, ao Distrito Federal e aos Municípios, nos termos do disposto nos arts. 157, I, e 158, I.

ADCT

Art. 72. Integram o Fundo Social de Emergência:

I — o produto da arrecadação do imposto sobre renda e proventos de qualquer natureza incidente na fonte sobre pagamentos efetuados, a qualquer título, pela União, inclusive suas autarquias e fundações;

II — a parcela do produto da arrecadação do imposto sobre renda e proventos de qualquer natureza e do imposto sobre operações de crédito, câmbio e seguro, ou relativas a títulos e valores mobiliários, decorrente das alterações produzidas pela Lei nº 8.894, de 21 de junho de 1994, e pelas Leis nºs 8.849 e 8.848, ambas de 28 de janeiro de 1994, e modificações posteriores;

(...)

V — a parcela do produto da arrecadação da contribuição de que trata a Lei Complementar nº 7, de 7 de setembro de 1970, devida pelas pessoas jurídicas a que se refere o inciso III deste artigo, a qual será calculada, nos exercícios financeiros de 1994 a 1995, bem assim nos períodos de 1º de janeiro de 1996 a 30 de junho de 1997 e de 1º de julho de 1997 a 31 de dezembro de 1999, mediante a aplicação da alíquota de setenta e cinco centésimos por cento, sujeita a alteração por lei ordinária posterior, sobre a receita bruta operacional, como definida na legislação do imposto sobre renda e proventos de qualquer natureza.

(...)

§ 5º. A parcela dos recursos provenientes do imposto sobre renda e proventos de qualquer natureza, destinada ao Fundo Social de Emergência, nos termos do inciso II deste artigo, não poderá exceder a cinco inteiros e seis décimos por cento do total do produto da sua arrecadação.

Em todos os trechos transcritos, a Constituição Federal indica o próprio imposto, claramente. Seja para atribuir a própria competência, no art. 153, seja para definir regras de partilha de receitas, nos art. 157, 158 e 159, ou mesmo para determinar destinações específicas de parte das receitas auferidas, no ADCT, sempre se refere ao imposto sobre a renda e proventos.

Assim, não se faz aqui uso dos termos em determinado sentido específico, mas, sim, para identificar o próprio imposto. A definição dos conteúdos das expressões, portanto, não serão construídas pela análise desses trechos, mas, sim, de todos os demais.

3.2. A renda e as demais materialidades constitucionais: o conceito de renda construído pela exclusão de bases

Analisamos, nos itens anteriores, as acepções possíveis dos termos *renda* e *proventos* em todas as passagens do texto constitucional.

Apesar de termos esgotado as citações dos termos na CF, não podemos, somente com isso, concluir ou mesmo construir um conceito robusto de *renda* e de *proventos*, na seara apenas constitucional.

A busca desse conceito de *renda* não é simples. O conceito representa a delimitação do objeto, de acordo com uma determinada linguagem. E a linguagem do Direito não tem a característica da univocidade, pelo contrário, é, em regra, ambígua e imprecisa.[57]

Isso, contudo, está muito longe da conclusão pela impossibilidade de definição de significado específico. Certamente, será possível construir diferentes interpretações e significados

___
57. GRAU, Eros Roberto. *Ensaio e discurso sobre a interpretação/aplicação do direito.* São Paulo: Malheiros, 2002, p. 197.

O IMPOSTO SOBRE A RENDA E AS DEDUÇÕES DE NATUREZA CONSTITUCIONAL

a partir de enunciados, devendo, mediante técnicas e procedimentos diversos, como a hermenêutica e a lógica, eleger a mais razoável (naquele contexto).

Devemos, então, buscar o mínimo de precisão conceitual. Nas palavras de Celso Antônio Bandeira de Mello, temos:

> Nunca existe imprecisão absoluta, por mais vagas e fluídas sejam as noções manipuladas pela lei. Sobretudo dentro de um sistema de normas, há sempre referências que permitem circunscrever o âmbito da significação das palavras e reduzir-lhes a fluidez a um mínimo.[58]

A conceituação jurídica, como a de renda, para fins de imposto, certamente precisa ter respaldo e ser baseado no conjunto de enunciados prescritivos e de normas jurídicas válidas no sistema. Não poderia ser diferente.

Isso significa que nosso ponto de partida natural para buscar enunciados, diretos e indiretos, que podem ser usados para a conceituação de um instituto jurídico é, sem dúvida alguma, a CF.

3.2.1. As classificações constitucionais como elemento determinante

A Constituição Federal, no exercício de sua função típica de organizar o Estado brasileiro, estabeleceu e distribuiu diversas competências aos entes, destacando-se, dentre elas, a tributária[59].

---

58. MELLO, Celso Antônio Bandeira de. *Elementos de direito administrativo*. São Paulo: Ed. RT, 1986, p. 241.

59. CARRAZZA, Roque Antonio. *Curso de direito constitucional tributário*. 19. ed. São Paulo: Malheiros 2003. Para o autor, competência tributária é a aptidão legislativa atribuída aos entes da federação para criarem, *in abstrato*, tributos. No mesmo sentido, CARVALHO, Paulo de Barros. *Curso de direito tributário*. 15. ed. São Paulo: Saraiva, 2003. p. 225. "O tema das competências legislativas, entre elas o da competência tributária, é, eminentemente, constitucional. Uma vez cristalizada a limitação do poder legiferante, pelo seu legítimo agente (o constituinte), a matéria se dá por pronta e acabada, carecendo de sentido sua reabertura em nível

FERNANDO FERREIRA CASTELLANI

Ao assim fazer, certamente, o texto supremo utilizou-se de critérios e regras específicas, mais ou menos claras, a depender da técnica adotada.

Interessa-nos, nesse contexto, a classificação possível, a partir dos enunciados constitucionais, acerca dos fatos geradores possíveis.

Toda classificação visa dar nome às coisas. Isso nada mais é que uma *atribuição relacional,* ou seja, escolhemos determinados signos, conforme nossa conveniência, definimos as características que desejamos identificar para tal categoria (conotação) e partimos para a busca de seus elementos (denotação).

Como bem lembra Eurico Marcos Diniz de Santi, citando Ricardo Guibourg:

> (...) as coisas não mudam de nome; nós é que mudamos o modo de nomear as coisas. Portanto, não existem nomes verdadeiros das coisas. Apenas existem nomes aceitos, nomes rejeitados e nomes menos aceitos que outros. A possibilidade de inventar nomes para as coisas chama-se liberdade de estipulação. *Ao inventar nomes (ou aceitar os já inventados), traçamos limites da realidade, como se a cortássemos idealmente em pedaços;* ao assinalar cada nome, identificamos o pedaço que, segundo nossa decisão, corresponderá a ele.[60]

---

infraconstitucional. A isso não atinou o legislador do Código Tributário, que, desordenadamente, tomou como seu o mister de bosquejar normas de tamanha grandeza e dimensão incompatível com os objetivos que se propunha desenvolver. Mas o produto dessa postura apressada veio célere: as regras jurídicas encartadas no Título II da Lei nº 5.172/66, arts. 6º ao 15, exprimem, na sua maioria, repetições inócuas do Texto Maior, remanescendo poucas disposições aproveitáveis para a racionalidade do sistema tributário brasileiro. A essa crítica respondem certos defensores dos desacertos legislativos, exaltando os efeitos didáticos que tais preceitos encerrariam. Mas a desculpa não convence. Peleja contra ela a natureza prescritiva da linguagem do legislador, e, sobretudo, a hierarquia dos escalões do direito, demarcada com linhas indeléveis na plataforma da Constituição. Espera-se da legislação complementar o cumprimento dos desígnios fixados na Constituição, nada mais. O bom desempenho dessa árdua tarefa tem o condão de esgotar a atribuição constitucional, que não reclama, em momento algum, o exercício dos pendores didáticos do legislador, ainda que expressos por amor à clareza e à fácil compreensão das disposições normativas."

60. SANTI, Eurico Marcos Diniz de. "As classificações no sistema tributário brasi-

47

O IMPOSTO SOBRE A RENDA E AS DEDUÇÕES DE
NATUREZA CONSTITUCIONAL

Escolhemos alguns nomes, a fim de proceder a cortes arbitrários que nos reduzam complexidades. Paulo de Barros Carvalho escreve que, "ao mesmo tempo em que todos os nomes são nomes de uma coisa, real ou imaginária, nem todas as coisas têm nomes privativos"[61], o que apenas nos demonstra que a classificação está, realmente, na cabeça e na intenção do agente classificador. [62]

No Direito Positivo, contudo, as classificações e escolhas de critérios não gozam de tamanha liberdade. As classificações jurídicas, baseadas no direito positivo, somente podem selecionar e utilizar critérios do próprio direito positivo. Não seria jurídica uma classificação que utilizasse critérios derivados da economia, ou da política.[63] A classificação jurídica deve, necessariamente, partir e tomar por base a essência do ordenamento jurídico, qual seja, a norma jurídica.[64]

---

leiro". *Justiça Tributária*. São Paulo: Malheiros, p. 127.

61. CARVALHO, Paulo de Barros. "Regras gerais de interpretação da tabela NDN/SH (TIP/TAB)". *Revista Dialética de Direito Tributário*, n. 12, p. 53.

62. Pela sempre natural e contagiante clareza, vale a pena lembrar palavras de Roque Carrazza, nos seguintes termos: "Classificar é o procedimento lógico de dividir um conjunto de seres (de objetos, de coisas) em categorias, segundo critérios pré-estabelecidos. As classificações objetivam acentuar as semelhanças e dessemelhanças em diversos seres, de modo a facilitar a compreensão do assunto que estiver sendo examinado. Isto nos leva a concluir que as classificações não estão no mundo fenomênico (no mundo real), mas na mente do homem (agente classificador)". (CARRAZZA, Roque Antonio. *Curso de direito constitucional tributário*. São Paulo: Malheiros, 2003, p. 305).

63. Neste sentido, manifesta-se Eurico Marcos Diniz de Santi: "Nas classificações jurídicas, os referenciais são os conceitos cunhados prescritivamente pelo direito". ("As classificações no sistema tributário" brasileiro. *Justiça Tributária*. São Paulo: Malheiros. p. 132).

64. CARRAZZA, Roque Antonio. *Curso de direito constitucional tributário*. 18. ed., São Paulo: Malheiros, 2003, p. 309. Norma jurídica, nesta afirmação, pode ser tomada como os enunciados constantes dos textos legais introduzidos validamente no sistema. Em palavras de outro grande professor, temos que "antes de qualquer coisa, porém, uma advertência que me parece oportuna: tratando-se de classificação produzida na linguagem prescritiva do direito, está informada por critérios exclusivamente jurídicos. As diretrizes que orientam a distribuição das posições, subposições, itens e subitens, devem ser pesquisadas nos limites do ordenamento positivo Brasileiro". CARVALHO, Paulo de Barros. "Regras gerais de interpretação da tabela NDN/SH (TIP/TAB)". *Revista Dialética de Direito Tributário*, n. 12, p. 53.

Assim, ao nos propormos a proceder à atividade classificatória de elementos dos tributos, devemos, inexoravelmente, realizar nossa análise a partir dos enunciados constitucionais que versem acerca desses tributos. Partindo desses enunciados, poderemos estabelecer uma classificação jurídica.

Sabemos que a Constituição Federal utilizou-se de uma regra muito clara na definição das competências tributárias para os impostos, qual seja, a definição pela atribuição de materialidades possíveis. Chama-se, a isso, de técnica de validação material.[65]

Essa técnica, inclusive, é, há muito tempo, utilizada, por todos os autores adeptos da teoria tripartite dos tributos, baseando sua classificação na análise do importante binômio fato gerador e base de cálculo.

Alfredo Augusto Becker defendia, ao tratar da definição da natureza jurídica específica do tributo:

> Demonstrar-se-á que o critério objetivo e jurídico é o da base de cálculo (base imponível). Este, sempre e necessariamente, é o único elemento que confere o gênero jurídico do tributo. Noutras palavras, ao se investigar o gênero jurídico do tributo, não interessa saber quais os elementos que compõe o pressuposto material ou quais as suas decorrências necessárias, nem importa encontrar qual o mais importante daqueles elementos ou decorrências. Basta verificar a base de cálculo: a natureza desta conferirá, sempre e necessariamente, o gênero jurídico do tributo.[66]

Paulo de Barros Carvalho, discorrendo sobre a classificação dos tributos, defende a relevância da materialidade e da base imponível, nos seguintes termos:

---

65. Entende-se por critério de validação material a classificação dos tributos que leva em consideração, como elemento relevante, a materialidade (fato gerador e base de cálculo), enquanto o critério de validação finalística leva em consideração, como elemento relevante, a destinação do produto da arrecadação.

66. BECKER, Alfredo Augusto. *Teoria geral do direito tributário*. 5. ed. São Paulo: Noeses, 2012, p. 396.

O IMPOSTO SOBRE A RENDA E AS DEDUÇÕES DE NATUREZA CONSTITUCIONAL

> Partindo desses pressupostos, divido os tributos em vinculados e não vinculados, na esteira dos ensinamentos de Geraldo Ataliba. Os primeiros conotam, em sua hipótese, uma atividade do Estado direta ou indiretamente relacionada ao contribuinte, ao passo que os segundos apresentam, em seu antecedente normativo, a indicação de aspectos inerentes a negócios jurídicos do contribuinte, não relacionados a qualquer prestação estatal. Suas bases de cálculo, em consequência, não podem ser outra que não: a) o custo da atuação do Estado, quando se tratar de tributo diretamente vinculado; b) a medida dos efeitos dessa atividade, na hipótese de exação indiretamente vinculada; e c) o valor do fato praticado pelo particular, se for o caso de espécie não vinculada.[67]

Diante disso, para tentar buscar o mínimo de fluidez citado por Celso Antônio, tentaremos construir, inicialmente, um conceito negativo de renda, ou seja, identificando tudo aquilo que a Constituição Federal entendeu pertencer a uma classe diferente de bens ou de elementos jurídicos, não podendo, com isso, ser considerado *renda*.

Essa técnica não é suficiente, mas é necessária.

Sabemos que a hermenêutica, enfatizada pela disposição legal do CTN, estabelece a força e a supremacia dos enunciados constitucionais e suas expressões.

Vejamos o CTN:

> *Art. 109. Os princípios gerais de direito privado utilizam-se para pesquisa da definição, do conteúdo e do alcance de seus institutos, conceitos e formas, mas não para definição dos respectivos efeitos tributários.*

> *Art. 110. A lei tributária não pode alterar a definição, o conteúdo e o alcance de institutos, conceitos e formas de direito privado, utilizados, expressa ou implicitamente, pela Constituição Federal, pelas Constituições dos Estados, ou pelas Leis Orgânicas do Distrito Federal ou dos Municípios, para definir ou limitar competências tributárias.*

---

67. CARVALHO, Paulo de Barros. *Direito tributário:* linguagem e método. 4. ed. São Paulo: Noeses, 2011, p. 406.

Os citados artigos têm um papel fundamental no processo de construção de significados dos termos e dos enunciados tributários.

Inicialmente, o art. 109 estabelece a possibilidade de o legislador tributário estabelecer efeitos tributários específicos para institutos de outros ramos do direito, ainda que conflitantes com seu conteúdo natural. Temos, com isso, uma certa independência e autonomia do direito tributário, para adotar totalmente ou parcialmente conceitos e efeitos jurídicos previamente disciplinados em outros ramos do direito.

Exemplo mais claro disso é a equiparação, para fins tributários, de pessoas físicas e jurídicas. Para o direito privado, pessoas físicas e jurídicas são realidades jurídicas absolutamente diferentes e independentes. Nem por isso, a legislação tributária deixa de atribuir, com independência e validade, tal equiparação.

Já o artigo subjacente estabelece ordem diversa.

Visando a dar plena garantia e validade ao princípio da segurança jurídica, o legislador tributário encontra, no CTN, uma limitação para a atribuição de conteúdo, alcance e significado a institutos jurídicos previamente definidos e usados, pela CF, sem explicitação de seu conteúdo.

Obviamente, ao definir materialidades possíveis para os tributos, assim como princípios e imunidades, a Constituição Federal utilizou-se de expressões jurídicas previamente existentes no sistema jurídico, tais como bens, patrimônio, pessoa, circulação, transmissão, entre outras.

Essas expressões, usadas pelo legislador constituinte originário, possuíam um determinado significado, alcance e conteúdo, que foram, certamente, determinantes para esse legislador escolhê-las e usá-las.

Diante dessa constatação, o CTN, no citado artigo, explicita uma regra de hermenêutica absoluta: a Constituição Federal não utiliza termos inúteis ou sem significado.

O IMPOSTO SOBRE A RENDA E AS DEDUÇÕES DE NATUREZA CONSTITUCIONAL

Todos os termos previstos na Constituição Federal, para a definição ou repartição de competências, devem ser analisados nos exatos termos que a legislação privada estabelece. Não pode a lei tributária, infraconstitucional, ao exercitar as competências definidas, alterar tais conceitos, de forma a alterar, indiretamente, as próprias regras de competência.

Em antigo, mas atual, voto proferido no STF, o ministro Luiz Gallotti chamava a atenção para a possibilidade de destruição do sistema tributário se a lei pudesse chamar de compra o que não é compra, de exportação o que não é exportação, de renda o que não é renda.[68] De que valeria uma distribuição de competências, pela identificação de fatos jurídicos, se a definição de tais fatos de nada valesse? Certamente, nada.

Diante dessas regras, enfatizadas pelos arts. 109 e 110 do CTN, podemos perceber que uma técnica inicial da definição de conceito negativo de renda é passo importante para a sua definição positiva.

3.2.2. Conceituação negativa de renda

Conforme salientado, a Constituição Federal, em inúmeras passagens, elenca, expressamente, as materialidades possíveis de serem tomadas como antecedentes das normas tributárias. Em outras palavras, elenca os fatos geradores possíveis.

Identificamos, na CF, as seguintes materialidades, elencadas como fatos geradores ou base de cálculo de tributos: i. importação (II), ii. exportação (IE), iii. renda e proventos de qualquer natureza (IR), iv. industrialização (IPI), v. operações de crédito, câmbio, títulos, seguros e valores mobiliários (IOF), vi. propriedade rural (ITR), vii. grandes fortunas (IGF), viii. propriedade de veículos (IPVA), ix. circulação de mercadorias

---

68. RE 71.758, de 20.01.1971, citado por MINATEL, José Antonio. *Conteúdo do conceito de receita e regime jurídico para sua tributação*. São Paulo: MP Editora, 2005, p. 83.

(ICMS), x. transmissão de bens e direitos por morte ou a título gratuito (ITCMD), xi. propriedade imobiliária urbana (IPTU), xii. prestação de serviços (ISS), xiii. transmissão de bens imóveis e direitos reais, a título oneroso (ITBI), xiv. folha de salários e demais rendimentos pagos (INSS Patronal), xv. receita ou faturamento (PIS/COFINS), xvi. lucro (CSLL), xvii. rendimentos do trabalhador (INSS trabalhador), xviii. receita de concursos de prognósticos (INSS Prêmios), xix. operação de importação (PIS/COFINS importação), xx. operações com combustíveis e lubrificantes (CIDE Combustíveis), xxi. utilização de serviço público, xxii. sujeição a poder de polícia e xxiii. valorização imobiliária decorrente de obra pública.

Ao analisarmos esses fatos geradores, podemos identificar inúmeras características, identificadas não como a hipótese de incidência completa e definida, com todos os seus contornos, mas, sim, sua essência, que consubstancia seu núcleo.

É evidente que o legislador, detentor da competência tributária para cada espécie tributária, poderá, e deverá, delimitar exatamente os elementos da regra matriz de incidência tributária, definindo, com exatidão, materialidade, base de cálculo, alíquota, sujeitos, entre outros.

Contudo, é inegável que as expressões utilizadas pela Constituição Federal trazem um conteúdo e significado inerentes e pré-definidos que não podem, de forma alguma, ser ignorados pelo legislador tributário.

As diferentes expressões não podem indicar as mesmas materialidades. Não há sentido lógico, e nem mesmo jurídico, nisso.

Em outras palavras, estamos defendendo que as materialidades dos tributos indicadas na Constituição devem ser definidas, com todos os seus contornos, pelo legislador competente, de forma a respeitar as diferenças postas pela própria Constituição. Não haveria o menor sentido usar expressões diversas, na Constituição, como *renda* e *lucro*, e permitir

O IMPOSTO SOBRE A RENDA E AS DEDUÇÕES DE NATUREZA CONSTITUCIONAL

que, na legislação tributária, tenham exatamente o mesmo conteúdo.

Isso significa, ainda sem definir o conteúdo de cada uma delas, que são conceitos que devem ser distintos para o Direito Tributário, pois são distintos na Constituição Federal.

Em uma classificação pautada nos fatos geradores identificados expressamente na Constituição[69], deixando de fora os tributos cujos fatos geradores estão expressamente determinados como relacionados à atividade estatal (taxas e contribuições de melhoria), podemos identificar o que segue:

> *i. Fatos geradores relacionados às operações com produtos ou serviços*: II, IE, IPI, IOF, ICMS, ISS, CIDE Combustíveis, INSS patronal, PIS/COFINS importação.
>
> *ii. Fatos geradores relacionados à transmissão de bens ou direitos*: ITCMD, ITBI.
>
> *iii. Fatos geradores relacionados ao patrimônio*: IGF, ITR, IPVA, IPTU.
>
> *iv. Fatos geradores relacionados ao resultado econômico*: IR, PIS/COFINS, CSLL, INSS trabalhador, INSS prêmios.

Essa classificação inicial, que não é peremptória, mostra uma situação interessante. Existem diferentes materialidades, com diferentes características. Cabe-nos, agora, demonstrar a independência de cada uma delas.

3.2.2.1. Fatos geradores relacionados às operações com produtos ou serviço

Em um primeiro grupo, podemos elencar uma série de fatos geradores cuja materialidade essencial está relacionada à ocorrência de uma operação, pura e simplesmente.

---

69. Apenas lembrando que, para alguns tributos, a Constituição Federal utilizou-se de técnica de definição finalística, ou seja, deixou de elencar o fato gerador possível, limitando-se a definir a finalidade ou a destinação do tributo.

Significa dizer, aqui, que o fato eleito pelo legislador é a simples verificação da operação, sem considerações sobre suas condições exatas anteriores ou posteriores.

Para os tributos como o Imposto de Importação, ou mesmo o Imposto sobre Circulação de Mercadorias, o que parece interessar à Constituição Federal é a verificação de manifestação de riqueza pela simples ocorrência da própria operação. Ao vender, e, portanto, circular mercadoria, há o recebimento de valor correspondente. Há, então, inegável manifestação de capacidade econômica.

A rigor, todos esses tributos não se alteram, para fins de definição do seu valor, pelo eventual resultado positivo ou negativo do sujeito passivo. Pouco importa, em outras palavras, se o sujeito passivo tem lucro ou prejuízo, se sua situação econômica é boa ou ruim, ou qualquer outro elemento. O fato gerador considera, de maneira isolada, a ocorrência da operação. Haverá, pois, incidência isolada sobre o valor da operação.

É bem verdade que alguns desses tributos, como o ICMS e o IPI, pela sujeição ao princípio da não cumulatividade, acabam por considerar o conjunto de todas as operações, assim como o conjunto de todas as aquisições de insumos para a produção. Apesar disso, continua a ser considerado o valor efetivo da operação.

No mesmo sentido, vale pensar na contribuição previdenciária devida pelo empregador. Pelo simples fato de possuir folha de salários, e, portanto, realizar pagamento de salários, haverá incidência sobre o valor pago, independentemente de outras considerações sobre resultados da empresa. Existe sua operação e a necessidade de manutenção de mão de obra para sua viabilização. São pagamentos, assim, indiretamente vinculados à operação.

3.2.2.2. Fatos geradores relacionados à transmissão de bens ou de direitos

Em outro conjunto de fatos possíveis, a Constituição define a relevância das transmissões de bens ou direitos, pura e simplesmente.

É evidente que alguns fatos já identificados, como a circulação de mercadorias (ICMS), ou industrialização de produtos (IPI), implicam, necessariamente, transmissão de bens. Contudo, como seus fatos são mais complexos do que a simples transferência, foram incluídos no grupo *operações*.[70]

Identificamos, aqui, a transmissão decorrente de morte, de operações a título gratuito e alienação de bens imóveis e direitos reais.

Esses impostos têm por fato gerador a inversão de titularidade de um bem. Essa inversão, a depender da situação, pode ser onerosa (alienação) ou não onerosa (doação), assim como decidida por ato de vontade (decisão negocial) ou por imposição jurídica (morte).

Tais tributos limitam-se a incidir sobre o bem ou direito, ou conjunto de bens ou de direitos, transmitidos. Define-se a tributação pela medida do conjunto transferido. Tal transferência demonstra, seja de quem transmitiu, seja de quem recebeu, capacidade econômica, geradora da possibilidade de tributação.

3.2.2.3. Fatos geradores relacionados ao patrimônio

Existem fatos elencados pela Constituição que incidem, nitidamente, sobre a situação patrimonial específica e estática do sujeito passivo.

---

70. A rigor, no ICMS, exige-se a característica de mercadoria do bem, como no IPI, a característica de industrialização pelo sujeito passivo, por exemplo. Contudo, é inegável que tais fatos são, também, transmissões de bens.

Os impostos sobre propriedade, sejam de bens (terreno rural, terreno e prédio urbano, veículo automotor), sejam de massa patrimonial (grande fortuna[71]), têm, por materialidade, a mera existência da titularidade do bem ou da massa, de forma que incidirão, repetidamente, a cada determinado período.

Como natural supor, tais tributos são calculados pelo valor dos bens ou da massa, considerados por demonstração contábil específica ou mesmo por presunção, em seu estado bruto, sem qualquer consideração sobre evolução ou diminuição (apesar de poder presumir algum desgaste e desvalorização do bem, nos termos da lei).

3.2.2.4. Fatos geradores relacionados ao resultado econômico

Existe, por fim, determinados tributos cujo fato gerador eleito pelo legislador constituinte está relacionado ao resultado apurado de determinado negócio ou operação.

Elencamos, nesse item, a auferimento de renda, de receitas e faturamento, de lucro, de vencimentos e de prêmios.

Alguns dos casos elencados exigem apuração mais detalhada, já que decorrentes de análise de resultado dinâmico do negócio, como a renda, a receita ou o lucro. Em outros casos, temos a mera constatação do resultado imediato e isolado, como o vencimento e o prêmio.

---

71. O Imposto sobre grandes fortunas é um tributo extremamente controvertido. É adotado em todos os países europeus, com exceção de Bélgica, Reino Unido e Portugal. Apesar disso, Reino Unido, assim como os EUA, adotam tributações sobre herança em patamares muito elevados. Na América do Sul, contam com tal tributação: Uruguai, Argentina e Colômbia.

3.2.2.5. Das exclusões recíprocas dos fatos

Sem adentrar na conceituação possível de cada um dos elementos anteriormente citados, como fatos geradores possíveis, é importante ressaltar, mais uma vez, a necessidade de sua exclusão recíproca.

Vimos que a Constituição Federal utilizou inúmeros elementos para identificar as materialidades possíveis. Usou termos com conteúdos jurídico, econômico, contábil e social, diferentes. Essa utilização não pode ser considerada aleatória ou mesmo irrelevante.

Contudo, faz-se muito importante perceber que a definição constitucional das materialidades não tem o condão de exaurir os elementos do fato jurídico tributário.

Com clareza total, percebe-se que os termos usados possuem uma grande margem de indefinição a ser enfrentada pela lei tributária. De maneira simples, não há a definição clara dos elementos da renda, de mercadoria, de patrimônio, de transmissão, por exemplo.

Podemos, a rigor, apenas concluir, sem medo de errar, que o legislador tributário deverá, naquilo que for possível, definir com exatidão esses elementos sempre de maneira a diferenciá-los.

Ainda que não existam os contornos exatos de renda e de lucro na Constituição, devendo, então, ser construídos na legislação, não podemos admitir que sejam equivalentes. Eles devem ser, necessariamente, diferentes.

Portanto, a análise dos fatos indicados no texto constitucional, definidor de competências, deve ser fonte constante de consulta, para validar o eventual conceito construído, complementado e definido pela lei tributária.

Evidentemente, existe um conceito mínimo de todos os fatos geradores, na própria constituição. Significa dizer, que existe um conceito constitucional pressuposto dos fatos geradores, seja renda, receita, faturamento, patrimônio, doação, entre outros.

Conceito pressuposto não significa conceito posto, ou mesmo completo. Significa, contudo, certas nuances e certos limites que não podem ser ignorados.

Especialmente no imposto sobre a renda, é impositiva a consideração acerca da obrigatoriedade da lei tributária sujeitar-se à diferenciação dos fatos geradores eleitos pela Constituição Federal. Não poderá a lei tributária específica do imposto sobre a renda adotar como seu fato gerador, qualquer situação que se amolde, da melhor maneira, aos demais fatos expressamente indicados para outros tributos.

Esse processo interpretativo merece esclarecimentos.

A rigor, todos os elementos usados para a identificação dos fatos geradores de tributos devem possuir um conteúdo específico, não detalhado pelo próprio texto. Assim, é necessária a busca de seu significado, mediante a construção de normas jurídicas específicas sobre cada tributo.

A construção dessas normas jurídicas, realizada pelo intérprete, terá seu caminho iniciado no contato com os diferentes substratos de linguagem, chamados enunciados prescritivos, específicos para cada tributo. Tais enunciados deverão ser interpretados, aplicando, o intérprete, toda sua ideologia e conhecimento nessa atividade. Nesse momento, aplica-se o conjunto de outros enunciados legais, tais como leis, decretos, portarias, assim como enunciados da doutrina, das jurisprudências, de outros ramos da ciência ou tecnologia (contabilidade, sociologia, administração, entre outros).

Usando todos esses elementos, o intérprete poderá construir, a partir dos enunciados interpretados, a norma jurídica completa. Terá, com isso, construído uma significação para os termos, isoladamente e conjuntamente, considerados.

Em etapa seguinte, o mesmo intérprete deverá inserir essa norma no conjunto das demais normas, o chamado

O IMPOSTO SOBRE A RENDA E AS DEDUÇÕES DE
NATUREZA CONSTITUCIONAL

sistema, para verificar a sua compatibilidade e pertinência. A norma não existe de maneira isolada.

Nessa etapa, ou se verifica a compatibilidade, validando a interpretação e construção da norma, ou se inicia novamente o processo.

Paulo de Barros Carvalho explica, esse processo, com foco na teoria da linguagem aplicada ao Direito[72].

A construção da norma, realizada pelo intérprete, pode ser ou não aceita pelos agentes competentes a expressar as normas adequadas. Explico. Todo estudioso do direito pode, a partir dos enunciados, criar normas jurídicas (sua interpretação). Contudo, somente as normas criadas pela interpretação das autoridades administrativas ou judiciais, especialmente as manifestações definitivas, poderão valer como interpretação vinculativa e definitiva, ao menos até a alteração por eles realizada.

Esse processo será aplicado ao fato gerador do imposto sobre a renda. A partir dos enunciados, constitucionais e

---

72. CARVALHO, Paulo de Barros. *Curso de direito tributário*. 16. ed. São Paulo: Saraiva, 2004, p. 128. Utilizando-se de conceitos da Teoria Geral do Direito e de lógica jurídica, define esse processo chamando cada uma das etapas de subsistemas S1, S2, S3 e S4. Em cada um deles, teríamos um plano de aprofundamento da construção, sempre em direção a criação de significação completa, a norma jurídica. O autor deixa claro que essa divisão não pode ser rigidamente identificada na prática, sendo um processo percorrido inúmeras vezes pelo intérprete. "As mencionadas incisões, como é obvio, são de caráter meramente epistemológico, não podendo ser vistas as fronteiras dos subsistemas no trato superficial com a literalidade dos textos." (CARVALHO, Paulo de Barros. *Curso de direito tributário*. 17. ed. São Paulo: Editora Saraiva, 2005, p. 110). "...os primeiros (os enunciados) se apresentam como frases, digamos assim soltas, como estruturas atômicas, plenas de sentido, uma vez que a expressão sem sentido não pode aspirar à dignidade de enunciado. Entretanto, sem encerrar uma unidade completa de significação deôntica, na medida que permanecem na expectativa de juntar-se a outras unidades da mesma índole. Com efeito, terão que conjugar-se a outros enunciados, consoante específica estrutura lógico-molecular, para formar normas jurídicas, estas sim, expressões completas de significação deôntico-jurídica. Por certo que também as normas ou regras do direito posto, enquanto manifestações mínimas e, portanto, irredutíveis do conjunto, permanecerão à espera de outras unidades da mesma espécie, para a composição do sistema jurídico-normativo". (*Direito tributário:* Fundamentos jurídicos da incidência, 4. ed., São Paulo: Saraiva, 2006, p. 77)

legais, deve-se construir uma norma, de determinado conteúdo, e, depois, verificar sua compatibilidade com o sistema. Essa compatibilidade deve ser analisada, dentre outros elementos, a partir da diferenciação com os demais fatos geradores eleitos pela Constituição.

E o que definirá a prevalência de um conceito sobre o outro, se ambos são construídos pelo mesmo processo? No campo conceitual, a maior ou menor coerência e lógica; no campo pragmático, a maior ou menor aceitação pelos órgãos capazes de impor sua interpretação como válida (decisões finais administrativas e judiciais).

Como conclusão, para cada termo usado pela Constituição Federal, elegendo fato gerador de tributo, deve ser adotado um processo de construção de significado próprio. Seus resultados parciais, contudo, devem ser analisados em conjunto, de forma que não sejam incompatíveis. O processo de construção de significado das normas de renda não podem conduzir ao mesmo conteúdo do processo de construção de significado das normas de patrimônio, apenas como exemplo.

3.2.3. Do inter-relacionamento dos fatos geradores e de suas bases de cálculos

A independência e a diferenciação obrigatória dos conteúdos dos fatos geradores eleitos pela Constituição Federal são impositivas. Isso não significa, contudo, que uma conduta humana, contábil ou social deve configurar, apenas, um único fato gerador.

As condutas e as relações jurídicas são complexas. Uma mesma conduta pode ensejar diversas consequências.

Em um exemplo absolutamente simples, pensemos na entrega de um bem, com inversão de titularidade, de uma pessoa para a outra, sem contraprestação qualquer. Sob diferentes aspectos, essa entrega implica diminuição do patrimônio da primeira, aumento do patrimônio da segunda, e

O IMPOSTO SOBRE A RENDA E AS DEDUÇÕES DE NATUREZA CONSTITUCIONAL

transmissão de bem entre elas, apenas olhando para o bem isolado. A rigor, o Direito poderia, de alguma forma, interessar-se pela diminuição do patrimônio, pelo seu aumento, ou pela mera transmissão. Um único fato social, caracterizador de diferentes fatos jurídicos. O mesmo vale para um sem-número de situações.

A Constituição, ao elencar os fatos geradores dos tributos, indica, de certa forma, o fato jurídico preponderante de cada conduta social. Usando o exemplo acima, nesse tipo de entrega, o legislador constituinte parece ter selecionado, como realidade preponderante, a transmissão, a título gratuito. Não olhou, aparentemente, a diminuição ou mesmo o aumento patrimonial.

Ao mesmo tempo, o bem ingressado no patrimônio do sujeito poderá, a partir de agora, ser considerado, juridicamente, como parte do patrimônio, para fins de tributação. Se fosse um imóvel, seria tributado, a partir desse momento, como propriedade imobiliária do sujeito, pelo tributo federal ou municipal. Contudo, nesse momento, estaríamos olhando outro fato social e jurídico, não mais a transmissão.

Essa análise simples tem um efeito importantíssimo. Não parece razoável admitir que uma mesma conduta descrita na Constituição, como fato gerador de um determinado tributo, possa ser considerada, em um mesmo aspecto, concomitantemente, para ser objeto de outra tributação. Poderá, é verdade, ser considerada em momentos, em contextos e em relações diversas (o bem, na transmissão e na incorporação ao patrimônio). Jamais, contudo, no mesmo momento e ato.[73]

Especialmente para o imposto sobre a renda, na busca da definição do conceito de *renda*, tais premissas parecem fundamentais.

---

73. A transmissão somente é efetiva se houver a inversão da titularidade, o que implica a necessidade de ingresso no patrimônio. Enquanto não for considerado ingressado no patrimônio, não se pode considerar transmitido.

A *renda* não pode ser caracterizada por atos que sejam isoladamente considerados patrimônio, operação, transmissão, pagamento, receita, entre outras. Deve ser, obrigatoriamente, algo distinto, apesar de todos esses elementos, em algum momento e de algum forma, poderem ser objeto de composição do fato gerador *renda*.

A composição da eventual base de cálculo do imposto sobre a renda poderá, em tese, considerar os resultados auferidos a partir das transmissões, das operações, dos pagamentos, entre outros. Mas, conforme salientado acima, em momentos e em contextos diferentes.

Todo e qualquer conceito de renda, construído a partir da legislação, portanto, deverá respeitar essa premissa básica, de independência e de diferenciação do fato gerador, não gerando confusão ou coincidência com qualquer outro.[74]

Nesse sentido, a manifestação de Hugo de Brito Machado Segundo.

> E para se obter o conceito constitucional de renda, importa levar em consideração não apenas a noção que se tem do termo renda a partir de outras áreas do conhecimento (Ciências Contábeis, Economia etc.), mas especialmente a noção que se tem a partir de outros termos utilizados pela Constituição para designar outras realidades signo-presuntivas de capacidade contributiva e assim atribuir outras competências tributárias. Isto porque o significado da expressão *renda* não pode coincidir com o significado desses outros termos.
>
> Diante disso, conclui-se logo que o conceito de renda não pode ser materialmente igual ao conceito de receita, como por vezes pretende fazer entender a União Federal, pois a Constituição utilizou renda e receita para atribuir duas competências tributárias distintas. E a distinção que se pretende entre esses dois conceitos é que para se chegar à realidade renda consideram-se

---

74. Exceção feita, obviamente, aos chamados impostos extraordinários, definidos no art. 154, II da CF, e as tributos cuja materialidade não é definida pela Lei Maior, como os empréstimos compulsórios e contribuições especiais.

O IMPOSTO SOBRE A RENDA E AS DEDUÇÕES DE NATUREZA CONSTITUCIONAL

ganhos e perdas, enquanto para se chegar à realidade receita, consideram-se apenas os ganhos.[75]

O primeiro ponto de análise, na construção desse conceito, deve ser a lei complementar tributária. Nela, encontraremos as primeiras nuances legais de renda. Vejamos.

---

75. MACHADO SEGUNDO, Hugo de Brito. "O imposto de renda das pessoas jurídicas e os resultados verificados no exterior". In: ROCHA, Valdir de Oliveira (Coord). *Grandes questões atuais de Direito Tributário*, v. 7. São Paulo: Editora Dialética, 2003, p. 194.

CAPÍTULO IV
AS ACEPÇÕES DE RENDA E PROVENTOS NAS NORMAS GERAIS EM MATÉRIA TRIBUTÁRIA (LEI COMPLEMENTAR TRIBUTÁRIA)

O próprio sistema do direito positivo define quais são os veículos competentes para a introdução de normas jurídicas no próprio sistema, partindo do texto constitucional. Tendo delimitado o objeto deste trabalho, relevante se faz a análise exclusiva do introdutor da lei.

A Constituição Federal, em seu art. 59, prevê que o processo legislativo compreende a elaboração de a) emendas à constituição; b) leis complementares; c) leis ordinárias; d) leis delegadas; e) medidas provisórias; f) decretos legislativos; e g) resoluções.

Considerando o art. 59 da CF, tem-se que o vocábulo "lei", tal como tantos outros constantes dos textos de direito positivo, revela-se de modo ambíguo e vago, sendo de fundamental importância definir seu conteúdo semântico.

A Constituição Federal, ao estabelecer as regras para o processo legislativo, define sete espécies normativas

65

O IMPOSTO SOBRE A RENDA E AS DEDUÇÕES DE NATUREZA CONSTITUCIONAL

diferentes. Todas elas com relevância para o sistema tributário, tendo diferentes funções no sistema.

Em especial para a lei complementar, há significativa função a ela definida, que passaremos a analisar.

4.1. A lei complementar tributária

A lei complementar é uma das espécies de veículos introdutores de normas previstas no sistema. Resta-nos discutir qual o conteúdo das normas introduzidas por essa espécie normativa.

A Constituição Federal, como norma essencial para toda a construção do ordenamento jurídico retira sua validade na "norma fundamental", o que para Hans Kelsen[76], é o veículo introdutor natural para a definição da competência dos demais veículos. Em outras palavras, devemos buscar a definição das matérias reservadas ao trato por intermédio de lei complementar no próprio texto constitucional.

A lei complementar é uma espécie normativa de natureza ontológico-formal, ou seja, é uma espécie normativa caracterizada por um procedimento específico e por matérias também específicas. Em outras palavras, a competência da espécie lei complementar deve ser demarcada, diante de seu caráter de excepcionalidade.

O texto constitucional, por força disso, procede à enumeração das matérias cujo trato é reservado para normas jurídicas inseridas por intermédio de veículo introdutor da espécie lei complementar.

Essa definição da necessidade de lei complementar é feita tanto de maneira expressa como de maneira implícita, sempre

---

76. KELSEN, Hans. *Teoria pura do direito*. Tradução de João Baptista Machado. 2. ed. São Paulo: Martins Fontes, 1985, p. 205. Para Kelsen, a "norma fundamental" pode ser definida como o mandamento impositivo de respeitar a constituição.

que normas constitucionais requererem complementação.[77]

Para o objeto do presente estudo interessa particularmente a definição da função desse veículo na seara do campo do direito tributário.

4.2. A função típica e atípica da lei complementar em matéria tributária

A lei complementar em matéria tributária exerce duas grandes funções no direito tributário, quais sejam (i) função típica e (ii) função atípica.

Pela primeira – típica – tem-se a função de estabelecer regras de caráter complementar à Constituição Federal, com o cuidado de se definir, a seguir, qual a abrangência dessa possibilidade de complementação. Pela segunda – atípica – tem-se a função reservada pela Carta Constitucional a essa espécie, para instituir determinados tributos.

Essa classificação parte da premissa de que a lei complementar é uma espécie normativa que se diferencia das demais em virtude do procedimento diferenciado no processo legislativo, e pela reserva de matérias específicas a seu trato.

Entende pela existência dessas duas grandes funções da lei complementar, sem usar da terminologia aqui proposta, Luciano da Silva Amaro, que se manifesta no sentido de que "além dessa primeira função das leis complementares de

---

77. As normas constitucionais, quanto à sua eficácia, podem ser classificadas como de eficácia plena, contida e limitada. As primeiras são as que não necessitam de complementação, sendo autoaplicáveis; as segundas, aquelas que podem ter seu alcance limitado, mas, enquanto não regulado, são de alcance similar às primeiras; as terceiras são aquelas que para seu gozo necessitam de regulação infraconstitucional, não produzindo efeitos enquanto não regulada. Como exemplos de normas de eficácia limitada, mais grave sob a ótica constitucional, temos a previsão de limitação constitucional de juros anuais (12%), ou o direito à greve por parte de servidores públicos (ambos os assuntos com manifestação do STF no sentido de impossibilidade de seu exercício). (STF, ADIN nº 4 DF, *RTJ* 147/719, Súmula 648 do STF e STF, Pleno, MI 20/DF, Rel. Celso de Mello, j. 19.05.1994, *DJU* 22.11.96, pág. 45.690, respectivamente).

O IMPOSTO SOBRE A RENDA E AS DEDUÇÕES DE NATUREZA CONSTITUCIONAL

natureza tributária (ou seja, a de complemento do desenho constitucional conferido ao sistema tributário), a Constituição reclama, excepcionalmente, a edição de lei complementar para a criação de certos tributos."[78]

Essa definição de matérias específicas nada mais é que a definição do campo de competência da lei complementar, que, dito de outro modo, nada mais é que a definição da função dessa espécie, a que passaremos agora.

4.2.1. As funções típicas

As chamadas funções típicas da lei complementar são exatamente aquelas definidas pelo art. 146 do texto constitucional, a fim de iniciar a construção do significado deste enunciado, relevante à sua transcrição.

> Art. 146. Cabe a lei complementar:
>
> I — dispor sobre conflitos de competência, em matéria tributária, entre a União, os Estados, o Distrito Federal e os Municípios;
>
> II — regular as limitações constitucionais ao poder de tributar;
>
> III — estabelecer normas gerais em matéria de legislação tributária, especialmente sobre: (...).

Diante deste enunciado, inserido pelo veículo introdutor Constituição Federal, inicia-se o processo de construção de significação da norma introduzida.

Mostra-se, *prima facie*, a previsão constitucional de três diferentes funções da lei complementar: (i) dispor sobre conflitos de competência; (ii) regular limitações constitucionais ao poder de tributar; e (iii) estabelecer normas gerais em direito tributário.

---

78. AMARO, Luciano da Silva. *Direito tributário brasileiro*. 10. ed. São Paulo: Saraiva, 2004, p. 166. Não concordo, contudo, com sua conclusão logo em seguida, no sentido de que esta lei seria apenas formalmente complementar, pois trataria de matéria não reservada à lei complementar. Ora, se a própria Constituição exige lei complementar para instituir determinados tributos, a partir desta previsão, temos matéria reservada a essa espécie normativa.

Essa interpretação, apesar de parecer evidente, decorre, para alguns autores, de uma interpretação meramente literal, que condiz com os demais princípios constitucionais tributários.

Conforme dispõe o inciso I do referido art. 146, é função da lei complementar "dispor sobre conflitos de competência, em matéria tributária, entre a União, os Estados, o Distrito Federal e os Municípios.", sendo o ponto relevante a ser definido o conteúdo da expressão "conflitos de competência".

Ao referir-se à ocorrência de conflito de competência, somente se pode imaginar a situação em que mais de um ente tributante pretenda exercer competência tributária sobre um mesmo fato gerador tributário.

Em assim sendo, obviamente que, partindo do conceito de um sistema como o nosso, em que existe definição rígida de competências, esse conflito de competência não é admissível no plano lógico ou abstrato. Se há uma definição rígida de competências, qualquer conflito de competências representará violação de limites por algum dos entes.

Desta sorte, a lei complementar deverá estabelecer regras que reforcem o perfil constitucional de cada tributo, de forma a evitar esses possíveis conflitos. Em situações em que o legislador perceba a possibilidade de existência desses conflitos, deverá colocar no sistema uma norma, por intermédio de veículo lei complementar, de forma a dirimir tal situação.

Ainda caberá à lei complementar, com base na previsão do inciso II do art. 146, "regular as limitações constitucionais ao poder de tributar", sendo agora necessário delimitar o conteúdo da expressão "limitações constitucionais".

Tais limitações podem ser definidas como aquelas previsões contidas no texto constitucional, que estabelecem regras para o exercício da competência tributária. Tomando por base a própria redação da Constituição Federal, tais limitações seriam as dispostas nos arts. 150 a 152, ou seja, estariam

O IMPOSTO SOBRE A RENDA E AS DEDUÇÕES DE NATUREZA CONSTITUCIONAL

disciplinadas pelas regras de imunidades, bem como pelos princípios constitucionais tributários.

Tem-se que o constituinte atribuiu, ao legislador infraconstitucional, por meio do veículo lei complementar, a introdução de normas que visem a regular as imunidades tributárias, bem como os princípios tributários por ele instituídos.

Sempre oportuna a ressalva de que regular não é instituir; regular não é proibir. Regular é tão apenas disciplinar.

A Constituição no inciso III do art. 146 estabelece, ainda, que cabe à lei complementar estabelecer normas gerais em direito tributário. Novamente, se faz necessário estabelecer o conteúdo de uma expressão constitucional, nesse caso, "normas gerais em direito tributário".

Normas gerais seriam todas as normas direcionadas a todos os entes tributantes, ou para apenas um, sempre exigido de maneira expressa pela Constituição Federal.

Explicando o conceito, normas gerais são todas aquelas destinadas a estabelecer regras de padronização da tributação entre os diversos entes tributantes. Essas regras se referem às situações descritas nas alíneas do art. 146, III, da Constituição, de maneira exemplificativa.

Aponta Marco Aurélio Greco:

> (...) esta dicção constitucional "estabelecer normas gerais em direito tributário" (...) abre espaço para a lei complementar atuar também como elemento estruturante do ordenamento tributário. Vale dizer, não apenas dispondo sobre prerrogativas do Fisco, direitos dos contribuintes, elementos fundamentais da obrigação etc. (os chamados direito tributário material e formal) – possibilidade que já advém do art. 24, I, –, mas também sobre as relações e fórmulas de conjugação e composição entre as várias normas que integram a legislação interna. Ou seja, abre espaço para a lei complementar dizer como devem e podem se relacionar as várias normas do sistema.[79]

---

79. GRECO, Marco Aurélio. *Contribuições* (uma figura *sui generis*). São Paulo: Dialética, 2000, pág. 162.

Tem-se, assim, na expressão "normas gerais", uma expectativa, ao menos, de um instrumento de busca de isonomia no trato da matéria tributária, entre os entes tributantes. Não se está, de maneira alguma, influindo no campo da competência tributária, matéria de trato exclusivo pelo texto constitucional, mas, sim, regulando o exercício dessa competência, pela edição dessas normas gerais, por mandamento constitucional. Vale sempre lembrar: é a própria Constituição Federal, por intermédio do poder constituinte originário, que atribuiu essa função à espécie normativa comentada.

Normas gerais são todas aquelas que estabelecem critérios conformadores das leis que devem ser aplicadas de maneira uniforme em todo o país, buscando a uniformização no trato da matéria tributária. São normas vocacionadas e destinadas a balizar a atuação do legislador ordinário, mantendo a uniformidade referida.

É inegável que a União Federal, por intermédio do seu poder legislativo, ao introduzir no sistema essas normas gerais, utilizando-se do veículo lei complementar, estará, de alguma maneira, ingerindo no ordenamento Estadual e Municipal. Se poderia dizer que, de fato, é uma limitação ao exercício da competência tributária dos entes tributantes. O exercício deverá respeitar as regras definidas na legislação complementar.

Não causa nenhum tipo de estranheza essa conclusão. O princípio da autonomia e independência dos entes, que acaba por exigir a tríplice faceta de autonomia política, administrativa e econômica, não pode ser entendido como um princípio absoluto. Não existem princípios constitucionais absolutos. O maior princípio inserido no texto constitucional, entendido como seu maior valor buscado e protegido, é a própria vida humana – princípio da dignidade da vida humana –, e mesmo assim comporta exceções – possibilidade de pena de morte em caso de crimes de guerra.

Se o próprio princípio à vida comporta exceções, por que não caberia limitações ao princípio do exercício da

O IMPOSTO SOBRE A RENDA E AS DEDUÇÕES DE NATUREZA CONSTITUCIONAL

competência tributária? A conclusão é: o exercício da competência tributária deve respeitar um pleno de enunciados, introduzidos no sistema por intermédio de veículo introdutor específico (lei complementar), que estabelecerá normas gerais, de obediência obrigatória por todos os entes da federação.

Restaria perguntar, ainda, qual seria o conteúdo dessas normas gerais em direito tributário. Em outras palavras, sobre quais matérias essa norma deve dispor?

O próprio art. 146, em seus incisos, dá uma enumeração exemplificativa de qual será a matéria reservada a esse trato. Regra geral, à lei complementar, cabe a definição dos tributos regulados na Constituição Federal, definindo os principais aspectos da Regra-matriz de Incidência Tributária, assim com a regulação das regras gerais acerca de causas modificativas do crédito tributário – causas de suspensão da exigibilidade, de extinção e de exclusão do crédito tributário.

4.2.2. Das funções atípicas

A lei complementar ainda desenvolve uma outra função, determinada pelo próprio texto constitucional, representada pelo próprio exercício da competência tributária federal.

Vale dizer que o Congresso Nacional, como órgão legislativo, exerce um papel dúplice: legislador federal, enquanto representante da União Federal, ente da federação, e legislador Nacional, enquanto representante da Federação.

Heleno Taveira Torres[80], mostrando o campo de atuação do legislador federal, assim se manifesta:

> Por determinação constitucional, no Brasil, o Congresso Nacional exerce três funções legislativas distintas; a) constituinte derivado, ao discutir e votar emendas à Constituição; e legislador ordinário da União, sob duas modalidades: b) legislador

---

80. In: PINTO, Fabiana Lopes et al. *Leis complementares em matéria tributária.* Barueri: Manole, 2003. Prefácio, p. XX.

FERNANDO FERREIRA CASTELLANI

federal, ao exercer as competências típicas da União, na qualidade de pessoa de direito público interno, plenamente autônoma; e c) legislador nacional, ao dispor sobre normas gerais aplicáveis às quatro pessoas políticas, nas matérias previstas no art. 24, da CF, e em outras previstas no corpo da Constituição.

A lei complementar, portanto, poderá ser requerida, pelo texto constitucional, como veículo introdutor necessário para dispor sobre a instituição da regra matriz de incidência tributária de determinados tributos.

Em virtude de sua natureza ontológica, por obviedade que a utilização da espécie lei complementar para o exercício efetivo da competência tributária, para a instituição de um tributo específico, decorre de previsão expressa da Constituição Federal.

Utilizada em sua função atípica – norma instituidora da regra matriz tributária –, a lei complementar exercerá exatamente a mesma função da lei ordinária, restringindo seu campo de ingerência apenas em relação ao ente tributante União Federal e aos sujeitos passivos dos tributos por ela introduzidos.

4.3. Das normas gerais acerca de imposto sobre a renda e proventos de qualquer natureza

O imposto sobre a renda está regulado, na norma geral tributária, o Código Tributário Nacional, no art. 43, nos seguintes termos:

> Art. 43. O imposto, de competência da União, sobre a renda e proventos de qualquer natureza tem como fato gerador a aquisição da disponibilidade econômica ou jurídica:
>
> I — de renda, assim entendido o produto do capital, do trabalho ou da combinação de ambos;
>
> II — de proventos de qualquer natureza, assim entendidos os acréscimos patrimoniais não compreendidos no inciso anterior.
>
> § 1º A incidência do imposto independe da denominação da receita

O IMPOSTO SOBRE A RENDA E AS DEDUÇÕES DE NATUREZA CONSTITUCIONAL

> *ou do rendimento, da localização, condição jurídica ou nacionalidade da fonte, da origem e da forma de percepção.*
>
> *§ 2º Na hipótese de receita ou de rendimento oriundos do exterior, a lei estabelecerá as condições e o momento em que se dará sua disponibilidade, para fins de incidência do imposto referido neste artigo.*

Pela leitura simples do transcrito artigo, percebe-se que o imposto sobre a renda tem seu fato gerador delineado a partir de alguns conceitos essenciais. Podemos elencar, para início da análise, a nuance do (i) *acréscimo patrimonial*, das (ii) *origens* e da (iii) *disponibilidade*.

4.3.1. Acréscimo patrimonial

A definição da materialidade do imposto sobre a renda elenca, como elementos caracterizadores da renda, o produto do capital, do trabalho ou da combinação de ambos. Mais que isso, define, ainda, como proventos, quaisquer outros acréscimos patrimoniais, não englobados anteriormente.

A interpretação literal leva a uma conclusão imediata no sentido de que a renda deve ser algum *acréscimo patrimonial*. Essa é a dicção do art. 43, I e II, do CTN. Ao utilizar as expressões "produto" e "outros acréscimos patrimoniais", de maneira evidente, direciona a conclusão para a necessidade de tal constatação como regra para a tributação.

O conceito de patrimônio está relacionado à totalidade de bens, direitos e créditos do sujeito, passível de avaliação em dinheiro, para iniciarmos com um conceito meramente contábil. São desconsiderados, para fins patrimoniais, eventuais direitos não passíveis de mensuração econômica.

Sendo assim, compõe o patrimônio os bens materiais (imóveis, veículos, obras de arte, dinheiro, pedras preciosas, livros, mercadorias, entre outros), os bens imateriais (patentes, registros, ponto empresarial), créditos (recebíveis) e direitos (direito a determinado crédito, por cessão), assim como os débitos e as dívidas. Bens da vida, como a integridade física, não integram, tecnicamente, nosso patrimônio.

O patrimônio é formado a partir da análise de elementos positivos e negativos, chamados, respectivamente, de ativos e de passivos. Sua análise, para sua definição, é a etapa inicial para a eventual incidência do imposto sobre a renda.

Ao utilizar a expressão *acréscimo*, ou mesmo *produto*, o CTN deixa claro que o conceito de renda pressupõe patrimônio *novo*. E, se estamos pensando em patrimônio novo, não podemos deixar de considerar o patrimônio existente. Rubens Gomes de Souza já defendia isso:

> (...) o elemento essencial do fato gerador é a aquisição de disponibilidade de riqueza nova, definida em termos de acréscimo patrimonial. Essa circunstância – de tratar de riqueza nova – está implícita, no caso de "renda' na palavra "produto" (CTN, art. 43, I), que envolve a noção de algo novo, produzido por algum processo, ou seja, decorrente de algo existente.[81]

Essa ideia de acréscimo patrimonial também é defendida por Roque Carrazza:

> Para que haja renda e proventos de qualquer natureza é imprescindível que o capital, o trabalho ou a conjugação de ambos produzam, entre dois momentos temporais, riqueza nova, destacada daquela que lhe deu origem e capaz de gerar outra.[82]

Por fim, Regina Helena Costa:

> Portanto, a expressão *rendas e proventos de qualquer natureza* corresponde, singelamente, aos ganhos econômicos do contribuinte gerados por seu capital, por seu trabalho ou pela

---

81. SOUZA, Rubens Gomes. *Pareceres – 3 – Imposto sobre a renda*. São Paulo: Resenha Tributária, 1976, p. 277.

82. CARRAZZA, Roque Antonio. *Imposto sobre a renda* (perfil constitucional e temas específicos). São Paulo: Malheiros, 2006, p. 38.

O IMPOSTO SOBRE A RENDA E AS DEDUÇÕES DE
NATUREZA CONSTITUCIONAL

combinação de ambos, num determinado período; é a variação patrimonial positiva apurada em certo lapso de tempo.[83]

Abordando alguns conceitos, Marçal Justen Filho defende:

> (...) a renda consistente numa diferença que tem em mente a riqueza pré-existente, as despesas efetivadas para a aquisição de riqueza nova e o ingresso que possa ser obtido a partir de então. Existem diversas teorias, até em nível de Direito Positivo, mas em todas elas prevalece esse conceito, prevalece a ideia de que há necessidade, para definir renda, de distinguir o conjunto das despesas, o conjunto dos investimentos, o conjunto dos desembolsos efetivados relativamente ao conjunto das receitas que são produzidas a partir desse desembolso; ou, eventualmente, até independentemente desse desembolso. Se nós considerarmos que renda é um conceito aberto, que renda é um conceito que tem a sua definição linear indeterminada, ainda assim não temos esse núcleo perfeito e inquestionável, sob pena de, não sendo assim, nós tributarmos o patrimônio ou o faturamento.[84]

Percebe-se, claramente, nas várias manifestações doutrinárias citadas, que a necessidade de verificação de patrimônio novo, não identificável com o anterior, é requisito inafastável.

É muito importante isso. Renda não se confunde com patrimônio, ou mesmo com o próprio capital. Da mesma forma, se é preciso verificar o acréscimo decorrente de um determinado evento, é fundamental, então, analisar o eventual decréscimo anterior realizado por força do próprio processo produtivo. Isso acaba por afastar a noção de renda equiparada a mero faturamento ou receita. Todo faturamento ou receita foi gerado por uma atividade que pode ter tido custos. O aumento gerado por esse faturamento ou receita somente será determinável depois do abatimento dos seus custos. Natural isso.

---

83. COSTA, Regina Helena. *Curso de direito tributário*. 2. ed. São Paulo: Saraiva, 2012, p. 358.

84. JUSTEM FILHO, Marçal. "Periodicidade do imposto de renda I, Mesa de Debates". *Revista de Direito Tributário*. São Paulo: Malheiros, DRT 63, p. 17.

FERNANDO FERREIRA CASTELLANI

Vejamos a lição de Misabel Derzi:

> Finalmente, não se suponha que a União possa fundir ou confundir a ideia de renda com a de capital, criando imposto. Por meio de lei ordinária e a título de imposto de renda, somente se legitimará a tributação da renda e dos proventos de qualquer natureza, assim entendido o acréscimo de riqueza, o ganho ou o aumento advindo do trabalho e do capital (ou patrimônio) em certo período de tempo. Será inconstitucional, então, a lei federal que tribute a receita representativa de mera reposição de bens patrimoniais (por terem sido objeto de aplicação de capital da pessoa), como pagamento de capital ou reembolso das despesas feitas para produção da receita. Nem se pode tributar o preço de alienação do bem, que é mera reposição do capital investido, se não há ganho real.[85]

Ao admitirmos como elementos essenciais do fato gerador *renda e proventos*, características de acréscimo patrimonial, não podemos deixar de considerar, com isso, a necessidade de sazonalidade de verificação, ou seja, de *periodicidade*. Somente existe acréscimo, se comparado com a situação inicial. Acréscimo de patrimônio, portanto, deve ser verificado com base em um período de referência.

Não nos parece existir outra possibilidade. Se a *renda* é acréscimo patrimonial, deverá, então, ser apurada com base em comparações, ou seja, apuração. Não se podem admitir tributações de renda imediatas, como os casos, presentes na legislação ordinária, de ganho de capital, ou tributação definitiva, como nas aplicações financeiras. Tais situações, apesar de amplamente utilizadas pela legislação ordinária, não se adéquam às regras constitucionais e gerais do imposto.

A periodicidade, assim, seja ela de que período for, deve ser elemento determinante na definição do fato gerador do imposto sobre a renda. É o lapso dentro do qual se verificará as entradas e as saídas relevantes.

---

85. DERZI, Misabel Abreu Machado. In: BALEEIRO, Aliomar. *Direito tributário brasileiro*. 11. ed. Rio de Janeiro: Forense, 2001, p. 298.

O IMPOSTO SOBRE A RENDA E AS DEDUÇÕES DE NATUREZA CONSTITUCIONAL

Nas palavras de José Artur Lima Gonçalves, o período é essencial.

> Trata-se de lapso de tempo compreendido entre (a) um dado marco inicial e (b) um dado marco final. No (a) marco inicial parte-se (a.1) de uma situação patrimonial prévia, para confronto, e (a.11) começam a ser juridicamente relevantes as entradas e saídas. No (b) marco final, procede-se ao confronto (b.i) entre as entradas e saídas e – juridicamente relevantes – ocorridas no período e (b.ii) entre o saldo do período considerado – que termina neste marco final – e a situação existente no início do período.
>
> Sem a noção de período – e tempo – todos os ingressos e saídas perdem qualquer significado comparativo. Sem o termo final – que só existe se pressupõe existente um período e um termo inicial – não há corte para processamento do confronto entre ingressos e saídas, que se sucederiam em interminável cadeia de fenômenos sem significado.[86]

A periodicidade, sabe-se, em regra, é anual. A Constituição, em inúmeras passagens, utiliza a expressão anual ou ano para fazer referência a períodos de apuração, de planejamento, de orçamentos e de gastos.[87] O exercício financeiro anual é, sem dúvida, a regra constitucional.

Obviamente não existe, no texto constitucional, a determinação para a adoção do período anual. Isso significa que, a rigor, o legislador infraconstitucional poderia definir períodos de apuração menores, como o mês, o bimestre, o trimestre ou outro. Contudo, nos parece impositivo a existência de um período, ainda que não o anual, suficientemente razoável.

Não aceitamos como possível a definição de períodos exíguos, já que isso tornaria a materialidade *acréscimo* de difícil, ou mesmo falsa, apuração.

---

86. GONÇALVES, José Artur Lima. *Imposto sobre a renda* – Pressupostos Constitucionais. São Paulo: Malheiros, 2002, p. 183.

87. Relação completa das citações, na Constituição Federal, do período anual, no excelente GONÇALVES, José Artur Lima. *op. cit.*, p. 184.

FERNANDO FERREIRA CASTELLANI

Entendemos, contudo, que a interpretação sistemática da Constituição leva à conclusão de existência do período pressuposto anual. Se lembrarmos que os princípios constitucionais, aplicáveis à definição do regime jurídico dos tributos (anterioridade, em especial), baseiam sua aplicação no exercício financeiro, que é anual, nada mais natural que adotar tal período. Isso dá segurança jurídica ao sujeito passivo.

Sendo assim, entendemos que seria mais razoável, apenas não impositivo, que, nos casos de adoção de períodos de apuração menores, dever-se-ía permitir o ajuste posterior.[88]

Por essa explicação, fica absolutamente claro que inúmeras figuras adotadas na legislação infraconstitucional, que definem tributação, mediante imposto sobre a renda, de fatos isolados[89], são totalmente inconstitucionais e conflitantes com as premissas do imposto.

4.3.2. Das origens da renda

O Código Tributário determina que a renda poderá ser proveniente do *produto do capital, do trabalho ou da combinação de ambos*. Arremata, depois, estabelecendo os *proventos de qualquer natureza*.

Necessário pensar, um pouco, sobre esses elementos.[90]

---

88. Como ocorre na sistemática parcial do imposto de renda pessoa física, inclusive.

89. Aplicações financeiras, ganhos de capital, lucro imobiliário, entre outros.

90. Nos termos do Dicionário HOUAISS, versão eletrônica, temos os seguintes significados para os verbetes: TRABALHO: substantivo masculino. **1** esforço incomum; luta, lida, faina; **2** conjunto de atividades, produtivas ou criativas, que o homem exerce para atingir determinado fim; **3** atividade profissional regular, remunerada ou assalariada; **4** exercício efetivo dessa atividade; **5** local onde é exercida tal atividade; **6** cuidado ou esmero empregado na feitura de uma obra; **7** qualquer obra realizada (manual, artística, intelectual etc.); empreendimento, realização; **8** ação ou modo de executar uma tarefa, de manejar um instrumento; **9** tarefa a cumprir; serviço; **10** conjunto de exercícios que se destinam ao treinamento, desenvolvimento e aprimoramento físico, artístico, intelectual etc. RENDA: substantivo feminino. **1** quantia recebida periodicamente por proprietário que aluga bens

O IMPOSTO SOBRE A RENDA E AS DEDUÇÕES DE
NATUREZA CONSTITUCIONAL

A legislação, ao dispor sobre as origens necessárias da renda para fins de imposto, obviamente, cria uma limitação importante. Não podemos considerar toda e qualquer receita ou rendimento, se não estiver, obrigatoriamente, inserida como produto de capital, produto de trabalho, produto da combinação ou, ainda, provento. Eis a consequência natural da interpretação literal dos dispositivos.

O termo *capital* deve ser entendido no sentido de patrimônio, de conjunto de bens ou direitos pré-existentes para o sujeito passivo. Trata-se, assim, de seu complexo econômico estático.

A partir de uma perspectiva meramente contábil, o patrimônio é o conjunto de bens, direitos e obrigações, passível de avaliação pecuniária, excluídos, com isso, todos os bens e as obrigações economicamente irrelevantes.

Por capital, podemos entender a parcela do patrimônio passível de gerar novos serviços ou bens e, consequentemente, nova riqueza. Trata-se, pois, de um bem utilizado na produção de outros bens ou serviços, de origem humana (não natural) e não consumíveis no processo. Não se confundem, assim, com bens naturais ou mesmo insumos e matérias-primas. Trata-se, para as teorias econômicas clássicas, de um dos fatores de produção.[91]

O patrimônio e o capital, portanto, são conceitos ligados, mas não equivalentes. O patrimônio é formado pelos bens,

---

móveis ou imóveis; produto auferido na aplicação de capital; rendimento; **2** rendimento líquido, depois de descontadas todas as despesas; **3** rendimento dos fundos públicos; **4** qualquer rendimento sujeito a obrigações tributárias; **5** o total das quantias recebidas, por pessoa ou entidade, em troca de trabalho ou de serviço prestado; PROVENTOS: substantivo masculino plural: **1** remuneração àqueles que exercem uma profissão liberal; honorários; **2** remuneração de servidor público; **3** pagamento regular recebido do Estado por militar inativo.

91. Ao lado de terra, trabalho e empreendedorismo. Para o direito empresarial, o empresário é aquela pessoa que articula, em sua atividade, os chamados fatores de produção, como capital, insumos, mão de obra e tecnologia.

direitos e créditos de seu titular. Esses bens, passíveis de atribuição de valor, compõem uma parte do conjunto de bens de sua titularidade (englobados, aqui, os de natureza não pecuniária). Dentro de conjunto de bens qualificados como patrimônio, uma parcela pode ser usada na potencialização de produção de riquezas e geração de negócios, merecendo, com isso, a qualificação de capital.

Nesse sentido, percebemos, claramente, que ao tratarmos do termo capital, como origem de parte da renda tributável, estamos, com isso, fazendo uma ligação natural e imediata entre renda e patrimônio. Não, obviamente, o patrimônio em si considerado, mas o seu produto, seu desdobramento, sem seu comprometimento.

A renda, decorrente do patrimônio, ou de parte específica dela, o capital, jamais pode se confundir ou mesmo representar parcela anterior do próprio patrimônio ou capital. Não há sentido jurídico e lógico em se permitir que a renda represente parte do conjunto inicial. Se assim for, não será produto e, com isso, não se adequará ao conceito legal.

Como produto do capital (do patrimônio), podemos elencar os rendimentos de aplicações financeiras e de depósitos judiciais, os juros sobre capital próprio das sociedades, o ganho de capital[92] da alienação de bens, entre outras hipóteses.

Ao lado dessas hipóteses, temos a *renda* definida como produto do *trabalho*. Entende-se, aqui, a remuneração decorrente de atividade humana, positiva, remunerada. Em regra, pode-se pensar nos salários e nos honorários, independentemente de denominações específicas que possam receber. Toda remuneração auferida como prestação de atividade humana efetivamente prestada, que não tenha natureza indenizatória, receberá a classificação de renda decorrente de trabalho, passível, pois, de tributação por imposto sobre a renda.

---

92. Ganho de capital é a diferença positiva entre o valor de alienação de um bem e seu custo de aquisição.

O IMPOSTO SOBRE A RENDA E AS DEDUÇÕES DE
NATUREZA CONSTITUCIONAL

Interessante notar que as verbas decorrentes de indenizações, sejam elas de natureza material ou moral, não podem ser tomadas como renda tributável, já que, ao adotarem característica de indenização, passam a ser consideradas reposição e não acréscimo. Tratam de mera recomposição patrimonial.[93]

Vejamos as palavras de Roque Carrazza:

> (...) na indenização, o direito ferido é transformado numa quantia de dinheiro. O patrimônio da pessoa lesada, longe de aumentar de valor, é simplesmente reposto no estado que se encontrava antes da ocorrência do evento (*status quo ante*) ou, no caso dos lucros cessantes, ilide os efeitos detrimentuosos da conduta do causador do dano. Sendo assim, tributar, por meio de IR, indenização recebida acaba por desfalcá-la tornando-a injusta. Dito de outro modo, o pagamento efetuado a título de reparação de danos, sejam emergentes, sejam negativos (lucros cessantes), embora portador de conteúdo econômico, não é evento relevante para fins de tributação por meio de IR.[94]

Por último, a norma geral sobre o IR ainda estabelece como renda o produto da combinação de trabalho e capital, que somente pode tomar a feição de lucro, ou mesmo de dividendos.

Nada mais natural. É do conceito da atividade empresarial a finalidade lucrativa, como um dos elementos de empresa, decorrentes da articulação dos fatores de produção, considerados como o capital, insumos, mão de obra e tecnologia. A teoria poliédrica da empresa, de Alberto Asquini[95], assim

---

93. Nota do editorial: Súmula 498 do STJ: "Não incide Imposto de Renda sobre a indenização por danos morais".

94. CARRAZZA, Roque Antonio. *Imposto sobre a renda*. 3. ed. São Paulo: Malheiros, 2009, p. 194.

95. "Conceitua-se empresa como sendo atividade, cuja marca essencial é a obtenção de lucros com o oferecimento ao mercado de bens ou serviços, gerados estes mediante a organização dos fatores de produção (força de trabalho, matéria-prima, capital e tecnologia). Esse modo de conceituar empresa, em torno de uma peculiar atividade, embora não seja totalmente isento de imprecisões (BULGARELLI, 1985: 175/199), é corrente hoje em dia entre os doutrinadores. No passado, contudo, muito se discutiu sobre a unidade da noção jurídica da empresa, que era vista como

já definia nos primórdios da teoria da empresa, do Direito Italiano.

Os lucros e os dividendos (lucros distribuídos aos titulares do capital utilizado pela empresa) são inegáveis manifestações de renda. Obviamente que essa combinação, por si só, já é um resultado apurado, considerando os seus custos de geração e de produção. Para a fonte geradora do lucro ou do dividendo, temos, já, uma receita líquida, representativa de um acréscimo para tal entidade. Aquele que recebe tais valores, por sua vez, gozará de um outro e inconfundível incremento, que deverá ser analisado dentro da perspectiva de acréscimo patrimonial também.[96]

Por fim, a legislação ainda usa a expressão proventos de qualquer natureza, dando a entender que todo e qualquer outro acréscimo estaria aqui acobertado.

Conforme discorremos em outra oportunidade, o termo *proventos* está ligada, na Constituição Federal, na totalidade das vezes, à remuneração dos servidores públicos e as aposentadorias e pensões. Assim, proventos é um tipo de verba de natureza similar à remuneração do trabalho, atual ou anterior.

---

resultante de diferentes fatores, objetivos e subjetivos. Certo entendimento bastante prestigiado considerava-a, em termos jurídicos, um conceito plurivalente. Para Asquini (1943), não se deve pressupor que o fenômeno econômico poliédrico da empresa necessariamente ingresse no direito por um esquema unitário, tal como ocorre na ciência econômica. Ele divisa, por conseguinte, quatro perfis na empresa: subjetivo, funcional, patrimonial (ou objetivo) e corporativo. Pelo primeiro, a empresa é vista como empresário, isto é, o exercente de atividade autônoma, de caráter organizativo e com assunção de risco. Pelo perfil funcional, identifica-se a empresa à própria atividade. Pelo terceiro perfil, corresponde ao patrimônio aziendal ou estabelecimento. E, por fim, pelo perfil corporativo, ela é considerada uma instituição, na medida em que reúne pessoas – empresário e seus empregados – com propósitos comuns."(COELHO, Fábio Ulhoa. *Curso de direito empresarial*, v. I, 16. ed. São Paulo: Saraiva, 2012, p. 33.

96. Tanto assim o é, que a legislação do Imposto sobre a renda estabelece a isenção dos dividendos, sob a ótica de terem sido tributados na pessoa jurídica, por ocasião de sua apuração. A concessão da isenção mostra, por si só, ser um fato, a princípio, tributável, pois não haveria sentido em conceder isenção de fato, excluída da competência tributária.

O IMPOSTO SOBRE A RENDA E AS DEDUÇÕES DE
NATUREZA CONSTITUCIONAL

Por fim, vale ressaltar, para não restar dúvida, que os parágrafos do art. 43 do CTN aparentemente, implicam uma extensão do conceito de renda, na medida em que o equipara a receitas ou rendimentos. Isso não pode ser aceito.

A independência atestada nos citados artigos, da denominação das receitas ou dos rendimentos, para fins de incidência do imposto, não podem ser lidas e interpretadas desassociadas do *caput* do artigo. Isso significa que toda e qualquer receita ou rendimento poderá ser considerada para fins de incidência, desde que, obviamente, configurada como resultado positivo (acréscimo), decorrente de capital, de trabalho, da combinação ou de proventos.

Qualquer interpretação diferente implica aceitar a possibilidade de tributações isoladas de receitas ou de rendimentos, que, apesar de ser prática prevista na legislação, não aceitamos como possível no modelo constitucional vigente.

4.3.3. Da disponibilidade da renda

O Código Tributário elenca, ainda, como elemento essencial do fato gerador do imposto sobre a renda, a verificação da *disponibilidade econômica ou jurídica da renda*.

Assim como as demais expressões por nós analisada, deve-se buscar um determinado conteúdo para cada uma delas.[97]

---

97. "Aquisição" é ato de adquirir, ou seja, de obter, conseguir, passar a ter. "Disponibilidade é a qualidade ou estado do que é disponível, do que se pode usar livremente, é a "qualidade dos valores e títulos integrantes do ativo de um comerciante, que pode ser prontamente convertido em numerário" (AURÉLIO, Dicionário eletrônico), ou de que "pode dispor imediatamente ou converter em numerário" (HOUAISS, Dicionário eletrônico).

Aproximando-se do objeto de estudo, percebemos que a legislação parece entender pela necessidade de efetiva disponibilidade do acréscimo patrimonial, para podermos considerar ocorrida a materialidade do imposto.

Auferir a renda e *ter disponibilidade da renda* são, então, situações distintas.

A disponibilidade pode ser conceituada com a ausência de qualquer obstáculo ou limitação para a materialização da vontade do titular no que se refere ao seu uso, gozo e disposição. Não basta, assim, a mera existência do direito à renda, ainda que reconhecida sua executoriedade.

É muito simples perceber que a exigência de efetiva disponibilidade da renda auferida é requisito imposto pelo próprio princípio da capacidade contributiva. Essa capacidade econômica de efetivamente suportar o tributo será apenas presumida enquanto não disponibilizado o valor da renda auferida.

O Código diferencia, contudo, a chamada disponibilidade econômica e a jurídica.

Por disponibilidade econômica, podemos entender a disponibilidade concreta, real, efetiva, no aspecto econômico. Trata-se da disponibilidade de fato e de direito sobre a renda.

Nas palavras de Rubens Gomes de Souza, "disponibilidade econômica, corresponde a rendimento (ou provento) realizado, isto é, dinheiro em caixa".[98]

Certamente, a disponibilidade econômica é a regra mais natural para o imposto.

Contudo, a legislação ainda adota a possibilidade da chamada disponibilidade jurídica. Entende-se, por ela, a renda correspondente a um crédito constituído, ainda que não realizado.

---

98. GOMES DE SOUZA, Rubens. *Pareceres – 1 – Imposto sobre a renda*. São Paulo: Resenha Tributária, 1975, p. 70.

O IMPOSTO SOBRE A RENDA E AS DEDUÇÕES DE
NATUREZA CONSTITUCIONAL

A disponibilidade jurídica é especialmente adequada à tributação da renda das pessoas jurídicas, na sistemática legal. Isso porque são tributadas, em regra, pelo lucro apurado conforme o regime de competência, e não de caixa. Isso significa que a renda é considerada no momento em que ocorre o fato gerador da renda, como a venda, por exemplo, ainda que o pagamento venha a ocorrer posteriormente.

Regina Helena Costa aponta a incoerência da redação do artigo.

> Em verdade, a aludida disponibilidade há de ser econômica e jurídica, porquanto os fatos tributáveis, por óbvio, sempre têm cunho econômico e são juridicamente relevantes. Nesse ponto, a redação do art. 43 é inadequada.[99]

O creditamento da renda, caracterizador da disponibilidade jurídica, é tratado por Hugo de Brito Machado, da seguinte forma:

> O creditamento é um ato do devedor que, em sua escrituração contábil, escritura o valor devido em conta à disposição do credor. É uma manifestação de vontade do devedor no sentido de satisfazer sua obrigação para com o credor, colocando à disposição deste, escrituralmente, o valor do rendimento respectivo. O crédito, pois, como resultado dessa manifestação, a disponibilidade potencial da riqueza auferida, renda ou provento.[100]

O creditamento referido pelo autor não pode ser confundido, de maneira alguma, com a disponibilidade econômica, ainda que haja um título representando tal crédito, seja emitido pelo devedor (nota promissória ou cheque), ou pelo credor (duplicata). Existe, sempre, a possibilidade de inadimplemento, o que acaba por gerar dificuldade na validação da disponibilidade. Nesse caso, para as pessoas jurídicas, desde

---

99. COSTA, Regina Helena. *Curso de direito tributário*. 2. ed. São Paulo: Saraiva, 2012. p. 356.

100. MACHADO, Hugo de Brito. *Comentários ao Código Tributário Nacional*. São Paulo: Atlas, 2011, v. I, p. 450.

que obedecidas determinadas formalidades, será utilizada a técnica da compensação do prejuízo contábil.

A maioria das manifestações doutrinárias e jurisprudenciais acaba por não diferenciar, na análise dos conceitos, as particularidades dos regimes aplicáveis às pessoas físicas e jurídicas. Nesse sentido, as manifestações são pela possibilidade de tributação, pelo imposto sobre a renda, de rendas qualificadas por quaisquer das disponibilidades.

> (...) 4. Não se deve confundir disponibilidade econômica com disponibilidade financeira de renda ou de proventos de qualquer natureza. Enquanto esta última refere-se à imediata "utilidade" da renda, a segunda está atrelada ao simples acréscimo patrimonial, independentemente da existência de recursos financeiros. 5. Não é necessário que a renda se torne efetivamente disponível (disponibilidade financeira) para que se considere ocorrido o fato gerador do imposto de renda, limitando-se a lei a exigir a verificação do acréscimo patrimonial (disponibilidade econômica).[101]

Com extrema correção, nota-se que as disponibilidades econômicas e jurídicas têm campos de aplicação diferentes. Não são situações equivalentes. O Código não colocou as duas expressões caraterizadoras da disponibilidade (econômica e jurídica) como sinônimos, mas, sim, como realidades alternativas, de maneira que uma ou outra é suficiente para gerar a incidência do imposto de renda.[102]

---

101. STJ, 2ª Turma, REsp. 983134/RS, Relator Ministro Castro Meira, abril de 2008.

102. "O vocábulo *disponibilidade* deriva do latin *disponere*, dispor, ou seja, bens e direitos livres de qualquer obstáculo à sua utilização. De igual modo a palavra *disponibilidade* encerra diversos significados, como: I) qualidade ou propriedade de quem está disponível; e II) qualidade ou propriedade do que está livre de encargos, condições, gravames, ou outros limites ao exercício. Encontramos como elemento semântico comum a todas essas acepções a noção de disponibilidade como poder de disposição do titular do patrimônio. Dessa forma, não basta a mera aquisição da renda, esta deve ser desembaraçada de ônus ou limitações, melhor dizendo, disponível. A disponibilidade será, assim, a qualidade daquilo que não possui impeditivos ou seu uso. Se existem obstáculos a serem removidos, não haverá disponibilidade, mesmo que exista ação ou execução. Mesmo que exista um direito oponível ao devedor, não ocorrerá a situação capaz de permitir a incidência do imposto de

O IMPOSTO SOBRE A RENDA E AS DEDUÇÕES DE NATUREZA CONSTITUCIONAL

renda. Não basta ser credor de renda indisponível, nem possuir ação, execução, expectativa de direito, promessa ou estar vinculado à condição suspensiva ou resolutiva. É absolutamente necessária a presença atual de disponibilidade de renda que se incorporou a título definitivo no patrimônio do contribuinte. Renda disponível é, portanto, renda realizada. (...). Designa-se por disponibilidade econômica, a percepção efetiva da renda ou provento. Seria a possibilidade de dispor material e diretamente da riqueza sem a presença de nenhum impedimento. Como assevera Rubens Gomes de Souza, trata-se do 'rendimento realizado, isto é, dinheiro em caixa'. Poder-se-ia entendê-lo sob a forma de utilização do regime de caixa. A disponibilidade jurídica configura-se, inicialmente, conforme Hugo de Brito Machado, como o crédito da renda ou proventos. Assim, a disponibilidade econômica é a riqueza realizada e efetiva, enquanto a disponibilidade jurídica é aquela adquirida na qual o beneficiário tem título jurídico que 'lhe permite obter a realização em dinheiro'. Ressalte-se que se trata de título definitivo, no qual a riqueza é adquirida de modo definitivo, porém ainda não efetiva. Não se confunde, contudo, com promessa, expectativa, probabilidade ou direito, sujeito à condição ou encargo futuro. Se não houver existência de direito irretratável, líquido e exigível, não haverá a disponibilidade de renda e, portanto, não será possível a incidência do imposto de renda." (CALIENDO, Paulo. Imposto sobre a renda incidente nos pagamentos acumulados de débitos previdenciários. *Revista Interesse Público*, n. 24. Rio de Janeiro: Fórum, 2004, p. 110.)

CAPÍTULO V
O IMPOSTO SOBRE A RENDA E OS PRINCÍPIOS
FUNDAMENTAIS

O poder de tributar é uma necessidade do Estado. É natural que os cidadãos contribuam, de forma direta e indireta, para a formação, para a manutenção e para o desenvolvimento do Estado e de suas atividades essenciais.

Essa contribuição, contudo, deve ser pautada em uma série de princípios e regras, decorrentes da própria natureza de um Estado de Direito Social.

Não se concebe possível a existência de um sistema tributário que não esteja pautado na justiça fiscal, ou seja, na tributação dos cidadãos de maneira justa, ética, razoável e prática.

Sobre a justiça nas relações sociais, especialmente aplicadas ao Direito Tributário, vale a lição de Klaus Tipke:

> A questão envolve também a tributação. A justa repartição da carga tributária total entre os cidadãos é imperativo ético para todo o Estado de Direito. Num Estado de Direito, merecedor deste nome, o Direito positivado em leis fiscais deve ser Ética aplicada. A moral da tributação corresponde à ética fiscal, é pressuposto para a moral fiscal dos cidadãos. Política fiscal tem que ser política de justiça, e não mera política de interesses. A

O IMPOSTO SOBRE A RENDA E AS DEDUÇÕES DE
NATUREZA CONSTITUCIONAL

tributação seria um procedimento sem dignidade ética se impostos pudessem ser arrecadados de qualquer maneira, se o legislador pudesse ditar as leis fiscais de qualquer maneira.[103]

Percebe-se, claramente, que a tributação deve ser um instrumento adequado à realização dos objetivos do Estado de Direito. A tributação não pode estar ao arrepio desses valores.

Não por menos, a Constituição Federal, exercendo seu papel de organizadora do Estado, tratou e definiu, em título próprio, do *Sistema Tributário Nacional*.[104] Nesses artigos, elenca-se uma série de situações nas quais o Estado poderá valer-se de seu poder e prerrogativas, para transferir para si parte das riquezas e dos bens dos administrados.[105] Trata-se, claro, de manifestação da competência tributária, em sua forma mais simples.

Esse exercício de poder (competência tributária)[106],

---

103. TIPKE, Klaus e YAMASHIDA, Douglas. *Justiça fiscal e o princípio da capacidade contributiva*. São Paulo: Malheiros, 2002, p. 27.

104. CF, arts. 145 ao 163.

105. Geraldo Ataliba, em uma de suas memoráveis manifestações, discorre sobre o conceito de tributo. Lembra, o autor, que o tributo é uma das formas de transferência de riquezas para o Estado, ao lado das sanções, das indenizações e das obrigações contratuais. (ATALIBA, Geraldo. *Hipótese de Incidência Tributária*. 6. ed. São Paulo: Malheiros, 2002. p. 29.

106. No sistema federativo, a ordem jurídica ampla é dividida em sistemas parciais, representada ente os entes da federação. Em cada um deles, as atribuições ainda são partilhadas entre os diferentes órgãos. Nas palavras de J. J. Gomes Canotilho, "o conceito de competência explica, de forma positiva, o poder de ação e atuação, delimitado e distribuído entre os vários órgãos. Por sua vez, a tarefa constitucional é o conceito que exprime a vinculação positiva ou negativa dos órgãos constitucionais ao cumprimento de determinados atos (atuação, atividades) e a adequação destes à realização dos fins ou imposições constitucionalmente determinados" (*Fundamentos da Constituição*. Coimbra: Coimbra Editora, 1991. p. 185). Importante lembrar e ressaltar, ainda, que a atribuição de competências tributárias próprias, aos entes tributantes, é exigência do sistema federativo, para garantir a autonomia financeira de todos os entes. Conforme A. R. Sampaio Dória, temos "...ressaltam nítidas duas conclusões: (a) a autonomia política das unidades que compõe a federação é alicerçada em correspondente autonomia financeira; (b) a autonomia financeira no que respeita ao exercício do poder tributário, se realiza pela outorga de competência impositiva aos entes federados, em caráter privativo ou concorrente. " (*Discriminação de Competência Impositiva*, Tese de concurso à Cadeira de Direito

FERNANDO FERREIRA CASTELLANI

contudo, é limitado por uma série de dispositivos constitucionais, como os princípios constitucionais tributários e as imunidades. Tais limites, explícitos, contudo, não são únicos.

A tributação é limitada e regulada pela teoria dos Direitos Fundamentais e pelos vetores da dignidade da pessoa humana. Podemos dizer, de forma categórica, que um dos poucos consensos doutrinários, nacionais e internacionais, refere-se à percepção da dignidade da pessoa como um princípio impositivo e essencial à sociedade moderna. Estamos diante de um postulado axiológico geral.

Podem-se enxergar, sem dificuldade, fundamentos para a proteção da dignidade da pessoa, na tributação, pela proteção de um mínimo essencial, no próprio direito natural.[107]

A Declaração Universal dos Direitos Humanos, em seu art. I, explicita que "todas as pessoas nascem livres e iguais em dignidade e direitos. São dotadas de razão e consciência e devem agir em relação umas às outras com espírito de fraternidade".

Apesar de estarmos diante da busca da definição da dignidade humana a partir do Direito, para torná-la efetiva e passível de proteção, é evidente que a Filosofia pode, e deve ajudar nessa conceituação. Nas palavras de Ingo Wolfgang Sarlet, temos:

> Tal já se justifica, entre outros fatores, pelo fato de que o reconhecimento e proteção da dignidade da pessoa pelo Direito resultam justamente de toda uma evolução do pensamento humano a respeito do que significa este ser humano e de que é a compreensão do que é ser pessoa e de quais os valores que lhe são inerentes

---

Financeiro da Faculdade de Direito da Universidade de São Paulo, 1972, p. 14).

107. A problemática entre o direito natural e o direito positivo, no que se refere à proteção à dignidade da pessoa, ao menos no Brasil, tem relevância menor, já que todos os atributos e as características consideradas naturais (vida, dignidade, honra, moradia etc.), são alçados, no nosso texto constitucional, à condição de garantias individuais escritas, portanto, positivadas.

O IMPOSTO SOBRE A RENDA E AS DEDUÇÕES DE NATUREZA CONSTITUCIONAL

que acaba por influenciar ou mesmo determinar o modelo pelo qual o Direito reconhece e protege essa dignidade.[108]

A dignidade da pessoa humana, em nosso sistema, é colocada como um dos fundamentos do Estado Democrático de Direito, logo no art. 1º, III da Constituição Federal. Isso é emblemático e não pode ser ignorado.[109]

Dentre as inúmeras facetas possíveis de análise do conceito e do alcance da dignidade da pessoa humana, destacaremos aquela aplicável ao Direito Tributário.

Nessa seara, a mais impactante análise que pode ser feita está relacionada ao imposto sobre a renda. Esse tributo incide sobre os valores auferidos pelo cidadão, destinados, antes de mais anda, para sua subsistência e sobrevivência (seja pessoa física, seja jurídica, por equiparação e analogia das expressões).[110]

Ao incidir sobre tais valores, é absolutamente necessário que, apesar das regulamentações legais existentes, em grande quantidade, se analise sua estruturação pautada na dignidade e na garantia dos direitos fundamentais, ainda que não expressamente relacionados ao direito tributário.[111] Ao tratar de dignidade, chegaremos, inexoravelmente, na busca

---

108. SARLET, Ingo Wolfgang. *Dimensões da dignidade:* ensaios de filosofia e direito constitucional. 2. ed. Porto Alegre: Livraria do Advogado, p. 16.

109. Conforme nos lembra a ilustre professora Flávia Piovesan, a internacionalização dos direitos humanos constitui um movimento recente na história, surgindo a partir do pós-guerra, em função das atrocidades cometidas pelo nazismo. PIOVESAN, Flávia e VIEIRA, Renato Stanziola. *A força normativa dos princípios constitucionais fundamentais:* a dignidade da pessoa humana. Temas de Direitos Humanos. São Paulo: Saraiva, 2009, p. 341.

110. A subsistência e sobrevivência da pessoa jurídica são entendidas como a manutenção da atividade econômica, pelo custeio de suas despesas necessárias, como matéria-prima, mão de obra, estrutura etc.

111. É evidente que o simples fato de a Constituição não indicar, expressamente, a aplicação do princípio da dignidade da pessoa humana como princípio tributário não impede ou afasta a possibilidade de sua aplicação na análise das leis tributárias.

de conceitos relacionados aos limites da atividade estatal, no campo da oneração da vida e da atividade do cidadão e da empresa.

É o que passaremos a discutir.

5.1. O princípio da isonomia

A Constituição Federal adota, explícita e implicitamente, em diferentes dispositivos, o princípio da isonomia. A repetição mostra-se intencional.[112]

O princípio da isonomia, em suas mais simples definições, para todos os ramos do Direito, reconhece a necessidade inafastável de tratamento adequado às pessoas e às próprias normas.

Pela dicção constitucional, garante-se ao cidadão o tratamento idêntico em relação à lei, ou seja, veda-se a adoção de discriminações puramente arbitrárias e, ao mesmo tempo, tratamento absolutamente idêntico das diferentes situações fáticas. Adota-se a igualdade jurídica, ou seja, perante a norma, para afastar as diferenças fáticas, ou seja, objeto de regulação pela norma.

O princípio da isonomia destina-se, ao mesmo tempo, ao legislador e ao aplicador da lei.[113]

Nas palavras de Francisco Campos, constitucionalista, temos:

---

112. Não podemos nos esquecer, de que a Constituição é um documento de viés político em sua essência. Com isso, natural que insira diversas expressões e dispositivos tendentes a transmitir mensagens políticas a diferentes correntes de opinião e de ideologias. Vale a leitura dos trechos do iminente constitucionalista, Ministro do STF, Luís Roberto Barroso (*O Direito constitucional e a efetividade de suas normas*: limites e possibilidades da Constituição Brasileira. Rio de Janeiro: Renovar, 1993, p. 290). Tal repetição, então, justifica-se pelo viés político da Carta da República.

113. Conforme MELLO, Celso Antônio Bandeira de. *Conteúdo jurídico do princípio da isonomia*. 3. ed. 9ª tiragem. São Paulo: Malheiros, 2001, p. 9.

O IMPOSTO SOBRE A RENDA E AS DEDUÇÕES DE NATUREZA CONSTITUCIONAL

Assim, não poderá subsistir qualquer dúvida quanto ao destinatário da cláusula constitucional da igualdade perante a lei. O seu destinatário é, precisamente, o legislador em consequência, a legislação; por mais discricionários que possam ser os critérios da política legislativa, encontra, no princípio da igualdade, a primeira e mais fundamental de suas limitações.[114]

Percebe-se, pois, dois planos distintos de atuação da isonomia: o plano da *produção de enunciados prescritivos* e o plano da *interpretação dos enunciados*, ou seja, plano construtivo da norma.[115]

No plano da produção dos enunciados[116], temos toda a atividade legislativa ou executiva de produção de textos legais ou administrativos, dotados de coercibilidade, como leis, decretos, medidas provisórias e outros. Tais enunciados devem buscar, de maneira explícita e direta, o tratamento às diferentes situações que pretendem regular, diferenciando suas particularidades específicas e tentando, com isso, estabelecer tratamentos adequados.

---

114. CAMPOS, Francisco. *Direito constitucional*, v. II. São Paulo: Editora Freitas Bastos, 1956, p. 30, citado por MELLO, Celso Antônio Bandeira de. *Conteúdo jurídico do princípio da isonomia*. 3. ed. 9ª tiragem. São Paulo: Malheiros, 2001, p. 9.

115. MORAES, Alexandre de. *Curso de direito constitucional*. 27. ed. São Paulo: Atlas, 2012, p. 40.

116. "Observa-se a existência dos quatro planos da linguagem, representados por S1, S2, S3 e S4, partindo a interpretação do plano da literalidade textual (S1), que compõe o texto em sentido estrito (TE), passando, mediante o processo gerador de sentido, para o plano do conteúdo dos enunciados prescritivos (S2), até atingir a plena compreensão das formações normativas (S3) e a forma superior do sistema normativo (S4), cujo conjunto integra o texto em sentido amplo (TA). Esse processo interpretativo encontra limites nos horizontes da nossa cultura (H1 e H2), pois fora dessas fronteiras não é possível a compreensão (c_1, c_2, c_3, c_4). Na visão hermenêutica adotada, a interpretação exige uma pré-compreensão que a antecede e a torna possível. Tais cruzamentos entre os quatro planos de elaboração, deles não saindo em qualquer dos momentos do percurso gerativo de sentido, exibem, entre outras coisas, a unidade do sistema jurídico, visto como um todo, tecido pelo intérprete numa concepção que salvaguarda, acima de tudo, o dado de sua integridade existencial, uniforme e consistente, adaptando-se o predicado de 'consistência' que convém à função pragmática com que o direito positivo utiliza sua linguagem prescritiva." (CARVALHO, Paulo de Barros. *Direito tributário:* fundamentos jurídicos da incidência, 4. ed. São Paulo: Saraiva, 2006, p. 84).

FERNANDO FERREIRA CASTELLANI

No plano da interpretação desses enunciados, que nada mais é do que a atividade de construção da norma jurídica, temos a atividade do intérprete habilitado pelo sistema, seja ele autoridade pública judicial, administrativa ou mesmo particulares dotados de determinadas competências impositivas de condutas. Essa atividade, que consiste em construir os significados a partir dos enunciados frios da lei e demais atos normativos, deve pautar-se na elaboração de interpretações razoáveis, que buscam efetivar as garantias de oferecer tratamento diferenciado às pessoas em situações diferentes, de acordo com os critérios legais e jurídicos admitidos no sistema.

A diferenciação típica da isonomia decorre de previsão textual, mas sua efetivação depende de aplicação racional e razoável.

Unindo-se esses planos, teremos grande chance de materializar a finalidade essencial do princípio da isonomia, tão bem retratada na enunciação poética notória e muito difundida, por intermédio do qual se busca, na formulação Aristotélica, *tratar igualmente os iguais e desigualmente os desiguais, na medida de suas desigualdades*, e não buscar o tratamento idêntico, irracional e desarrazoado.

Já bem alertava Rui Barbosa que "os apetites humanos conceberam inverter a norma universal da criação, pretendendo não dar a cada um, na razão do que vale, mas atribuir o mesmo a todos, como se todos se equivalessem".[117]

---

117. BARBOSA. Rui. *Oração aos moços*. São Paulo: Menfrario Acadêmico, 1920, p. 25. Nas palavras de San Tiago Dantas, temos que: "Quanto mais progridem e se organizam as coletividades, maior, é o grau de diferenciação a que se atinge seu sistema legislativo. A lei raramente colhe no mesmo comando todos os indivíduos, quase sempre atende a diferenças de sexo, de profissão de atividade, de situação econômica, de posição jurídica, de direito anterior; raramente regula do mesmo modo a situação de todos os bens, quase sempre se distingue conforme a natureza, a utilidade, a raridade, a intensidade de valia que ofereceu a todos; raramente qualifica de um modo único as múltiplas ocorrências de um mesmo fato, quase sempre os distingue conforme as circunstâncias em que se produzem, ou conforme a repercussão que tem no interesse geral. Todas essas situações, inspiradas no agrupamento natural e racional dos indivíduos e dos fatos, são essenciais ao processo legislativo, e não ferem o princípio da igualdade. Servem, porém, para indicar a necessidade de uma

O IMPOSTO SOBRE A RENDA E AS DEDUÇÕES DE NATUREZA CONSTITUCIONAL

A correta aplicação do princípio da igualdade, dessa forma, pressupõe o tratamento diferenciado entre as pessoas e as situações. Consiste na correção e na eficácia da produção dos enunciados e das normas a adoção, correta e razoavelmente, dos diferentes critérios diferenciadores válidos no sistema.

Em uma das obras mais importantes no sistema pátrio acerca do princípio da isonomia, o sempre lembrado Celso Antônio Bandeira de Mello, em sua clássica obra sobre o tema, estabelece que a definição do critério diferenciador, que permitirá a definição da igualdade ou desigualdade no caso concreto:

> Parece-nos que o reconhecimento das diferenciações que não podem ser feitas sem quebra da isonomia se divide em três questões: a) a primeira diz com o elemento tomado como fator de desigualação; b) a segunda reporta-se à correção lógica abstrata existente entre o fator erigido em critério de discrímen e a disparidade estabelecida no tratamento jurídico diversificado; c) a terceira reporta-se à consonância desta correlação lógica com os interesses absorvidos no sistema constitucional e destarte juridicizados.[118]

---

construção teórica, que permita distinguir as leis arbitrárias das leis conforme o direito, e eleve até esta alta triagem a tarefa do órgão do Poder Judiciário". (Igualdade perante a lei e *due process of law*: contribuição ao estudo da limitação constitucional do Poder Legislativo. Rio de Janeiro: *Revista Forense*, 1948, v. 116, p. 357.

118. MELLO, Celso Antônio Bandeira de. *Conteúdo jurídico do princípio da isonomia*. 3. ed., 9ª tiragem. São Paulo: Editores, 2001, p. 21. O autor, em suas conclusões, ainda assim destaca: "Ao fim e ao cabo desta exposição teórica têm-se por firmadas as seguintes conclusões: Há ofensa ao preceito constitucional da isonomia quando: I – A norma singulariza atual e definitivamente um destinatário determinado, ao invés de abranger uma categoria de pessoas, ou uma pessoa futura indeterminada. II – A norma adota como critério discriminador, para fins de diferenciação de regimes, elemento não residente nos fatos, situações ou pessoas por tal modo desequiparadas. É o que ocorre quando pretende tomar o fator 'tempo' – que não descansa no objeto – como critério diferencial. III – A norma atribui tratamentos jurídicos diferentes em atenção a fator de discrímen adotado que, entretanto, não guarda relação de pertinência lógica com a disparidade de regimes outorgados. IV – A norma supõe relação de pertinência lógica existente em abstrato, mas o discrímen estabelecido conduz a efeitos contrapostos ou de qualquer modo dissonantes dos interesses prestigiados constitucionalmente. V – A interpretação da norma extrai dela distinções, discrímens, desequiparações, que não forma professadamente assumidos por ela de modo claro, ainda que por via implícita."

De maneira astuta, Luiz Eduardo Schoueri dispara que igualdade não se confunde com identidade".[119]

Vale a transcrição de manifestação de Klaus Tipke, nos seguintes termos:

> A igualdade, que se distingue da identidade, é sempre relativa. O que é completamente igual é idêntico. O princípio de que o igual deve ser tratado igualmente não quer dizer idêntico, mas relativamente igual. Quando se pretende aplicar corretamente o princípio da igualdade, deve-se apurar a exata relação, perguntando-se: igual em relação a que (em que relação)? Quaisquer diferenças podem, pois não justificar o tratamento desigual. Para a comparação relativa torna-se necessário um critério de comparação. Logra-se extrair um critério concreto de comparação do princípio de sistematização, isto é, do motivo ou da valoração que constitui o fundamento da lei. O princípio é o critério de comparação ou de justiça estabelecido compulsoriamente pelo legislador para determinados assuntos legalmente disciplinados.[120]

A isonomia, como grande princípio informador do sistema jurídico, aplica-se, em sua plenitude, ao sistema tributário. Vejamos.

---

119. "A igualdade não se confunde com a identidade. Se fosse perguntado a qualquer grupo se eles se consideram idênticos, a resposta imediata e uníssona seria pela negativa: ninguém é idêntico a outrem. Ocorre que a Constituição não consagra o princípio da identidade, e sim o princípio da igualdade. A igualdade, diferentemente da identidade, é relativa." (SCHOUERI, Luís Eduardo. *Direito tributário*. 2. ed. São Paulo: Saraiva, 2012, p. 317).

120. TIPKE, Klaus. *Princípio da igualdade e ideia de sistema no Direito Tributário*. In: MACHADO, Brandão (Coord.). *Direito Tributário* – Estudos em homenagem ao professor Ruy Barbosa Nogueira. São Paulo: Saraiva, 1984, p. 520, citado por SCHOUERI, Luís Eduardo. *Direito tributário*, 2. ed. São Paulo: Saraiva, 2012. p. 317. O mesmo autor, em outro trecho selecionado pelo ilustre professor da Universidade de São Paulo, arremata: "A ideia de generalidade do conceito de justiça fundamenta-se no Princípio da Igualdade. Por isso, o Princípio da Igualdade exige substancialmente consequência valorativa ou coerência. O legislador deve seguir até o fim os princípios materiais pelos quais ele se decidiu com coerência sistêmica ou valorativa; uma vez tendo ele tomado as decisões valorativas, deve mantê-las coerentemente. Inconsequência é medir com duas medidas., é uma ruptura sistêmica e leva a tratamento desigual de grupos que se encontram em situação equivalente, se medidas de acordo com os critérios materiais que servem para a comparação."

O IMPOSTO SOBRE A RENDA E AS DEDUÇÕES DE
NATUREZA CONSTITUCIONAL

5.2. Isonomia tributária

Apesar de absolutamente desnecessário[121], a Constituição Federal fez questão de mencionar, explicitamente, o princípio da isonomia especificamente para o sistema tributário.

A isonomia tributária está prevista na Constituição Federal, em seu art. 150, II, da seguinte forma:

> *Art. 150. Sem prejuízo de outras garantias asseguradas ao contribuinte, é vedado à União, aos Estados, ao Distrito Federal e aos Municípios:*
>
> *(...)*
>
> *II — instituir tratamento desigual entre contribuintes que se encontrem em situação equivalente, proibida qualquer distinção em razão de ocupação profissional ou função por eles exercida, independentemente da denominação jurídica dos rendimentos, títulos ou direitos; (...).*

A dicção constitucional é transparente: não se admitirão, no sistema tributário, tratamentos arbitrários.

Não há, a rigor, conteúdo específico a ser definido para a isonomia tributária. Assim como a isonomia geral, veda-se a adoção de critérios jurídicos na tributação que possam gerar tratamento desigual entre sujeitos passivos que se encontrem em situação equivalente. Na tributação, também, o tratamento deve ser adequado às condições e características específicas das pessoas e dos fatos.

E como já salientado, a isonomia pressupõe tratamento diferenciado, mediante a adoção de critérios adequados para diferenciar com base nos critérios aceitos pelo sistema jurídico.

---

121. Obviamente, em seu art. 5º, ao disciplinar a aplicação da isonomia como regra do sistema jurídico, a Constituição incluiu, nessa regra, as imposições típicas do Direito Tributário. Não haveria qualquer razão jurídica para excluirmos do ditame da isonomia os tributos em geral. Por isso, a desnecessidade de previsão expressa de isonomia tributária.

FERNANDO FERREIRA CASTELLANI

Ao analisarmos, ainda que de maneira superficial, a redação constitucional, ao mencionar o princípio da isonomia em matéria tributária, percebe-se que foram eleitos critérios que não poderiam, em qualquer situação, ser usados para a diferenciação legal tributária. Usou, portanto, técnica redacional de exclusão.

Em uma nítida intenção mais política do que jurídica[122], o legislador constituinte prescreve como critérios inadequados à diferenciação para a norma tributária, os elementos ocupação profissional ou função, assim como denominação eventualmente dada às remunerações pagas (rendimentos, títulos ou direitos). Em outras palavras, mostra-se vedado esses critérios relacionados à atividade profissional.

Em outros artigos, explícita ou implicitamente, a Constituição elenca outros critérios vedados para a isonomia tributária.

No art. 151[123], podemos construir norma de vedação com base em vários critérios. Inicialmente, veda-se a diferenciação de tributação federal pela localização dos fatos geradores, vedando privilégios ou discriminações a determinadas regiões[124]. Da mesma forma, a titularidade da obrigação ou

---

122. Importante lembrar que a Constituição Federal de 1988 está inserida em um movimento pela redemocratização do país, após muitos anos de governo militar. Nesse contexto, o legislador constituinte preocupou-se em afastar qualquer tipo de privilégio decorrente de função ou cargo, existentes durante o regime anterior.

123. Art. 151. É vedado à União: I — instituir tributo que não seja uniforme em todo o território nacional ou que implique distinção ou preferência em relação a Estado, ao Distrito Federal ou a Município, em detrimento de outro, admitida a concessão de incentivos fiscais destinados a promover o equilíbrio do desenvolvimento socioeconômico entre as diferentes regiões do País; II — tributar a renda das obrigações da dívida pública dos Estados, do Distrito Federal e dos Municípios, bem como a remuneração e os proventos dos respectivos agentes públicos, em níveis superiores aos que fixar para suas obrigações e para seus agentes; III — instituir isenções de tributos da competência dos Estados, do Distrito Federal ou dos Municípios.

124. Excepcionalmente, nessa situação, permite-se a diferenciação da tributação, com base na localização dos fatos, privilegiando determinada região, quando existente evidente desequilíbrio socioeconômico entre as regiões. Esse critério adota algo como uma "capacidade contributiva" da região, ou seja, identifica uma

O IMPOSTO SOBRE A RENDA E AS DEDUÇÕES DE NATUREZA CONSTITUCIONAL

mesmo a esfera de vinculação do agente público não podem implicar em tributação mais ou menos onerosa. Na mesma direção, no art. 152,[125] identificamos a proibição de diferenciação, nos tributos estaduais e municipais, com base na origem ou no destino dos bens e dos serviços. Mais uma vez, a localização dos fatos geradores ou dos sujeitos passivos mostra-se critério vedado.

No capítulo destinado aos princípios da ordem econômica, a Constituição Federal, em seu art. 173[126], veda tratamento tributário diferenciado às empresas públicas e às sociedades de economia mista, que, apesar de representarem atuação do próprio Estado na atividade econômica, não podem gozar de privilégios não estendidos à iniciativa privada, assim como não podem sujeitar-se a regime tributário diferenciado. A origem do capital, total ou parcial, das sociedades, então, é mais um critério vedado expressamente para a construção da diferenciação tributária adequada.

Por fim, em todos os artigos nos quais a Constituição veda tratamento diferenciado, acaba por excluir tal critério, também, do campo tributário. É o que ocorre na vedação ao racismo, à diferenciação entre pessoas pela religião, pelo sexo, pelas convicções ideológicas, entre outras.

---

hipossuficiência econômica geral, que reflete no desenvolvimento inadequado da região, seja pela baixa industrialização, seja pela escolaridade, condições sociais, e outros.

125. Art. 152. É vedado aos Estados, ao Distrito Federal e aos Municípios estabelecer diferença tributária entre bens e serviços, de qualquer natureza, em razão de sua procedência ou destino.

126. Art. 173. Ressalvados os casos previstos nesta Constituição, a exploração direta de atividade econômica pelo Estado só será permitida quando necessária aos imperativos da segurança nacional ou a relevante interesse coletivo, conforme definidos em lei. § 1º A lei estabelecerá o estatuto jurídico da empresa pública, da sociedade de economia mista e de suas subsidiárias que explorem atividade econômica de produção ou comercialização de bens ou de prestação de serviços, dispondo sobre: (...) II — a sujeição ao regime jurídico próprio das empresas privadas, inclusive quanto aos direitos e obrigações civis, comerciais, trabalhistas e tributários; (...) § 2º. As empresas públicas e as sociedades de economia mista não poderão gozar de privilégios fiscais não extensivos às do setor privado.

Vale perceber, aqui, que critérios como religiosidade e ideologia, representados pelas instituições religiosas, partidos políticos, produção literária ou musical, por exemplo, são critérios adequados para a definição de imunidades. Contudo, tais imunidades são direcionadas à atividade e às pessoas jurídicas, não a seus membros, como também direcionadas à totalidade das instituições religiosas, dos partidos políticos, das produções de todos os gêneros, sem privilegiar qualquer tipo de inclinação.[127]

A igualdade, nesses casos, deve ser testada em duas vertentes: 1) entre os grupos e 2) dentro do mesmo grupo.

A isonomia analisada entre os diferentes grupos deverá buscar a razoabilidade e a pertinência de adoção do critério eleito. Chama-se a isso de isonomia vertical, no sentido de analisarmos os diferentes cortes de análise, formando-se, com isso, diferentes grupos. Analisa-se a validade da própria existência dos diferentes grupos.

A análise dentro do mesmo grupo buscará a verificação de tratamento, neste caso, idêntico entre os membros. Perceba-se que ao se definir que diferentes fatos ou pessoas pertencem a um mesmo grupo de análise, admite-se, entre eles, a identidade plena. Não estaremos mais diante de iguais, mas de idênticos. Em sendo idênticos, ao menos pelo critério eleito, o tratamento a todos os seus membros deve ser rigorosamente o mesmo. Chama-se a isso de isonomia horizontal.

E qual é o critério razoável de diferenciação no Direito tributário? Passemos a ele.

---

127. Configuraria, assim, flagrante violação ao princípio da isonomia a concessão de imunidade tributária à igreja católica e não à evangélica ou protestante. Mesmo raciocínio vale para partidos políticos, intuições de educação e assistência social sem finalidade lucrativa, livros e arquivos musicais.

5.3. Capacidade contributiva

A aplicação da tributação de acordo com as regras da isonomia, conforme amplamente indicado nos itens anteriores, deverá ocorrer de forma a se respeitar as diferenças essenciais entre as pessoas e os fatos jurídicos.

Essas diferenças, contudo, devem ser eleitas de acordo com critérios razoáveis e válidos no sistema jurídico.

A tributação, como regra geral, adota como critério diferenciador para a aplicação da isonomia a capacidade contributiva.

A capacidade contributiva, assim, é um corolário lógico da isonomia. A ampla maioria da doutrina entende dessa forma.[128]

Em obra sobre o tema, Regina Helena Costa alerta:

> Podemos dizer que a capacidade contributiva é um subprincípio, uma derivação de um princípio mais geral que é o da igualdade: irradiador de efeitos em todos os setores do Direito.[129]

Por todos os demais, vale a lição de Misabel Derzi:

> Ora, o critério básico, fundamental e mais importante (embora não seja o único), a partir do qual, no Direito Tributário, as pessoas podem compor uma mesma categoria essencial e merecer o mesmo tratamento, é o critério da capacidade contributiva. Ele

---

128. ATALIBA, Geraldo. "Progressividade e capacidade contributiva. Princípios constitucionais tributários: aspectos práticos – Aplicações concretas". *Revista de Direito Tributário*. São Paulo: Ed. RT, p. 49, 1991. BECKER, Alfredo Augusto. *Teoria geral do direito tributário*. São Paulo: Noeses, 2012. p. 431. CARRAZZA, Roque Antonio. A progressividade na ordem tributária. *Revista de Direito Tributário*. São Paulo: Malheiros, n. 64, p. 45. MACHADO, Hugo de Brito. *Os princípios jurídicos da tributação na constituição de 1988*. 3. ed. São Paulo: Ed. RT, 2000, p. 70. MELLO, José Eduardo Soares de. *Curso de direito tributário*. 12. ed. São Paulo: Dialética, 2012, p. 34.

129. COSTA, Regina Helena. *Princípio da capacidade contributiva*. 2. ed. São Paulo: Malheiros, 1996, p. 39.

FERNANDO FERREIRA CASTELLANI

operacionaliza efetivamente o princípio da igualdade no Direito Tributário. Sem ele, não há como aplicar o mais importante e nuclear direito fundamental ao Direito Tributário: a igualdade.[130]

A ligação entre os princípios é tão forte e evidente que Carlos Palao Taboada observa até mesmo a irrelevância de sua previsão expressa na Constituição Federal.

> (...) a ser o princípio da igualdade um princípio que tem conteúdo próprio, não necessitando de concreções positivas fora dele, é um princípio que pode ser aplicado sem mais – portanto não necessita que o legislador constitucional assinale os critérios de discriminação. E isso supõe que a noção de capacidade contributiva pode perfeitamente desaparecer de um texto constitucional, sem que se diminuam, em absoluto, as garantias do cidadão, do particular.[131]

Apenas para fins históricos, vale lembrar que o princípio da capacidade contributiva estava expressamente previsto na Constituição Federal de 1946 com aplicação direcionada aos tributos em geral. No sistema constitucional seguinte, inaugurado pela Constituição de 1967 e pela Emenda de 1969, retirou-se, do texto constitucional, a referência a esse princípio, retornando no sistema atual, mas com referência limitada aos impostos. Essa supressão, contudo, não impediu o reconhecimento de sua existência, como princípio decorrente, no sistema nacional. Vejamos as palavras de Aires Barreto.

> Suprimido o registro, nas Constituições posteriores, abriram-se ensanchas à seguinte dúvida: banido foi o princípio pelo sistema jurídico ou, mesmo não expresso, é de reconhecer-se, ainda, a sua presença a enformar ou informar o ápice piramidal normativo? Doutrina de boa ciência tem aceitado, como incontroverso,

---

130. DERZI, Misabel Abreu Machado. Notas de atualização. In: BALEEIRO, Aliomar. *Limitações constitucionais ao poder de tributar*. 7. ed. Rio de Janeiro: Forense, 1997, p. 536.

131. TABOADA, Carlos Palao. "Isonomia e capacidade contributiva". *Revista de Direito Público*, São Paulo, n. 4, p. 127, 1978. O autor é professor catedrático da Universidade de Madri.

103

O IMPOSTO SOBRE A RENDA E AS DEDUÇÕES DE NATUREZA CONSTITUCIONAL

o persistir do princípio da capacidade contributiva nas dobras da igualdade. Restrita é a corrente defensora da supressão dessa diretriz mesmo após a Constituição de 1946.[132]

Inicialmente, podemos tomá-la como a capacidade de determinado sujeito contribuir para a manutenção do Estado[133], por intermédio dos tributos em geral, de acordo com sua capacidade econômica e com a regra da solidariedade, adotada, expressamente, em nossa Constituição[134].

A capacidade contributiva é, então, "o princípio segundo o qual cada cidadão deve contribuir para as despesas públicas, na exata proporção de sua capacidade econômica. Isso significa que os custos públicos devem ser rateados proporcionalmente entre os cidadãos, na medida em que estes tenham usufruído da riqueza garantida pelo Estado. Também aceita como capacidade contributiva a divisão equitativa das despesas na média da capacidade individual de suportar o encargo fiscal."[135]

---

132. BARRETO, Aires Fernandino. *Base de cálculo, alíquota e princípios e princípios constitucionais*. 2. ed. São Paulo: Max Limonad, 1998. p. 20. Bem observado, contudo, que, apesar de a omissão constitucional acerca do princípio da capacidade contributiva não impedir a construção da norma acerca de sua existência, como decorrência da ordem constitucional, sem dúvida poderia se ter uma limitação ou, ao menos, uma dificuldade adicional ao acesso ao Supremo Tribunal Federal de matérias constitucionais vinculadas exclusivamente à violação da capacidade contributiva (GRUPENMACHER, Betina Treiger. *Eficácia e aplicabilidade das limitações constitucionais ao poder de tributar*. São Paulo: Resenha Tributária, 1997. p. 74).

133. Conforme Dino Jarach, temos que "capacidade contributiva é a potencialidade de contribuir com os gastos públicos que o legislador atribuiu ao sujeito passivo particular. Significa ao mesmo tempo existência de uma riqueza ou em posse de uma pessoa ou em movimento entre duas pessoas e graduação de obrigação tributária, segundo a magnitude da capacidade contributiva que o legislador lhe atribui". (JARACH, Dino. O fato imponível: teoria geral do direito tributário substantivo. Tradução de Djalma de Campos. *Revista dos Tribunais*, São Paulo, 1989, p. 97.)

134. Art. 3º Constituem objetivos fundamentais da República Federativa do Brasil: I — construir uma sociedade livre, justa e solidária; II — garantir o desenvolvimento nacional; III — erradicar a pobreza e a marginalização e reduzir as desigualdades sociais e regionais; IV — promover o bem de todos, sem preconceitos de origem, raça, sexo, cor, idade e quaisquer outras formas de discriminação.

135. ZILVETI, Fernando Aurelio. *Capacidade contributiva e mínimo existencial.*

FERNANDO FERREIRA CASTELLANI

Luís Eduardo Schoueri, ao definir a capacidade contributiva como parâmetro geral da isonomia tributária, vislumbra a aplicação indireta do princípio da solidariedade.

> Vale, aqui, o que já foi dito acerca do princípio da solidariedade, que constitui um dos objetivos da República, consagrados no art. 3º, I, da Constituição Federal. É em nome desse princípio que se afirma que o critério aceitável para a diferenciação dos contribuintes será aquele que atingir a máxima: cada um contribuirá com quanto puder para o bem de todos. Eis o objetivo da construção de uma nação fundada na solidariedade entre seus membros.[136]

É verdade que a capacidade contributiva não é o único critério adotado pela Constituição com o objetivo de diferenciar as pessoas para fins tributários. Adotam-se, em diferentes momentos, e com base nas características de cada tributo, critérios como a seletividade[137], a onerosidade causada ao Estado[138], o estímulo a determinada atividade[139], dentre outros.

SCHOUERI, Luíz Eduardo; ZILVETI, Fernando Aurelio (Coord.). *Direito tributário*. Estudos em homenagem a Brandão Machado. São Paulo: Dialética, 1998, p. 38.

136. SCHOUERI, Luís Eduardo. *Direito tributário*. 2. ed. São Paulo: Saraiva, 2012, p. 317.

137. A seletividade pode ser considerada a técnica de diferenciação na definição das alíquotas de determinado tributo, com base em algum critério específico definido. Nos casos do ICMS e do IPI, dois impostos incidentes sobre o consumo, temos a adoção da seletividade a partir da essencialidade do produto, o que significa, em outras palavras, que a definição das alíquotas ocorrerá com base na maior ou menor importância do produto ou do serviço para o cotidiano do sujeito passivo.

138. Os tributos definidos como taxas, em nosso sistema, são calculados a partir dos custos da atividade estatal desenvolvida, seja ela o exercício do poder de polícia, seja ela a prestação de serviços públicos. Em assim sendo, para essa espécie tributária, o critério de diferenciação para estabelecer maior ou menos tributação será o custo estatal, não as características de maior ou menor riqueza do sujeito passivo.

139. Para os tributos definidos como contribuições de intervenção no domínio econômico, a escolha dos critérios de igualdade estará adstrita à escolha do segmento da atividade econômica que precisa de intervenção, por força dos eventuais desequilíbrios verificados nos princípios da ordem econômica. Somente os segmentos desequilibrados poderiam, em tese, sofrer a incidência de tais tributos.

O IMPOSTO SOBRE A RENDA E AS DEDUÇÕES DE
NATUREZA CONSTITUCIONAL

A capacidade contributiva, ou capacidade de contribuir, no sentido de disponibilidade para a contribuição tributária ao Estado, será definida, em regra, pelas características individuais do cidadão.

Ninguém poderá contribuir para o Estado enquanto não puder garantir a própria existência, assim como daqueles que dele dependem. Também, ninguém poderá contribuir com tanto que tal encargo seja desencorajador e até impeditivo da construção ou da manutenção da riqueza ou da fonte produtiva. Há um patamar mínimo e um limite máximo, obviamente, de capacidade de contribuir para o bem comum.

Assim, a mera existência de riqueza não demonstra, imediatamente, capacidade de contribuir. Não podem ser consideradas iguais duas pessoas com mesma riqueza, sem a análise, mais detida e demorada, de alguns elementos.

5.4. O mínimo existencial

A proteção e efetivação dos direitos humanos essenciais, como já salientado, é um tema de grande relevância no cenário jurídico, econômico e político, em todo o mundo.

O Estado de Direito atual não concebe o desrespeito aos direitos fundamentais, ao menos no plano jurídico. Temos a previsão de existência e de defesa de todas as chamadas *gerações de direitos*, na expressão feliz da doutrina.[140]

Mas nem sempre foi assim. Especialmente quando pensamos em seus reflexos no campo tributário.

---

140. Paulo Bonavides, em obra de referência, explica a evolução histórica da proteção dos direitos fundamentais, elencando as chamadas *gerações de direitos*. Diferenciam-se as gerações, de maneira sintética, da seguinte forma: (a) primeira geração para se referir aos valores de igualdade, liberdade e fraternidade; (b) segunda geração para se referir aos direitos sociais, culturais e econômicos; (c) terceira geração para se referir aos direitos chamados coletivos ou difusos, como meio ambiente e consumidor; (d) quarta geração para se referir aos direitos mais amplos e abstratos como à democracia, à informação e ao pluralismo. (*Curso de direito constitucional*. 16. ed. São Paulo: Malheiros, 2005, p. 560-578.).

Nas palavras do professor Ricardo Lobo Torres, temos:

> Mas é com a Revolução Francesa que a concepção de cidadania se expande para abranger os direitos fundamentais do homem, entendidos como direitos de liberdade suscetíveis de concretização na cidade e no Estado, e os direitos vinculados à ideia de igualdade e justiça: *libertè, legalitè et fraternitè*, de um lado, e *Drois de l'Homme et du Citoyen*, de outro. A cidadania em sua expressão moderna tem, entre os seus desdobramentos, a de ser cidadania fiscal. O dever/direito de pagar impostos se coloca no vértice da multiplicidade de enfoques que a ideia de cidadania exibe. Cidadão e contribuinte são conceitos coexistentes desde o início do liberalismo."[141]

A busca da efetivação desses direitos, no campo tributário, passa, necessariamente, pela discussão e pela definição do chamado *mínimo essencial ou existencial*.

5.4.1. Conceituação do mínimo essencial ou existencial

O mínimo existencial é um direito fundamental, já que a existência do homem fica ameaçada sem ele. Trata-se de uma condição inicial de liberdade.[142]

Essa expressão[143], apesar de não explicitada na

---

141. TORRES, Ricardo Lobo. "Direitos Humanos e Estatuto do Contribuinte". *Tratado de Derecho Tributario*. Coordenador Paulo de Barros Carvalho. Lima: Palestra, 2003, p. 160, *apud* GRUPENMACHER, Betina Treiger, *Tributos e direitos fundamentais*. São Paulo: Dialética, 2004, p. 11.

142. "O mínimo necessário à existência constitui um direito fundamental, posto que sem ele cessa a possibilidade de sobrevivência do homem e desaparecem as condições iniciais de liberdade. A dignidade humana e as condições materiais da existência não podem retroceder aquém do mínimo, do qual nem os prisioneiros, os doentes mentais e os indigentes podem ser privados. A liberdade de viver debaixo da ponte, de que falava Anatole France, não é liberdade." (TORRES, Ricardo Lobo. "O mínimo existencial e nos direitos fundamentais". *Revista da Procuradoria do Estado do Rio de Janeiro*, n. 42, p. 69, Rio de Janeiro, 1990.)

143. Utilizam-se, na doutrina, como expressões sinônimas ao mínimo existencial, entre outras, mínimo vital, mínimo material, mínimo essencial, mínimo indispensável, mínimo de subsistência, mínimo não sujeito, limite inferior de tributação, todas lembradas por VALADÃO, Alexander Roberto Alves. *O mínimo existencial e as espécies tributárias*. Tese de doutoramento. Universidade Federal do Paraná, 2008, p. 76.

O IMPOSTO SOBRE A RENDA E AS DEDUÇÕES DE
NATUREZA CONSTITUCIONAL

Constituição Federal, é aceita pela doutrina como um elemento supraconstitucional, decorrente das noções de liberdade, da proteção à vida e da dignidade.[144]

Trata-se, de maneira simples, de uma limitação constitucional implícita para a tributação de parcelas de seu patrimônio ou de suas rendas considerados essenciais para a manutenção da dignidade do sujeito passivo e de sua família, se pessoa física. Aquilo que é necessário e fundamental para a manutenção da vida digna não pode ser objeto de tributação, já que indisponível. Trata-se, por que não, de incompetência tributária, ou competência negativa.

A primeira referência à existência de um direito a um mínimo garantidor de dignidade remonta à doutrina alemã de Otto Bachof. O autor identificou dois aspectos diversos do mínimo: em uma perspectiva negativa (não ser privado do mínimo considerado essencial para a vida com dignidade) e no aspecto positivo (exigir, do Estado, a prestação que concretize tais condições mínimas).[145]

Esses aspectos, ou *status* positivo e negativo não se confundem e, em regra, se complementam.

---

144. SARLET, Ingo Wolfgang. *Dimensões da dignidade:* ensaios de filosofia e direito constitucional. 2. ed. Porto Alegra: Livraria do Advogado, p. 46. Ricardo Lobo Torres esclarece, ainda, que o mínimo existencial "aparece, algumas vezes, no texto constitucional, com referência a certos direitos. Assim, a Constituição de 1946 declarava isentos de impostos de consumo os artigos que a lei classificar como o mínimo indispensável à habitação, vestuário, alimentação e tratamento médico das pessoas de restrita capacidade econômica (art. 15, §1º). A CF de 1967, na redação original da Emenda nº 1, de 1969, proclama que o ensino primário é obrigatório para todos, dos sete aos quatorze anos e gratuito nos estabelecimentos oficiais (art. 176, §3º, II).Outras vezes, o mínimo existencial está implícito nos princípios constitucionais que o fundamentam, como o da igualdade, o do devido processo legal, o da livre iniciativa etc., abrangendo qualquer direito, ainda que originariamente não fundamental (direito à saúde, à alimentação etc.), considerado em sua dimensão essencial e inalienável".(TORRES, Ricardo Lobo. "O mínimo existencial e nos direitos fundamentais". *Revista da Procuradoria do Estado do Rio de Janeiro*, Rio de Janeiro, n. 42, p. 69, 1990.).

145. SARLET, Ingo Wolfgang. *op. cit.*, p. 564.

Pelo aspecto negativo, podemos tomar a ideia de existência de um impedimento para o Estado de intervir, de constranger ou de tributar determinadas situações, que afastassem o direito de autodeterminação e a própria liberdade. No campo tributário, expressa-se pela existência de imunidades, de isenções, de exclusões de base de cálculo, de deduções específicas, entre outras.

Vale destacar, contudo, que o mínimo existencial, no seu aspecto negativo, na seara tributária, configura, sempre, verdadeira imunidade. Apesar de muitas vezes o legislador se valer de outras técnicas, como as enumeradas, sempre estaremos diante de uma imunidade.

O aspecto positivo, por sua vez, representa as prestações efetivas estatais, necessárias a garantir o acesso aos patamares mínimos de dignidade e de necessidades vitais do homem. Trata-se, nitidamente, de uma vertente fortemente ligada aos direitos sociais, apesar de não se confundir com eles.[146]

Trata-se, aqui, da prestação de serviços públicos essenciais de forma gratuita, como educação primária, médio e superior, como atendimento médico e hospitalar, assim como fornecimento de determinados remédios, ou, ainda, assistência jurídica gratuita, entre tantos outros.

Indiretamente, se garante o acesso a todos esses direitos, relacionados ao mínimo existencial com dignidade, pela imunidade e pela isenção de determinadas instituições, como as filantrópicas de educação e de assistência social.

Pode-se perceber, ainda, no chamado mínimo existencial, uma nítida feição jurídica de princípio constitucional, na

---

146. Mais uma vez, Ricardo Lobo Torres salienta que "a proteção estatal, repita-se, visa a garantir as condições da liberdade, a segurança jurídica e a personalidade do cidadão, não prevalecendo aqui as considerações de justiça. Por isso mesmo, não se confunde *estatus positivus libertatis*, típico do mínimo existencial, com o *status positivus socialis*, constituído pelas prestações estatais entregues para a proteção dos chamados direitos fundamentais sociais. (TORRES, Ricardo Lobo. "O mínimo existencial e nos direitos fundamentais". *Revista da Procuradoria do Estado do Rio de Janeiro*, Rio de Janeiro, n. 42, p. 72, 1990).

medida em que apresenta suas típicas características, como, por exemplo, ser fundamento para elaboração de regras, aplicação relativa, ponderável e grande conteúdo axiológico.[147]

5.4.2. Capacidade econômica e capacidade contributiva: diferenciação necessária

A defesa do mínimo existencial, especialmente no seu aspecto negativo, ou seja, na não interferência estatal no âmbito do mínimo necessário para a existência com dignidade, da pessoa, da família e da própria empresa, está umbilicalmente ligada ao conceito de capacidade contributiva.

Esse conceito, apesar de utilizada de maneira muito farta nas análises tributárias, nem sempre tem sido aplicado com sua devida abrangência.

A capacidade contributiva pode ser tomada, de maneira ainda preliminar, como a capacidade de dispor de parte de nosso complexo patrimonial para fins de pagamentos de tributos, sem comprometer a fonte produtiva e a manutenção da vida digna.

Klaus Tipke, em obra destinada a analisar os contornos da Justiça Fiscal, discorre sobre o princípio da capacidade

---

147. "Em primeiro lugar, há o critério do caráter hipotético-condicional, que se fundamenta no fato de as regras possuírem uma hipótese e uma consequência que predeterminam a decisão, sendo aplicadas ao modo 'se, então', enquanto os princípios apenas indicam o fundamento a ser utilizado pelo aplicador para futuramente encontrar a regra para o caso concreto. (...). Em segundo lugar, há o critério do modo final de aplicação, que se sustenta no fato de as regras serem aplicadas de modo absoluto tudo ou nada, ao passo que os princípios são aplicados de modo gradual mais ou menos. Em terceiro lugar, o critério do relacionamento normativo, que se fundamenta na ideia de a antinomia entre as regras consubstanciar verdadeiro conflito, solucionável com a declaração de invalidade de uma das regras ou com a criação de uma exceção, ao passo que o relacionamento entre os princípios consiste num imbricamento solucionável mediante ponderação que atribua dimensão de peso a cada um deles. Em quarto lugar, há o critério do fundamento axiológico, que considera os princípios, ao contrário das regras, como fundamento axiológico para a decisão a ser tomada. (ÁVILA, Humberto. *Teoria dos princípios* – da definição à aplicação dos princípios jurídicos. 4 ed. São Paulo: Malheiros, 2004, p. 30).

contributiva, mostrando que se trata de um princípio de conteúdo determinável, ainda que indeterminado previamente. Mais que isso, exige a análise individualizada, assim como com base na realidade.[148]

Regina Helena Costa, em trabalho referência sobre o tema, discorre sobre diferentes alocuções possíveis do termo, citando, para isso, Perez de Ayala e Eusébio Gonzales.[149]

A autora demonstra que a capacidade contributiva pode ser analisada sobre diferentes aspectos. Identifica o chamado plano jurídico-positivo, plano ético-econômico e plano técnico-econômico.

No aspecto, ou plano, jurídico-positivo, temos o objeto de trabalho do direito positivo. Estamos diante daquilo que a legislação tributária identifica como disponível para ser objeto de tributação. A legislação definirá, portanto, seus conceitos e seu alcance, valendo-se de presunções a parâmetros não necessariamente respaldados na realidade dos sujeitos. A lei constrói esse conceito.

No aspecto, ou plano, ético-econômico, identificamos a capacidade contributiva como a medida econômica efetiva da aptidão para suportar tributos. Enfrentam-se, nesse plano, os elementos volume de recursos e riquezas e volume de necessidade e gastos suportados. O aspecto econômico é orçamentário.

No aspecto, ou plano, técnico-econômico, identificamos a capacidade contributiva jurídica capaz de ser operacionalizada pelos instrumentos jurídicos, ou seja, a própria arrecadação. Vislumbramos, aqui, a capacidade contributiva capaz de

---

148. TIPKE, Klaus e YAMASHIDA, Douglas. *Justiça fiscal e o princípio da capacidade contributiva*. São Paulo: Malheiros, 2002, p. 31-36.

149. PERES DE AYALA, José Luiz e GONZALES, Eusébio. *Curso de derecho tributario*, 2. ed. Tomo I. Editorales de Derecho Reunidas: Madri, 1978, p. 163, apud COSTA, Regina Helena, *Princípio da capacidade contributiva*, 2. ed. São Paulo: Malheiros, 1996, p. 24.

O IMPOSTO SOBRE A RENDA E AS DEDUÇÕES DE NATUREZA CONSTITUCIONAL

ser identificada e efetivamente realizada pelos instrumentos de fiscalização e de realização da carga tributária.

Entendemos e concordamos com a diferenciação proposta pelos autores, apesar de identificar que o conceito jurídico-positivo não pode ser totalmente independente ou descolado do conceito ético-econômico. Mais ainda, o conceito técnico-econômico, que decorre do jurídico, deve ser por ele avaliado e validado.

Uma outra diferenciação interessante é entre a capacidade contributiva absoluta e relativa.

A capacidade contributiva absoluta, ou objetiva, refere-se à aptidão do fato, da atividade ou do bem, de demonstrar riqueza. Procuram-se, nesse aspecto, signos presuntivos de riqueza, ainda que isoladamente considerados. Demonstram a existência de um sujeito passivo potencial, pela simples existência de um fato relevante, economicamente falando. Buscam-se situações passíveis de avaliação patrimonial.[150]

A capacidade contributiva subjetiva, ou relativa, representa a individualização da capacidade, considerando os fatos signos presuntivos de riqueza em concreto para um sujeito determinado.

Percebe-se uma clara e inafastável relação entre os conceitos para a construção de uma correta carga tributária.

A capacidade contributiva absoluta é condição de operacionalidade do Direito Tributário. Não haveria sentido pensar em tributação sobre um fato que não seria apto a ser medido

---

150. "Diante desse quadro, aliás, corriqueiro, nos sistemas tributários modernos, há necessidade premente de ater-se o legislador à procura de fatos que demonstrem signos de riqueza, pois somente assim poderá distribuir a carga tributária de modo uniforme e com satisfatória atinência ao princípio da igualdade. Ter presente que, de uma ocorrência insusceptível de avaliação patrimonial jamais conseguirá extrair cifras monetárias que traduzam, de alguma forma, um valor em dinheiro." (CARVALHO, Paulo de Barros. *Direito tributário*: Linguagem e método, 4. ed. São Paulo: Noeses, 2011, p. 330)

economicamente. Não haveria base de cálculo possível e relevante. Ao mesmo tempo, o Direito Tributário não pode se satisfazer com a mera presunção de capacidade, pela ocorrência do fato. É preciso que o fato economicamente relevante seja contextualizado diante de um sujeito passivo específico, para se medir, efetivamente, sua capacidade de disposição dos valores.

Paulo de Barros Carvalho, assim se manifesta:

> Podemos resumir o que dissemos em duas proposições afirmativas bem sintéticas: realizar o princípio pré-jurídico da capacidade contributiva absoluta ou objetiva retrata a eleição, pela autoridade legislativa competente, de fatos que ostentem signos de riqueza; por outro lado, tornar efetivo o princípio da capacidade contributiva relativa ou subjetiva, quer expressar a repartição do impacto tributário, de tal modo que os participantes do acontecimento contribuam de acordo com o tamanho do evento.[151]

Vale ressaltar que a capacidade contributiva não pode ser percebida apenas em um fato isolado. A renda, a propriedade, o consumo, a circulação, entre outros fatos, podem ser considerados como indicadores de capacidade, ainda que de maneira indireta.[152]

Em um esclarecedor esquema, Regina Helena Costa destaca que a capacidade contributiva constitui, em seu aspecto absoluto ou objetivo, pressuposto ou fundamento jurídico do imposto, assim como diretriz para a eleição das hipóteses de

---

151. CARVALHO, Paulo de Barros. *Direito tributário*: Linguagem e método. 4. ed. São Paulo: Noeses, 2011, p. 333. O autor ainda cita Fernando Vicente-Arche Domingo, para quem "La capacidad contributiva absoluta es la aptitud para concurrir a las cargas públicas. La capacidad contributiva relativa es el criterio que ha de orientar la determinación de la concreta carga tributaria"(DOMINGO, Fernando Vicente-Arche. *Seminario de Derecho Financiero de la Universidade Complutense*, Org. Femando Sainz de Bujanda, Madri, 1967, p. 190).

152. Sainz de Bujanda destaca os índices diretos e indiretos de capacidade contributiva. (SAINZ DE BUJANDA, Fernando. *Hacienda e Derecho*. Instituto de Estudios Políticos: Madri, 1963. Vol. III, p. 196).

O IMPOSTO SOBRE A RENDA E AS DEDUÇÕES DE NATUREZA CONSTITUCIONAL

incidência dos impostos. Ao mesmo tempo, em seu aspecto relativo ou subjetivo, constitui critério de graduação do imposto, assim como limite à atividade da tributação.[153]

Percebe-se, na chamada capacidade contributiva relativa, o grande ponto para a diferenciação dos conceitos de capacidade econômica e capacidade contributiva.

É bem verdade que e doutrina não se prende a tal diferenciação. Motivado, talvez, pela própria Constituição Federal, que utiliza a expressão *capacidade econômica* como aparente sinônimo de capacidade contributiva.[154]

A capacidade econômica é a aptidão de possuir patrimônio e rendas em determinados patamares, identificadas a partir dos signos presuntivos de riqueza, citados na definição de capacidade contributiva absoluta ou objetiva.

Essa capacidade, a rigor, pode ser um grande indicador de potencial capacidade para a contribuição tributária, mas não sua identificação plena.

A capacidade contributiva, por sua vez, refere-se à aptidão de efetivamente contribuir, mediante pagamentos de tributos. Essa capacidade, obviamente, somente surge após a análise das características próprias e específicas do sujeito passivo específico, dentro de determinados parâmetros. Essa capacidade contributiva surge a partir da conformação da inicial capacidade econômica com as necessidades básicas e mínimas do sujeito, seja para sobreviver, viver com dignidade, seja para custear a produção da riqueza.

Capacidade contributiva e capacidade econômica não se confundem, mas, também, não se excluem ou se negam. São conceitos, obviamente, relacionados.

---

153. COSTA, Regina Helena. *Princípio da capacidade contributiva*. 2. ed. São Paulo: Malheiros, 1996, p. 29.

154. CF, art. 145, § 1º.

De maneira muito simples, podemos identificar que duas pessoas ou empresas com mesma capacidade econômica (auferida pelo valor do patrimônio, das rendas, do faturamento) podem ter diferentes capacidades contributivas (auferidas a partir da análise de seus custos e gastos essenciais).[155]

Francesco Moschetti conclui desta forma:

> ...a capacidade econômica deve considerar-se como condição necessária, porém não suficiente para a capacidade contributiva e deve estar, portanto, qualificada à luz dos princípios constitucionais fundamentais.
>
> (...) capacidade contributiva não é, portanto, toda manifestação de riqueza, senão aquela capacidade econômica que deve julgar-se idônea para concorrer com os gastos públicos, a luz das fundamentais exigências econômicas e sociais acolhidas em nossa Constituição." (tradução livre).[156]

Pode-se concluir, sem dificuldade, que a capacidade econômica é anterior à capacidade contributiva, diferenciando-se as duas pela necessidade da capacidade contributiva respeitar e não atingir o mínimo existencial digno.

5.4.3. Impossibilidade de tributação do mínimo existencial

O princípio da capacidade contributiva, que nada mais é do que um corolário do princípio da igualdade e pressuposto do não confisco e proteção do mínimo existencial, representa um dos requisitos mais destacados da chamada *justiça fiscal*.

Não existe sentido jurídico e lógico em se permitir a tributação incidente sobre aspectos que não sejam definidores de capacidade contributiva subjetiva ou relativa. Concordar com isso é permitir a tributação sobre o necessário à manutenção

---

155. Duas pessoas físicas, de mesma e idêntica renda, e, portanto, mesma capacidade econômica, podem possuir diferentes capacidades contributivas, se um deles for solteiro e sem filhos, e o outro, casado, com filhos.

156. MOSCHETTI, Francesco. *El principio de capacidad contributiva*. Madrid: Instituto de Estudios Fiscales, 1980, p. 74.

O IMPOSTO SOBRE A RENDA E AS DEDUÇÕES DE
NATUREZA CONSTITUCIONAL

da vida digna, ou mesmo sobre o necessário para a manutenção da fonte produtiva de riqueza, o que vai contra os interesses da própria administração.

Especialmente para a pessoa física, o mínimo existencial é algo totalmente inatingível pela tributação. Não é fato denotador de capacidade contributiva.

Clara a colocação do jurista alemão Klaus Tipke:

> O princípio da capacidade contributiva atinge apenas a renda disponível para o pagamento dos impostos. A base de cálculo deve ser reduzida também por aquilo que o cidadão forçosamente tiver que gastar para fins privados. Nenhum imposto pode entrar no mínimo existencial. A capacidade contributiva termina, de todo o modo, onde começa o confisco que leva à destruição da capacidade contributiva.[157]

É evidente que a tributação não pode atingir o mínimo existencial. Seria até mesmo um paradoxo, já que se permitiria a tributação, gerando receita ao Estado, e, ao mesmo tempo, implicaria realizar políticas públicas de manutenção dos direitos essenciais, como a vida e a dignidade, gerando um custo ou despesa ao mesmo Estado.[158]

Sem diferenciar o conceito de capacidade econômica e contributiva, mas defendendo a impossibilidade de tributação do mínimo existencial, Geraldo Ataliba afirma que:

> Capacidade econômica há de entender-se como real possibilidade de diminuir-se patrimonialmente o contribuinte, sem destruir-se e sem perder a possibilidade de persistir gerando riqueza como lastro à tributação. A violação dessa – pelos excessos tributários – configura confisco, constitucionalmente vedado, além de suprema irracionalidade.[159]

---

157. TIPKE, Klaus e YAMASHIDA, Douglas. *Justiça fiscal e o princípio da capacidade contributiva*. São Paulo: Malheiros, 2002, p. 42.

158. Ideia defendida por MOSQUERA, Roberto Quiroga. *Renda e Proventos de Qualquer Natureza* – o Imposto e o conceito constitucional. São Paulo: Dialética, 1996, p. 129.

159. ATALIBA, Geraldo. Progressividade e capacidade contributiva. In: ATALIBA,

FERNANDO FERREIRA CASTELLANI

Regina Helena Costa, ao discorrer sobre a impossibilidade de tributação do mínimo existencial, as considera como imunidades ontológicas.[160] Usa tal expressão para identificar determinadas imunidades que independem de previsão constitucional expressa, já que se referem a situações de inexistência de capacidade contributiva. São suas palavras:

> Em síntese, há casos em que existe imunidade porque, a despeito da existência de capacidade econômica, ausente está a capacidade de contribuir: é o caso das imunidades ontológicas (v.g., imunidade recíproca). Em outras hipóteses, não obstante possa ser verificada a existência de capacidade contributiva, a possibilidade de tributá-la, por via de impostos, cede ante a opção constitucional de preservação de outros valores – políticos, sociais, econômicos. Trata-se de imunidades políticas (v.g., templos de qualquer culto, partidos políticos). Acresça-se que, em relação às imunidades ontológicas, é indiferente que sua previsão seja suprimida do Texto Fundamental, por se escorarem em princípios constitucionais e configurarem hipóteses nas quais a competência tributária não pode ser exercida, em face da ausência de capacidade contributiva.[161]

Apesar de considerarmos que o mínimo existencial, enquanto limite constitucional para a tributação possível, configura caso de imunidade, não ignoramos e não refutamos o uso de outras técnicas para sua implementação.

Geraldo e SAMPAIO Dória, Antonio Roberto (Coord). "Princípios constitucionais tributários: aspectos práticos – aplicações concretas". Separata de: *Revista de Direito Tributário*. São Paulo: Ed. RT, 1991, p. 50.

160. "(...) entendemos que as imunidades tributárias não constituem princípios, mas sim aplicações de um princípio, o qual denominamos de princípio da não obstância do exercício de direitos fundamentais por via da tributação. Desse modo, as normas imunizantes vêm, exatamente, garantir que, nas situações, e em relação às pessoas que apontam, a tributação não amesquinhe o exercício de direitos constitucionalmente contemplados. A par dessa missão, as normas imunizantes operam como instrumentos de proteção de outros direitos fundamentais. Constituem, assim, ao mesmo tempo, direitos e garantias de outros direitos" (COSTA, Regina Helena. *Imunidades tributárias* – Teoria e análise da jurisprudência do STF. São Paulo: Malheiros, 2000p. 84).

161. COSTA, Regina Helena. *Imunidades tributárias – Teoria e análise da jurisprudência do STF*. São Paulo: Malheiros, 2000, p. 90. A autora, adiante, estabelece que essas situações representariam "isenções técnicas", em expressão por ela usada.

O IMPOSTO SOBRE A RENDA E AS DEDUÇÕES DE NATUREZA CONSTITUCIONAL

Parece ser esse o entendimento de Ricardo Lobo Torres. Vejamos:

> Em todos esses casos, estamos diante da proteção da negativa do mínimo existencial assegurado pelo mecanismo da imunidade. Pouco importa que na legislação ordinária apareça sobre o rótulo de isenção. Pois o que caracteriza verdadeiramente a imunidade, ao contrário do que pensam os positivistas, não é a fonte formal e imediata de que promana, mas a circunstância de ser um predicado dos direitos da liberdade e de ter um fundamento pré-constitucional.[162]

Não resta dúvida sobre a constatação de impossibilidade de tributação do mínimo existencial. Dificuldade surge ao tentarmos, de alguma forma minimamente objetiva e possível de utilização em larga escala, definir e quantificar esse mínimo.

5.4.4. O mínimo existencial na doutrina e na legislação alienígena

A impossibilidade de tributação do mínimo existencial não é algo novo na doutrina e na legislação alienígena.

Os países integrantes da Organização para Cooperação e Desenvolvimento Econômico (OCDE) adotam, em regra geral, a regra de impossibilidade de tributação de uma renda mínima e necessária para a manutenção da vida digna da pessoa e da família, como forma de combate aos efeitos da pobreza e às desigualdades.[163]

---

162. TORRES, Ricardo Lobo. "O mínimo existencial e nos direitos fundamentais". *Revista da Procuradoria do Estado do Rio de Janeiro*, Rio de Janeiro, n. 42, p. 71, 1990. O autor ainda cita Rui Barbosa, em relatório emitido enquanto Ministro da Fazenda, com as seguintes palavras: "Considero absoluta a necessidade de não submeter à ação do imposto direto o mínimo necessário à existência (*Existenzminimum*) nas classes mais desfavorecidas. Certamente esse mínimo, se o quisermos determinar precisamente, é uma incógnita muito variável. Mas há a possibilidade de apreciações aproximativas, que financeiros e legisladores têm considerado suficientes, para dar satisfação, ao menos relativa, às exigências da equidade".

163. Conforme exposição de VALADÃO, Alexander Roberto Alves. *O mínimo existencial e as espécies tributárias*. Tese de doutoramento apresentada na UFPR, sob

Na Itália, podemos identificar a proteção ao mínimo existencial, em sede jurisprudencial, há mais de 70 anos, logo após a segunda grande guerra, propondo que o contribuinte somente poderia ser gravado a partir do limite necessário ao mínimo indispensável para a sua sobrevivência.

Fernando Zilveti destaca que a corte constitucional italiana deu um claro sinal, nessas decisões, que pretendia que os custos estatais fossem custeados, mas preservando-se o mínimo essencial do cidadão. Mais que isso, anota que a máxima latina *primum vivere, deinde tributum solvere* aplica-se, ao caso, tendo gerado reflexos não apenas no Direito Tributário, mas também no Direito Financeiro, Sociologia, Economia, entre outras áreas.[164]

Na Alemanha, diante da ausência da previsão expressa na lei maior do princípio da capacidade contributiva, a proteção ao mínimo essencial decorre da construção interpretativa a partir de outros princípios, como o Estado Social, a propriedade, a liberdade de exercício profissional, a proteção à família e ao matrimônio, entre outros. Ricardo Lobo Torres anota que há projetos de inclusão, na Lei Constitucional Alemã, de previsão de imunidade tributária para o mínimo existencial.[165]

O Tribunal Constitucional alemão, em maio de 1990, decidiu pela necessidade de existência de um patamar mínimo de isenção da renda da família, visando, obviamente, à manutenção de um mínimo existencial não tributável.[166]

---

orientação do professor e doutor José Roberto Vieira, 2008, p. 122.

164. ZILVETI, Fernando Aurelio. *Princípios de direito tributário e a capacidade contributiva.* São Paulo: Quartier Latin, 2004, p. 210.

165. TORRES, Ricardo Lobo. *Tratado de direito constitucional, financeiro e tributário.* Os direitos humanos e a tributação: imunidades e isonomia. 3. ed. Rio de Janeiro: Renovar, 2005, p. 142.

166. Anota, a doutrina, que antes dessas decisões, o próprio tribunal alemão já havia, em outras oportunidades, defendido a não tributação do mínimo existencial. VALADÃO, Alexander Roberto Alves. *O mínimo existencial e as espécies tributárias.* Tese de doutoramento apresentada na UFPR, sob orientação do professor e doutor José Roberto Vieira, 2008, p. 122. Robert Alexy discorre nesse sentido: *"Un claro*

O IMPOSTO SOBRE A RENDA E AS DEDUÇÕES DE
NATUREZA CONSTITUCIONAL

A doutrina alemã, representada por Klaus Tipke e Joachin Lang, propôs, na legislação, a existência de diferentes mínimos existenciais para as diferentes regiões do país, respeitando o custo de vida local. A doutrina ainda propõe que o mínimo existencial esteja protegido mediante a técnica de exclusão, da base de cálculo do imposto sobre a renda, mediante uma tarifa predefinida. Essa tarifa deveria variar pela faixa de renda, de forma a atender, adequadamente, a capacidade contributiva com base nos gastos familiares e pessoais.[167] Tal situação permite a definição, inclusive, de um mínimo existencial regionalizado, importantes instrumentos em países de grandes proporções geográficas e com grandes disparidades econômicas e sociais.

---

paso más allá de esto o dio el tribunal en una decisión del año 1975. Allí se dice: ciertamente, la asistencia social a los necesitados de ayuda es uno de los deberes obvios del Estado social. Necesariamente, esto incluye la asistencia social a los conciudadanos que, a raíz de dolencias físicas o mentales, están impedidos de desarrollarse personal y socialmente y no pueden asumir por si mismos su subsistencia. En todo caso, la comunidad estatal tiene que asegurarles las condiciones mínimas para una existencia humana digna'. Si se toman ambas decisiones conjuntamente, no puede haber para una ninguna duda de que el Tribunal Constitucional Federal parte de un derecho fundamental a un mínimo vital. En este sentido, coincide con la jurisprudencia permanente del Tribunal Administrativo Federal y con la opinión dominante en la literatura." (Teoria de los derechos fundamentales. Madri: Centro de Estudos Constitucionales, 1997, p. 422).

167. ZILVETI, Fernando Aurelio. Princípios de direito tributário e a capacidade contributiva. São Paulo: Quartier Latin, 2004, p. 207. O autor cita, ainda, a obra de Helmut Becker, intitulada Progressividade e justiça fiscal (Steuerprogression und Steuergerechtigkeit), que assim dispõe: "Uma outra solução poderia ser esta: fixar o mínimo existencial num patamar que inclua também as necessidades básicas. A decisão do Tribunal Constitucional de 25 de setembro de 1992 é um ponto de partida nessa direção. Nessa sentença, o Tribunal Constitucional procurou aproximar o mínimo existencial dos critérios que orientam o pagamento dos benefícios sociais, baseando-se na seguinte conta: Valor normal anual + despesas com moradia + despesas com calefação + média de gastos extraordinários para a subsistência + adicional para pessoas economicamente ativas = demanda média de amparo social. Essa conta mostra que o Tribunal Constitucional já passou a incluir o mínimo existencial algumas despesas que, no presente ensaio, foram relacionadas entre as necessidades básicas e que, mesmo ultrapassando o mínimo existencial, devem ser tomadas em consideração por estarem dentro do âmbito do princípio do estado de bem-estar social garantido pela Constituição." (BECKER, Helmut. Progressividade e justiça fiscal (Steuerprogression und Steuergerechtigkeit), in Festschrift fur Franz Klein, Colonia, 1994, p. 389).

FERNANDO FERREIRA CASTELLANI

Tratando da doutrina alemã, Fernando Zilveti assim se manifesta:

> Assim, para a doutrina que defende o mínimo existencial, alçado ao nível de princípio constitucional, quem não tem condições de prover seu mínimo para viver com dignidade, deve receber, do Estado, um auxílio social e econômico, além de ser isento de qualquer tributação. Tipke reconhece essa obrigação do Estado, porém, trata da obrigação do Estado Social de Direito quanto ao direito tributário e quanto à capacidade contributiva da seguinte forma: a) o direito tributário deve preservar, da tributação, o mínimo existencial, porém, pode transpor a capacidade, extraindo da renda e do patrimônio o necessário para redistribuir a renda (líquida); b) a capacidade contributiva orienta a tributação pessoal, não no auxilio do Estado, mas na capacidade do cidadão, impedindo a tributação do mínimo existencial.[168]

Na Espanha, não há previsão constitucional de proteção do mínimo vital, de forma que sua aplicação decorre da construção do princípio da capacidade contributiva, a partir da isonomia.[169]

Apesar da inexistência de tal proteção, expressamente, ao menos, não impediu a jurisprudência espanhola de reconhecer a importância do resguardo de parcela mínima de rendimentos, com base nos gastos essenciais pessoais e familiares.

Em decisões proferidas desde o ano de 1989, o Tribunal Constitucional Espanhol identificou o valor do salário-mínimo como um elemento objetivo de identificação do mínimo vital essencial, na medida em que seria razoável presumir que tais

---

168. ZILVETI, Fernando Aurelio. *Princípios de direito tributário e a capacidade contributiva*. São Paulo: Quartier Latin, 2004, p. 211.

169. Conforme observado pela doutrina espanhola, "Nuestra Constitución no contiene ninguna referencia expresa a la figura del mínimo exento, lo que no ha impedido que la doctrina española haya sido unánime en afirmar qua el fundamento constitucional del mínimo exento se encuentra en el art. 31.1. de la Constitución española, que recordemos establece que 'Todos contribuirán al sostenimiento del los gastos públicos de acuerdo con su capacidad económica mediante un sistema tributario justo inspirado en los principios de igualdad y progresividad, que en ningún caso tendrá alcance confiscatório.'" (MILLAN, Emílio Cencerrado. *El mínimo exento en el sistema tributario español*. Madri: Marcial Pons, 1999, p. 27).

O IMPOSTO SOBRE A RENDA E AS DEDUÇÕES DE
NATUREZA CONSTITUCIONAL

valores somente seriam suficientes para cobrir tais despesas.[170]

Após algum período, no ano de 1998, foi editada a Lei 40/98, reguladora do imposto de renda das pessoas físicas na Espanha. Por tal dispositivo legal, introduziu-se, na legislação, o conceito de *renda disponível (renta disponíble)* como o resultado da subtração dos valores necessários ao *mínimo pessoal e familiar (mínimo personal y familiar)*.[171]

Em Portugal, desde 1988, na legislação do Imposto sobre o rendimento das pessoas singulares, o chamado IRS, introduzido pelo Decreto-lei 442-A/1988, tem-se a previsão expressa de proteção ao mínimo existencial. Afirma-se, categoricamente, que a tributação mediante tal tributo não pode atingir um valor considerado mínimo para a subsistência, relacionado ao salário-mínimo e alguns acréscimos, direcionados à renda individual e à renda familiar.[172]

---

170. "A decisão da corte espanhola reflete, como se vê, a influência da doutrina e jurisprudência alemãs naquele país, refletida nas teorias desenvolvidas pelos tributaristas espanhóis, como Bujanda, Lapatza, Palao Taboada, entre outros. O jurista conhecido como Taboada, seu nome materno, trata de apurar a efetiva renda e os custos familiares, para atender o princípio da igualdade e da capacidade contributiva. Cita a decisão da Corte Constitucional espanhola 146/1994, de 9 de maio de 1994, que tratou do assunto. Sobre o tema, a doutrina defende que a igualdade horizontal exige isentar, da tributação, a renda indisponível em função das necessidades familiares." (ZILVETI, Fernando Aurelio. *Princípios de direito tributário e a capacidade contributiva*. São Paulo: Quartier Latin, 2004, p. 212)

171. "*La redacción del actual art. 2 puede parecer más imprudente, pues declara que el impuesto gravará la capacidad económica del contribuyente, entendida ésta con su renta disponible, que será el resultado de disminuir la renta en la cuantía del mínimo personal y familiar. Por si fuera poco, el art. 15.1 afirma que 'la base imponible del impuesto estará constituida por el importe de la renta disponible del contribuyente, expresión de su capacidad económica' y el art. 40 lleva la rubrica de 'mínimo personal y familiar'.*" (MOLINA, Pedro Herrera. *Fundamento y Confirmación del mínimo personal y familiar. In* FERNANDEZ, Javier Martin (coord.). *El mínimo personal y familiar en el impuesto sobre la renta de las personas físicas: Análisis de la Ley 40/1998, de 9 de Diciembre, a luz de derecho Comparado*. Madri: Marcial Pons, 2000, p. 5.

172. Decreto-lei 442-A, de 30.12.1988: Artigo 70: Da aplicação das taxas estabelecidas no artigo 68° não pode resultar, para os titulares de rendimentos predominantemente originados em trabalho dependente, a disponibilidade de um rendimento líquido de imposto inferior ao valor anual do salário-mínimo nacional mais elevado acrescido de 20%, nem resultar qualquer imposto para os mesmos rendimentos, cuja matéria colectável, após a aplicacão do quociente conjugal, seja igual ou

FERNANDO FERREIRA CASTELLANI

O professor da Universidade de Coimbra, José Nabais, enxerga a necessidade de proteção ao mínimo vital, inclusive, nas prestações estatais, devendo tais ações ser protegidas por isenções. Vejamos suas palavras:

> Para além do que, num estado fiscal, ancorado na ideia de que cabe a cada um a angariação dos seus próprios meios (econômicos) de subsistência, angariação que constitui mesmo o pressuposto da oneração fiscal, hão de ficar livres da tributação aquelas despesas que asseguram a própria existência humana (condigna) dos contribuintes e respectivas famílias, pois que, de contrário, verificar-se-ia uma total antinomia entre a primazia constitucional dada a essa autorresponsabilidade pelo ganha pão de cada um e a afectação fiscal do mínimo existencial.[173]

Nos Estados Unidos da América, desde o início dos anos 1970, os tribunais declaravam a inconstitucionalidade das leis tributárias que não permitissem um mínimo de garantia de proteção contra a tributação, especialmente aos mais pobres.

O professor Ricardo Lobo Torres atesta isso:

> Nos Estados Unidos, a Suprema Corte declarou a inconstitucionalidade de diversas leis prejudiciais aos pobres, especialmente pelas descabidas imposições fiscais, que, por ferirem direitos fundamentais, foram consideradas classificações suspeitas (*suspect classifications*). A Suprema Corte americana, por outro lado, em inúmeros mandados de injunção, no que foi acompanhada na maior parte da doutrina, passou a entender a noção de

---

inferior a 1.634,93 euros. (Citado por VALADÃO, Alexander Roberto Alves. *O mínimo existencial e as espécies tributárias*. Tese de doutoramento apresentada na UFPR, sob orientação do professor e doutor José Roberto Vieira, 2008, p. 126).

173. NABAIS, José Casalta. *O dever fundamental de pagar impostos*. Coimbra: Almedina, 2004, p. 515. Pondera, ainda, o autor: "Com efeito, não excluir, da tributação, as prestações do Estado ou de instituições particulares, destinadas a assegurar ao indivíduo e respectiva família a satisfação daquelas necessidades mínimas que vão implicadas na própria ideia de estado social, na específica concretização (legislativa) que este tiver adquirido, constituiria uma grosseira violação, tanto do princípio da capacidade contributiva, que não pode deixar de se referir apenas ao rendimento disponível, como das exigências do Estado social, a reclamarem a realização das prestações sociais adequadas à satisfação daquelas necessidades que são inerentes à própria salvaguarda da dignidade humana".

O IMPOSTO SOBRE A RENDA E AS DEDUÇÕES DE
NATUREZA CONSTITUCIONAL

> direitos constitucionais a todos aqueles indispensáveis à sobre-
> vivência, com um mínimo de dignidade, dos pobres, dos doentes
> mentais e dos presos (...)[174].

Pode-se atestar, por fim, que existe a previsão, expressa ou implícita, nas diferentes legislações e jurisprudências, de proteção do chamado "mínimo vital". Existe uma grande incoerência, ao menos em tese, que é a constatação de que a proteção é garantida, de forma mais robusta, nos países mais desenvolvidos, nos quais, em tese, a população menos privilegiada precisaria de tal proteção.

De qualquer forma, a proteção da dignidade humana, inclusive com base nas limitações e nas restrições à atividade tributária do Estado, é uma realidade na grande maioria dos países.

5.5. A limitação explícita do não confisco

A imposição do princípio da isonomia, com a consequente existência da imposição de respeito à capacidade contributiva, como critério diferenciador para fins tributários, acaba por desaguar em mais um princípio constitucional muito caro, mas de difícil parametrização: a vedação ao confisco.

Atentando pela evidente relação entre esses princípios, Estevão Horvath, em obra sobre o tema, assim se manifesta:

> De tudo o que foi relatado até aqui, talvez o que resta de mais re-
> levante é a circunstância de que os dois princípios ora examina-
> dos – capacidade contributiva e não confiscatoriedade – andam
> melhor quando caminham juntos, um vindo em auxílio do outro,
> visando à conformação do *quantum* de tributo que será devido
> pelo sujeito passivo em ocorrendo o fato jurídico tributário.[175]

---

174. TORRES, Ricardo Lobo. *Os direitos humanos e a tributação*: Imunidades e Isonomia. 3. ed. Rio de Janeiro: Renovar, 2005, p. 152.

175. HORVATH, Estevão. *O princípio do não confisco no direito tributário*. São Paulo: Dialética, 2002, p. 76.

A Constituição Federal, de forma direta e objetiva, determina a proibição de utilização de tributos com efeito de confisco.[176] Apesar da previsão expressa, como na maioria dos seus conceitos, não apresenta os critérios definidores de tal efeito confiscatório, restando, portanto, para a doutrina e para a jurisprudência, tal tarefa.

Renato Lopes Becho assim se manifesta, conceituando confisco para, na sequência, discorrer sobre sua vedação em seara tributária:

> Confisco, em termos tributários, pode ser visto como a transferência total ou de parcela exagerada e insuportável do bem objeto da tributação, da propriedade do contribuinte para a do Estado. (...) Toda tributação significa a transferência de riqueza, objeto da exação, da propriedade do particular, seu contribuinte, para a do Estado. A tributação deve ser realizada de modo a não retirar o bem ou inviabilizar o direito de propriedade, pois não se espera que o Estado atue contra seus sócios, os partícipes da organização social.[177]

O princípio da vedação ao confisco exterioriza a necessidade de existência de um limite para a tributação, especialmente, mas não apenas no que se refere à determinação das alíquotas aplicáveis.[178]

---

176. CF. Art. 150. Sem prejuízo de outras garantias asseguradas ao contribuinte, é vedado à União, aos Estados, ao Distrito Federal e aos Municípios: (...) IV — utilizar tributo com efeito de confisco; (...).

177. BECHO, Renato Lopes. *Lições de direito tributário* – Teoria geral e constitucional. São Paulo: Saraiva, 2011, p. 418.

178. ROSA JÚNIOR, Luiz Emygdio F. da. *Manual de direito financeiro e direito tributário*. 10. ed. Rio de Janeiro: Renovar, 1995. p. 320. "A vedação do tributo confiscatório decorre de um outro princípio: o poder de tributar deve ser compatível com o de conservar e não com o de destruir. Assim, tem efeito confiscatório o tributo que não apresenta as características de razoabilidade e justiça, sendo, assim, igualmente atentatório ao princípio da capacidade contributiva". TORRES, Ricardo Lobo. *Curso de direito financeiro e tributário*. 2. ed. Rio de Janeiro: Renovar, 1995. p. 56. "A vedação de tributo confiscatório, que erige o *'status negativus libertatis'*, se expressa em cláusula aberta ou conceito indeterminado. Inexiste possibilidade prévia de fixar os limites quantitativos para a cobrança, além dos quais se caracterizaria o confisco, cabendo ao critério prudente do juiz tal aferição,

O IMPOSTO SOBRE A RENDA E AS DEDUÇÕES DE
NATUREZA CONSTITUCIONAL

Ilustrativa a afirmação de Klaus Tipke: "A capacidade contributiva termina, de todo modo, onde começa o confisco, que leva à destruição da capacidade contributiva."[179]

Trata-se de evidente proteção do direito de propriedade e de garantia de sujeição a uma tributação justa. Trata-se, em regra, de um direito fundamental[180], cuja definição, na prática jurídica, caberá ao Supremo Tribunal Federal. Vale lembrar, ainda, que existe previsão do não confisco na própria Declaração Universal dos Direitos do Homem da Organização das Nações Unidas, em seu artigo 17: 1. Toda pessoa, só ou coletivamente, tem direito à propriedade. 2. Ninguém pode ser arbitrariamente privado de sua propriedade.[181]

A capacidade contributiva, certamente, não estará presente no excesso de tributação. Toda a tributação que incidir sobre a parcela da renda, do patrimônio, da propriedade, dos serviços, que torne a subsistência digna, a manutenção da empresa, a exploração da atividade produtiva de forma livre, incidirá, de alguma forma, na violação da proibição do confisco.

Nas palavras de Roque Antonio Carrazza, temos:

> A nosso sentir, é confiscatório o tributo que, por assim dizer, esgota (ou tem a potencialidade de esgotar) a riqueza tributável

---

que deverá se pautar pela razoabilidade. A exceção deu-se na Argentina, onde a jurisprudência, em certa época, fixou em 33% o limite máximo da incidência tributária não confiscatória."

179. TIPKE, Klaus; YAMASHIDA, Douglas. *Justiça fiscal e princípio da capacidade contributiva*. São Paulo: Malheiros, 2002, p. 67. Para Aliomar Baleeiro, temos que "são tributos confiscatórios os que absorvem parte considerável do valor da propriedade, aniquilam a empresa ou impedem o exercício da atividade lícita e moral" (BALEEIRO, Aliomar. *Limitações ao poder de tributar*. 7. ed., atualizada por Misabel Abreu Machado Derzi. Rio de Janeiro: Forense, 1997, p. 564).

180. TORRES, Ricardo Lobo. *Legitimação da capacidade contributiva e dos direitos fundamentais do contribuinte*. In: SCHOUERI, Luís Eduardo (Coord.). *Direito tributário*: Homenagem a Alcides Jorge Costa. São Paulo: Quartier Latin, 2003, v. 1, p. 434.

181. BECHO, Renato Lopes. *Lições de direito tributário* – Teoria geral e constitucional. São Paulo: Saraiva, 2011, p. 419.

FERNANDO FERREIRA CASTELLANI

das pessoas, isto é, que não leva em conta sua capacidade contributiva. Ou, se preferirmos: quando ignora a aptidão de uma pessoa, física ou jurídica[182]

A aparente simplicidade da regra, que proíbe tributação excessiva, encontra dificuldade em sua sistematização. Muito mais complexo que sua enunciação é a sua parametrização. Em outras palavras, em que situações estaria configurada a tributação confiscatória?

A definição do efeito confiscatório não é, de fato, uma tarefa simples. Trata-se de um conceito indeterminado, mais complexo do que o comando que determina a tributação.[183]

A Constituição Federal, de maneira correta para alguns autores[184], não define os patamares permitidos, ou mesmo proibidos, de tributação, confirmando sua indeterminação.

---

182. CARRAZZA, Roque Antonio. *Imposto sobre a renda*. Perfil constitucional e temas específicos. 2. ed. São Paulo: Malheiros, 2008, p. 110.

183. Em exemplo retirado da doutrina, "somente mediante exaustiva análise poderá ser possível, ainda eventualmente, delimitarmos alguns de seus contornos. O comando *os tributos não podem ter efeito de confisco* é de uma classe distinta do comando *a venda de um veículo automotor sujeita o vendedor a recolher ao Estado 17% a título de imposto*. Este é um conceito determinado, que não exige o mesmo grau de esforço interpretativo dos conceitos indeterminados." (BECHO, Renato Lopes. *Lições de direito tributário* – Teoria geral e constitucional. São Paulo: Saraiva, 2011, p. 419).

184. Nota de atualização na obra BALEEIRO, Aliomar. *Limitações ao poder de tributar*. 7. ed., atualizada por Misabel Abreu Machado Derzi. Rio de Janeiro: Forense, 1997, p. 576. Defende, a autora, que a inexistência de referência quantitativa para a definição de confisco é acertada, na medida em que diversas circunstâncias podem interferir na configuração do que seja confiscatório. O ministro Celso de Mello, no julgamento do RE 754.554, assim de manifestou: "Como observei anteriormente, não há uma definição constitucional de confisco em matéria tributária. Trata-se, na realidade, de um conceito aberto, a ser utilizado pelo juiz, com apoio em seu prudente critério, quando chamado a resolver os conflitos entre o Poder Público e os contribuintes. A proibição constitucional do confisco em matéria tributária nada mais representa senão a interdição, pela Carta Política, de qualquer pretensão governamental que possa conduzir, no campo da fiscalidade – trate-se de tributos não vinculados ou cuide-se de tributos vinculados –, à injusta apropriação estatal, no todo ou em parte, do patrimônio ou dos rendimentos dos contribuintes, comprometendo-lhes, pela insuportabilidade da carga tributária, o exercício do direito a uma existência digna, a prática de atividade profissional lícita e a regular satisfação de suas necessidades vitais (educação, saúde e habitação, por exemplo)".

O IMPOSTO SOBRE A RENDA E AS DEDUÇÕES DE NATUREZA CONSTITUCIONAL

Apesar dessa característica, trata-se, para alguns, de uma regra, já que, após sua definição, sua aplicação é cartesiana.[185]

A verificação desse limite, representativo do esgotamento da capacidade contributiva, fica evidente em situações tendentes ao absurdo, como a totalidade da propriedade ou dos rendimentos. Em situações de aparente moderação, contudo, a definição não será simples. Percebe-se, assim, que tal definição será consequência de ponderações, pautadas no princípio da razoabilidade.[186]

Com Caio Tácito, temos:

> A rigor, o princípio da razoabilidade filia-se à regra da observância da finalidade da lei que, a seu turno, emana do princípio da legalidade. A noção de legalidade pressupõe a harmonia perfeita entre os meios e os fins, a comunhão entre o objeto e o resultado do ato jurídico. A vontade do legislador, como da autoridade administrativa, deve buscar a melhor solução e a menos onerosa aos direitos e liberdades, que compõe a cidadania.[187]

Para ilustrar a dificuldade dessa definição, vejamos as palavras de Renato Lopes Becho:

---

185. SCHOUERI, Luís Eduardo. *Direito tributário*. 2. ed. São Paulo: Saraiva, 2012, p. 327. Segundo o autor: "Se confisco é conceito indeterminado, nem por isso o princípio ora examinado tem feição de princípio: apresenta uma regra. O intérprete/aplicador pode ter dificuldade em identificar uma situação de confisco; caracterizada esta, entretanto, o mandamento constitucional é claro, proibindo tal tributação".

186. COELHO, Sacha Calmon Navarro. *Curso de direito tributário brasileiro*. Rio de Janeiro: Forense, 1999, p. 253. "O princípio do não confisco tem sido utilizado também para fixar padrões ou patamares de tributação tidos por suportáveis (...) ao sabor das conjunturas mais ou menos adversas que estejam se passando. Neste sentido, o princípio do não confisco se nos parece mais com um princípio da razoabilidade da tributação (...)".

187. TÁCITO, Caio. "A razoablidade das leis". *Revista de Direito Administrativo*, 204/1-7, abril-junho, 1996, p.7.

Como os entes competentes para instituir tributos podem utilizá-lo com efeito confiscatório? Editando leis que criem ou alterem as exações já existentes, em intensidade que transfiram o bem ou a riqueza tributada inteiramente ou quase inteiramente para o Estado. Se houver uma tributação nesse sentido, tal exação negará o direito de propriedade e de livre iniciativa econômica, contrariando as ordens constitucionais. Mas qual é a intensidade na tributação que a torne inconstitucional? Em outras palavras, qual a medida para se saber que uma lei tributária tem efeito confiscatório? A Constituição Federal de 1988 não define e nem deveria definir quais são esses limites, pois não é função da Carta Máxima dar definição de seus termos. O intérprete terá que localizar, dentro do conjunto normativo, que é o sistema jurídico, o que seja uma tributação confiscatória. Serão apenas as alíquotas de 100% ou próximas desse número que podem ser confiscatórias? A realidade não afiança essa assertiva, pois ,em nosso ordenamento jurídico, há tributos com alíquotas superiores a 100%, como as incidentes sobre os cigarros, que não foram declarados inconstitucionais.[188]

Por fim, argumentando pelo uso da razoabilidade, como forma de definição do conteúdo do não confisco, Estevão Horvath assim se manifesta:

> Para mais, cremos na impossibilidade de aferição, no mais das vezes – pelo prisma jurídico – do confisco aplicado ao sistema tributário, uma vez que a margem de variação da extensão da "razoabilidade" que o legislador ou o judiciário teriam para dizer se aquele estaria presente ou não é absolutamente elástica, variando de zero a cem por cento. Trata-se, destarte, a nosso juízo, de matéria de política fiscal, econômica e até mesmo social a manutenção de um sistema tributário beirando o confisco. Nós, enquanto cidadãos, é que devemos apontar aos nossos representantes, pressionando-os, a direção a ser tomada se nos convencermos de que a carga tributária está (ou se tornará) insuportável.[189]

---

188. BECHO, Renato Lopes. *Lições de direito tributário* – Teoria Geral e Constitucional. São Paulo: Saraiva, 2011, p. 422.

189. HORVATH, Estevão. *O princípio do não-confisco no direito tributário*. São Paulo: Dialética, 2002, p. 82.

O IMPOSTO SOBRE A RENDA E AS DEDUÇÕES DE NATUREZA CONSTITUCIONAL

Exemplos estrangeiros podem ser citados, ainda, como referência meramente indicativa. A Corte Constitucional Argentina reconheceu como adequada a limitação da tributação da renda e das heranças no patamar de 33%.[190] Na Alemanha, por sua vez, há indicação de limitação no patamar de 50%, pelo desenvolvimento do princípio da meação[191]. Existiu, inclusive no Brasil, eleição expressa, na Constituição Federal de 1934, de patamar de 20%.

A jurisprudência nacional, em diversos momentos, fez referência a tal limitação e sua definição. O ministro Celso de Mello, em famoso julgamento sobre o tema, no qual se reconheceu o caráter confiscatório da tributação por contribuição previdenciária de inativos, representativa, em conjunto com o imposto sobre a renda, em patamar próximo de 50%, assim se manifestou:

> A tributação confiscatória é vedada pela Constituição da República. (...) A proibição constitucional do confisco em matéria tributária nada mais representa senão a interdição, pela Carta Política, de qualquer pretensão governamental que possa conduzir, no campo da fiscalidade, à injusta apropriação estatal, no todo ou em parte, do patrimônio ou dos rendimentos dos contribuintes, comprometendo-lhes, pela insuportabilidade da carga tributária, o exercício do direito a uma existência digna, ou a prática de atividade profissional lícita ou, ainda, a regular satisfação de suas necessidades vitais (educação, saúde e habitação, por exemplo). A identificação do efeito confiscatório deve ser feita em função da totalidade da carga tributária, mediante verificação da capacidade de que dispõe o contribuinte — considerado o montante de sua riqueza (renda e capital) — para suportar e sofrer a incidência de todos os tributos que ele deverá pagar, dentro de determinado período, à mesma pessoa política que os

---

190. Conforme VILLEGAS, Hector. *Curso de Finanzas, Derecho Financiero y tributario.* 2. ed. Buenos Aires: Depalma, 1975, p. 195, citado por Misabel Derzi, nas notas de atualização de BALEEIRO, Aliomar. *Limitações ao poder de tributar.* 7. ed., atualizada por Misabel Abreu Machado Derzi. Rio de Janeiro: Forense, 1997, p. 577.

191. SCHOUERI, Luís Eduardo. *Direito tributário.* 2. ed. São Paulo: Saraiva, 2012, p. 328. Segundo o autor, tal regra reconhece a razoabilidade de empenho, pelo cidadão, de metade de sua renda na manutenção e no financiamento do Estado, de forma que as mãos públicas e privadas recebam de forma equivalente.

FERNANDO FERREIRA CASTELLANI

houver instituído (a União Federal, no caso), condicionando-se, ainda, a aferição do grau de insuportabilidade econômico-financeira, à observância, pelo legislador, de padrões de razoabilidade destinados a neutralizar excessos de ordem fiscal eventualmente praticados pelo Poder Público. Resulta configurado o caráter confiscatório de determinado tributo, sempre que o efeito cumulativo resultante das múltiplas incidências tributárias estabelecidas pela mesma entidade estatal afetar, substancialmente, de maneira irrazoável, o patrimônio e/ou os rendimentos do contribuinte. O Poder Público, especialmente em sede de tributação (as contribuições de seguridade social revestem-se de caráter tributário), não pode agir imoderadamente, pois a atividade estatal acha-se essencialmente condicionada pelo princípio da razoabilidade.[192]

---

192. STF, Medida Cautelar em ADI 2.010. Distrito federal, relator Celso de Mello, julgamento em 30.09.1999. A ação analisará a constitucionalidade da cobrança de contribuição de inativos, no patamar de 25%, que, em conjunto com o imposto sobre a renda, somavam mais de 47%. Segue, ainda, parte do acordão, de grande valia: *"A contribuição de seguridade social possui destinação constitucional específica.* A contribuição de seguridade social não só se qualifica como modalidade autônoma de tributo (*RTJ* 143/684), como também representa espécie tributária essencialmente vinculada ao financiamento da seguridade social, em função de específica destinação constitucional. A vigência temporária das alíquotas progressivas (art. 2º da Lei nº 9.783/99), além de não implicar concessão adicional de outras vantagens, benefícios ou serviços rompendo, em consequência, a necessária vinculação causal que deve existir entre contribuições e benefícios (*RTJ* 147/921) constitui expressiva evidência de que se buscou, unicamente, com a arrecadação desse *plus*, o aumento da receita da União, em ordem a viabilizar o pagamento de encargos (despesas de pessoal) cuja satisfação deve resultar, ordinariamente, da arrecadação de impostos. *Razões de estado não podem ser invocadas para legitimar o desrespeito à supremacia da Constituição da República.* A invocação das razões de Estado além de deslegitimar-se como fundamento idôneo de justificação de medidas legislativas representa, por efeito das gravíssimas consequências provocadas por seu eventual acolhimento, uma ameaça inadmissível às liberdades públicas, à supremacia da ordem constitucional e aos valores democráticos que a informam, culminando por introduzir, no sistema de direito positivo, um preocupante fator de ruptura e de desestabilização político-jurídica. Nada compensa a ruptura da ordem constitucional. Nada recompõe os gravíssimos efeitos que derivam do gesto de infidelidade ao texto da Lei Fundamental. A defesa da Constituição não se expõe, nem deve submeter-se, a qualquer juízo de oportunidade ou de conveniência, muito menos a avaliações discricionárias fundadas em razões de pragmatismo governamental. A relação do Poder e de seus agentes, com a Constituição, há de ser, necessariamente, uma relação de respeito. Se, em determinado momento histórico, circunstâncias de fato ou de direito reclamarem a alteração da Constituição, em ordem a conferir-lhe um sentido de maior contemporaneidade, para ajustá-la, desse modo, às novas exigências ditadas por necessidades políticas, sociais ou econômicas, impor-se-á a prévia modificação do texto da Lei Fundamental, com estrita observância das limitações e do

O IMPOSTO SOBRE A RENDA E AS DEDUÇÕES DE NATUREZA CONSTITUCIONAL

A presente decisão sistematiza pontos importantes na análise, apesar de não criar regra-padrão para todos os casos. Define, entre outras coisas, que o excesso, caracterizador da proibição, não está limitado a um único tributo, mas à tributação como um todo. Isso permite, dentre outras coisas, a análise da correção do sistema tributário, ao menos nas esferas de competência (federal, estadual e municipal). O somatório das cargas pode mostrar-se confiscatório, ainda que, individualmente, os tributos apontem alíquotas razoáveis.

Há muito tempo, a jurisprudência pacificou, ainda, o entendimento de aplicação de tais restrições, inclusive as sanções. Em recente decisão, o tribunal constitucional nacional indicou como limite razoável às multas moratórias o patamar de 25%.[193]

---

processo de reforma estabelecidos na própria Carta Política. *A defesa da Constituição da República representa o encargo mais relevante do Supremo Tribunal Federal.* O Supremo Tribunal Federal - que é o guardião da Constituição, por expressa delegação do Poder Constituinte não pode renunciar ao exercício desse encargo, pois, se a Suprema Corte falhar no desempenho da gravíssima atribuição que lhe foi outorgada, a integridade do sistema político, a proteção das liberdades públicas, a estabilidade do ordenamento normativo do Estado, a segurança das relações jurídicas e a legitimidade das instituições da República restarão profundamente comprometidas. O inaceitável desprezo pela Constituição não pode converter-se em prática governamental consentida. Ao menos, enquanto houver um Poder Judiciário independente e consciente de sua alta responsabilidade política, social e jurídico-institucional." Disponível em: <http://goo.gl/qP1eDP>. Acesso em: 7 ago. 2015.

193. STF, Recurso Extraordinário 754.554, Goiás, Relator ministro Celso de Mello, julgado em 21.08.2013. "Cabe esclarecer, na linha do correto parecer da douta Procuradoria- Geral da República, que os tributos em geral – e, por extensão, qualquer penalidade pecuniária oriunda do descumprimento de obrigações tributárias principais ou acessórias – não poderão revestir-se de efeito confiscatório. Mais do que simples proposição doutrinária, essa asserção encontra fundamento em nosso sistema de direito constitucional positivo, que consagra, de modo explícito, a absoluta interdição de quaisquer práticas estatais de caráter confiscatório, ressalvadas situações especiais taxativamente definidas no próprio texto da Carta Política (art. 243 e seu parágrafo único). Essa vedação – que traduz consequência necessária da tutela jurídico-constitucional que ampara o direito de propriedade (CF, art. 5º, incisos XXII, XXIV e XXV; art. 182, § 2º, e art. 184, *caput*) – estende-se, de maneira bastante significativa, ao domínio da atividade tributária do Estado. Os entes estatais não podem utilizar a extraordinária prerrogativa político-jurídica de que dispõem em matéria tributária, para, em razão dela, exigirem prestações pecuniárias

5.5.1. Contextualização do não confisco e sua definição

Uma das grandes dificuldades para a definição de um conteúdo objetivo para o princípio do não confisco está, inicialmente, em sua característica empírica. Renato Lopes Becho assim se manifesta:

> O juízo há pouco elaborado, *as leis tributárias são confiscatórias*, não pode ser *a priori*, pois tais leis podem ser confiscatórias assim como podem ser não confiscatórias. Com isso, verificamos que as leis só podem ser confiscatórias, ou não, conhecendo-as como a experiência. Disso decorre que o juízo formulado é sintético e só

---

de valor excessivo que comprometam, ou, até mesmo, aniquilem o patrimônio dos contribuintes. O ordenamento normativo vigente no Brasil, ao definir o estatuto constitucional dos contribuintes, proclamou, em favor dos sujeitos passivos que sofrem a ação tributante do Estado, uma importante garantia fundamental que impõe, *ope constitutionis*, aos entes públicos dotados de competência impositiva, expressiva limitação ao seu poder de tributar. Trata-se da vedação, que, tendo por destinatários a União Federal, os Estados-membros, o Distrito Federal e os Municípios, proíbe-lhes a utilização do tributo 'com efeito de confisco' (CF, art. 150, inciso IV). Revela-se inquestionável, dessa maneira, que o "quantum" excessivo dos tributos ou das multas tributárias, desde que irrazoavelmente fixado em valor que comprometa o patrimônio ou que ultrapasse o limite da capacidade contributiva da pessoa, incide na limitação constitucional, hoje expressamente inscrita no art. 150, IV, da Carta Política, que veda a utilização de prestações tributárias com efeito confiscatório, consoante enfatizado pela doutrina (Ives Gandra Martins, *Comentários à Constituição do Brasil*, vol. VI, tomo I, p. 161/165, 1990, Saraiva; Manoel Gonçalves Ferreira Filho, *Comentários à Constituição Brasileira de 1988*, vol. 3/101-102, 1994, Saraiva; Roque Antonio Carrazza, *Curso de direito constitucional tributário*, p. 210, 5. ed., 1993, Malheiros, v.g.) e acentuado pela própria jurisprudência deste Supremo Tribunal Federal (*RTJ* 33/647, Rel. Min. Luiz Gallotti – *RTJ* 44/661, Rel. Min. Evandro Lins – *RTJ* 73/548, Rel. Min. Aliomar Baleeiro – *RTJ* 74/319, Rel. Min. Xavier De Albuquerque – RTJ 78/610, Rel. Min. Leitão de Abreu – *RTJ* 96/1354, Rel. Min. Moreira Alves, v.g.). É relevante observar, com apoio na experiência concreta resultante da prática de nosso constitucionalismo, que houve uma Constituição brasileira – a Constituição Federal de 1934 – que limitou, em tema de sanção tributária, o máximo valor cominável das multas fiscais, restringindo, desse modo, no plano específico da definição legislativa das penalidades tributárias, a atividade normativa do legislador comum. Com efeito, a Constituição Republicana de 1934 prescreveu, em seu art. 184, parágrafo único, que 'As multas de mora, por falta de pagamento de impostos ou taxas lançadas, não poderão exceder de dez por cento sobre a importância em débito' (grifei). O vigente texto constitucional, no entanto, deixou de reeditar norma semelhante, o que não significa que a Constituição de 1988 permita a utilização abusiva de multas fiscais cominada em valores excessivos, pois, em tal situação, incidirá, sempre, a cláusula proibitiva do efeito confiscatório (CF, art. 150, IV)."

O IMPOSTO SOBRE A RENDA E AS DEDUÇÕES DE NATUREZA CONSTITUCIONAL

pode ser verificado *a posteriori*. Por isso, podemos concluir que a afirmação que *as leis tributárias são confiscatórias ou são não confiscatórias* é um juízo que compõe o quadro do conhecimento empírico.[194]

A determinação prévia de patamares confiscatórios, abstratamente considerados, de maneira objetiva, não parece ser um trabalho simples, ou mesmo adequado, juridicamente.

Estevão Horvath pensa deste modo:

> Interessante questão a de cogitar acerca da viabilidade de fixação prévia de limites ao não confisco, ou seja, é possível, viável ou mesmo conveniente tal procedimento? É certa existência de um campo dentro do qual discorre o *quantum* da tributação: ou ela respeitará o direito de propriedade ou será confiscatória. É exatamente dentro desse interregno que se situará o problema dos limites a serem aplicados à atuação do Estado na hora de criar e exigir um tributo. Será útil fixar-se um número percentual, por exemplo, que funcione como regra a ser invocada sempre para se conhecer a confiscatoriedade ou não de um tributo?[195]

O autor ainda pondera que a fixação de tal percentual, se possível, deve ser feita pelo Poder Judiciário, analisando os casos concretos. No campo legislativo, entende possível, apesar de inadequado, a definição constitucional e, eventualmente, por lei complementar tributária, em nítido papel de norma geral.

Sendo, então, a vedação de utilização de tributos com efeito de confisco, um juízo que necessita de construção de

---

194. BECHO, Renato Lopes. *Lições de direito tributário*. Teoria geral e constitucional. São Paulo: Saraiva. 2011, p. 424. O autor faz análise da teoria do conhecimento, diferenciando os chamados juízos analíticos e os chamados juízos sintéticos. "Os juízos analíticos são aqueles estritamente formais, pois 'os predicados de tais juízos nada acrescentam ao sujeito' (REALE, 1996, p. 19), como, por exemplo, afirmar que todas as normas veiculam comandos, pois todas as normas os veiculam. Todavia, se o predicado prescindir do sujeito, mas se mesmo assim expressar algo, estaremos diante de um juízo sintético."

195. HORVATH, Estevão. *O princípio do não-confisco no direito tributário*. São Paulo: Dialética, 2002, p. 118.

significados, trará importante colaboração a teoria dos valores ou axiologia.[196]

Aplicando a teoria de Miguel Reale[197] e Paulo de Barros Carvalho[198], Renato Lopes Becho analisa as onze características dos valores, especificamente para o princípio do não confisco tributário. Vejamos.

1. Bipolaridade: Todo valor tem seu oposto, um desvalor. Em decorrência da existência do valor *vedação de tributação confiscatória*, existe o desvalor *permissão de tributação confiscatória*.

2. Implicação: Os valores implicam-se um nos outros e geram consequências para sua realização. O valor *proibição de tributação confiscatória* implica na justiça tributária, na isonomia, na liberdade, na proteção da propriedade privada, entre outros.

---

196. Renato Lopes Becho, em construção acerca da axiologia aplicada ao princípio do não confisco, desenvolve raciocínio partindo das premissas de Johannes Hessen (HESSEN, Johannes. *Fisolofia dos valores*. Tradução de L. Cabral Moncada. Coimbra: Almedina, 2001), identificando os valores como vivência, como qualidade e como ideia. Enquanto vivência, o não confisco estaria representado pela consciência de que os tributos podem ser excessivos e, portanto, confiscatórios; enquanto valor, o não confisco decorre de preceitos do próprio direito natural, como um valor nato, não existindo necessidade de previsão expressa na Constituição; enquanto ideia, o não confisco deve ser identificado com acontecimentos históricos geradores de confisco, ainda que não tributários. Caminha, ainda, identificando três campos na axiologia: a ética, a estética e a moral. Identifica o não confisco com a ética, na medida em que não apresenta um padrão de estética ou mesmo religioso. Trata-se, evidentemente, de um modelo relacionado à justiça e à liberdade, adentrando, com isso, no campo ético. Destaca, ainda, o plano axiológico do ser, existir e valorar. No campo do ser, o não confisco decorre da previsão constitucional, relacionando-se com o plano da validade jurídica; no campo do existir, o não confisco decorre da aplicação efetiva pelo poder judiciário, em face de uma legislação específica, relacionando-se com o plano da eficácia jurídica; no campo do valorar, o não confisco confunde-se com os campos do ser e do existir, sendo, então, inseparáveis. Por fim, distingue as ciências naturais, nas quais não há juízos de valor, das ciências dos valores, nas quais o intérprete irá valorar os atos humanos. (BECHO, Renato Lopes. *Lições de direito tributário*. Teoria geral e constitucional. São Paulo: Saraiva, 2011, p. 426).

197. REALE, Miguel. *Fisolofia do direito*. 17. ed. São Paulo: Saraiva, 1996, p. 189.

198. CARVALHO, Paulo de Barros. *Curso de direito tributário*. 19. ed. São Paulo: Saraiva, 2004, p. 159.

O IMPOSTO SOBRE A RENDA E AS DEDUÇÕES DE NATUREZA CONSTITUCIONAL

3. Referibilidade: Os valores geram parâmetros e referências para a atuação dos órgãos aplicadores dos institutos influenciados pelo princípio específico. No caso do não confisco, trata-se de uma referência ao legislador, na elaboração das leis tributárias, ao administrador, na quantificação dos valores e ao julgador, na análise dos dispositivos.

4. Preferibilidade: Os valores trazem relações de preferência, ou seja, de prioridade de uma situação sobre a outra. O sistema tributário prefere o tributo não confiscatório, permitindo, com isso, a manutenção da propriedade privada.

5. Incomensurabilidade: Os valores são impassíveis de mensuração, de quantificação objetiva. Da mesma forma que não se pode, de maneira exata e concreta, medir a justiça, não se poderá medir o não confiscatório. Poderemos, obviamente, reconhecer a presença ou não do princípio, mas não sua quantificação.

6. Hierarquização: Os valores submetem-se à classificação hierárquica, ou seja, podemos organizá-los em uma escala de valores. Apesar de essa possibilidade de hierarquização nem sempre ser simples, destaca-se a presença de alguns sobreprincípios. O não confisco ocupa posição de destaque, ao lado da capacidade contributiva, da legalidade, do devido processo legal, dentre outros.

7. Objetividade: Os valores podem ser objetivos ou subjetivos. No primeiro grupo, encontraríamos aqueles passíveis de verificação de sua veracidade ou falsidade, a partir de um conteúdo comum aceito. No segundo grupo, encontraríamos aqueles que dependem de cada indivíduo e de seu conjunto de ideologias, não sendo passíveis de aceitação ou refutação pelos outros. Os valores somente passam a condição de jurídicos quando postos no sistema. Em assim sendo, parece ser certa a afirmação de que valores juridicizados passam a ser, também, objetivos, já que dotados de conteúdo, ainda que com contornos pouco claros. Sempre haverá no sistema um procedimento de controle da validade de seu conteúdo, que lhe garante a objetividade indicada. O princípio do não confisco, então, é objetivo no sentido de ser passível de controle, considerando, ou não, determinada legislação tributária, confiscatória.

8. Historicidade: Os valores são sempre passíveis de registro e de reprodução no tempo. Se assim não fosse, de nada valeriam para o homem, pois não seriam realizáveis. A análise dos elementos históricos serve para construir o conteúdo atual do princípio, usando a experiência anterior como elemento indicativo. O princípio do não confisco tem seu aspecto histórico verificado por atos anteriores caracterizadores de tal efeito.

9. Inexauribilidade: Os valores jamais são esgotados, exauridos ou plenamente alcançados. Sempre haverá a possibilidade de uma nova perspectiva envolvendo um valor, que demandará uma nova interpretação e uma nova verificação. O princípio do não confisco, seja aplicado a um tributo em especial, seja aplicado ao sistema, sempre poderá ser analisado e discutido. Mais que isso, o sistema tributário não é estático, o que permitirá, sempre, em cada nova figura tributária, novo exercício de competência ou simplesmente novo lançamento, analisar e contestar o respeito, ou não, ao valor representado pelo princípio do não confisco. Trata-se, assim, de um caminho sem fim.

10. Realizabilidade: os valores jamais se esgotam, mas sempre se realizam. Se assim não for, de nada valerá ao homem. O princípio do não confisco sempre será realizado em cada tributação, justa ou adequada, realizada; da mesma forma, a vedação do confisco será realizada em cada manifestação judicial, afastando um determinado tributo por sua excessiva onerosidade.

11. Atributividade: Os valores são preenchidos de conteúdo pela atitude do sujeito cognoscente, que lhe atribui significação a partir de um núcleo de ideologias. Atribui-se qualidade, positiva ou negativa, valorando ou desvalorando um bem. O valor da vedação do confisco tributário decorre

O IMPOSTO SOBRE A RENDA E AS DEDUÇÕES DE
NATUREZA CONSTITUCIONAL

da atribuição de um conteúdo positivo ou negativo a uma determinada legislação ou lançamento. A inexistência de passividade ou indiferença do intérprete caracteriza esse atributo.

Conforme se percebe pela análise, o princípio do não confisco trata-se de um valor, já que preenche a totalidade de suas características ou notas de identificação.

Com isso, percebemos que a discussão inicial, motivadora dos apontamentos desse item, não pode prosperar. Não há possibilidade lógica, em se reconhecendo o não confisco como um valor, de mensurá-lo, de forma genérica, para a totalidade das situações.

Dessa forma, sua medida, sua definição, seu respeito ou violação somente poderão ser verificados pelo aplicador do valor, que ponderará todos os seus elementos.

Esse aplicador, no nosso sistema, com força e capacidade de modificação do sistema, é, em regra, o Poder Judiciário. A análise dos elementos da lei instituidora do tributo e de sua quantificação, feitos com base em um caso concreto e efetivo, levarão ao reconhecimento da presença ou ausência do valor correspondente ao princípio jurídico da vedação do confisco.

Com Estevão Horvath, temos:

> Apesar de todo o esforço que se despenda com vistas à formulação mais concreta do que possa corresponder quantitativamente o não confisco em termos de adequação da lei tributária à razoabilidade, pensamos que somente se poderá saber se o importe tributário é ou não razoável analisando-se cada caso concreto e levando-se em conta, consoante adverte Gustavo Naveira, as condições de tempo e lugar e os fins econômicos e sociais de cada imposto.[199]

Eis a capacidade contributiva em sua essência.

---

199. HORVATH, Estevão. *O princípio do não-confisco no direito tributário*. São Paulo: Dialética, 2002, p. 61.

5.6. Os princípios da generalidade, universalidade e progressividade

A Constituição Federal estabelece, expressamente, alguns princípios específicos para o imposto sobre a renda, tributo informado pelos princípios da universalidade, da generalidade e da progressividade.

Inicialmente, é importante atestar que tais enunciados são, em sua essência normativa, efetivamente, princípios de aplicação impositiva.

Imprescindível destacar, de início, tal característica, pois, estranhamente, tais enunciados são ignorados e desrespeitados na legislação com anuência inaceitável da jurisprudência.

A Constituição Federal, ao prever esses princípios específicos, utilizou-se da expressão *critérios*. Essa variação textual, contudo, não pode dificultar a aceitação de sua condição de princípio constitucional. Ao determinar que o imposto sobre a renda e sua legislação serão *informados* por tais critérios, mostra-se, com clareza, sua função normativa.[200]

O princípio da generalidade apresenta um conteúdo relativamente simples. Por essa regra, pretende-se tratar mediante normas gerais ou genéricas a totalidade das pessoas, ou seja, pretende-se alcançar, pela tributação da renda, todos

---

200. "Realmente, o inciso I do parágrafo 2º, determina que o legislador observe o que ele chama de '*critérios*', mas, que por seu conteúdo, se identificam como princípios informadores do imposto de renda. O texto determina que o imposto de renda '*será informado pelos critérios da generalidade, da universalidade e da progressividade, na forma da lei*', em que o '*será informado*' imperativo demonstra a superioridade inafastável desses princípios, que se impõe sobre a legislação ordinária do tributo. (...) Não obstante esses '*critérios*' serem princípios, decorrem dos valores superiores neles contidos, orientador de toda a legislação sobre o tributo, como se pode notar pelo comando constitucional de que o imposto de renda 'será informado' por eles, em que o verbo '*informar*' contém e exprime todo o sentido de orientação estrutural e necessidade de subserviência das normas que os princípios apresentam." (OLIVEIRA, Ricardo Mariz de. *Fundamentos do imposto de renda*. São Paulo: Quartier Latin, 2008, p. 250).

O IMPOSTO SOBRE A RENDA E AS DEDUÇÕES DE
NATUREZA CONSTITUCIONAL

aqueles que praticarem a conduta descrita como fato gerador do tributo.

A generalidade decorre, obviamente, da isonomia. Não há sentido em direcionar tratamento jurídico diferenciado para pessoas que se encontrem ou não, em situação similar, coerentemente diferenciada por critérios adequados. Não se admitirá, com isso, tributação da renda de maneira diferenciada a partir de características relacionadas à pessoa, mas somente relacionadas à própria renda.

Este princípio é aplicado diretamente tanto no aspecto pessoal do antecedente da norma de tributação como no aspecto pessoal do consequente da norma, ou seja, influenciará a definição do aspecto pessoal do fato gerador, como da obrigação tributária.

Impõe-se, pela generalidade, que todas as pessoas sejam aptas a praticar a materialidade do imposto sobre a renda, seu fato gerador, como também a serem eleitas como sujeitos passivos da obrigação decorrente.[201] Não se admite, então, exclusão de aptidão de auferir renda, nem mesmo de sujeitar-se ao dever de suportar o imposto sobre a renda, por quaisquer motivos.

A evidência, isso não exclui a possibilidade de imunidades, isenções e outras figuras específicas de desoneração, desde que adequadas aos pressupostos jurídicos de sua

---

201. "O Princípio da generalidade informa tanto o critério pessoal do antecedente da norma quanto o critério pessoal do consequente da norma do imposto sobre a renda e proventos de qualquer natureza. Esse princípio impõe que todas as pessoas que auferirem renda e proventos de qualquer natureza, independentemente das características pessoais (sexo, estado civil, raça, espécie de ocupação profissional ou função exercida, origem etc.), serão obrigadas a se submeter à imposição tributária. Objetiva afastar qualquer espécie de discriminação ou de privilégio de índole pessoal não autorizado pela Constituição. As denominadas isenções pessoais odiosas vão de encontro a esse princípio constitucional. Desde que um sujeito possua capacidade contributiva, salvo disposição constitucional em contrário, deve pagar o imposto. Daí afirmar-se que o princípio da generalidade resulta dos princípios da igualdade e da capacidade contributiva (neste caso, subjetiva)." (QUEIROZ, Luís Cesar de Souza. *Imposto sobre a renda*: requisitos para uma tributação constitucional. Rio de Janeiro: Forense, 2003, p. 98).

140

institução[202]. Não afasta, ainda, a existência de diferenciações importantes na tributação da pessoa física e jurídica, desde que o tratamento para cada grupo seja de caráter geral.

Vale destacar que Ricardo Mariz de Oliveira adota, para a generalidade, um conceito que envolve, também, os fatores da produção da renda. Em suas palavras, exige-se, por esse princípio, que todo e qualquer acréscimo patrimonial deve ser tratado de maneira idêntica, independentemente das origens dos fatos econômicos geradores da renda.

> Generalidade significa tratar todas as situações sob uma norma geral, no sentido de ser aplicável a todos os contribuintes e em contraposição à seletividade. Generalidade significa que o imposto deve tratar por igual todo e qualquer aumento patrimonial, independentemente dos tipos de renda ou de proventos que contribuam para a sua formação, além de dever ser independente de quaisquer outras circunstâncias externas ao contexto da hipótese de incidência. (...) Para o imposto sobre a renda, o que importa é ter havido aumento patrimonial, e pouco contam outros fatores que não sejam o próprio resultado verificado, consistente no aumento de patrimônio, motivo pelo qual a carga tributária deve ser igual sobre dois patrimônios que tenham tido o mesmo montante de aumento, embora por fontes diversas.[203]

Atenta, ainda, que o princípio da generalidade afasta a possibilidade de aplicação da extrafiscalidade e da seletividade.

---

202. "Eventuais isenções somente são admitidas quando rendem homenagem ao princípio da igualdade e, por extensão, ao da capacidade contributiva. Melhor explicando, elas somente podem ser concedidas quando levam em conta objetivos constitucionalmente consagrados (proteção à velhice, à família, à cultura, aos deficientes mentais, aos doentes incuráveis, aos economicamente mais fracos – isto é, que revelam incapacidade econômica para suportar o encargo fiscal sem se privarem do mínimo vital – e, assim por diante). Registramos que em matéria de IR também poderá haver – sem prejuízo do critério da generalidade – incentivos e benefícios fiscais 'destinados a promover o equilíbrio socioeconômico entre as diferentes regiões do país' (art. 151, I da CF)." (CARRAZZA, Roque Antonio. *Imposto sobre a renda*. Perfil constitucional e temas específicos. 2. ed. São Paulo: Malheiros, 2006, p. 66).

203. OLIVEIRA, Ricardo Mariz de. *Fundamentos do imposto de renda*. São Paulo: Quartier Latin, 2008, p. 253.

O IMPOSTO SOBRE A RENDA E AS DEDUÇÕES DE
NATUREZA CONSTITUCIONAL

O princípio da universalidade apresenta também um conteúdo relativamente simples.

Por esse critério, o imposto sobre a renda deve alcançar a totalidade dos acréscimos auferidos pelo sujeito passivo, em território nacional ou estrangeiro[204], independentemente de quaisquer características específicas de tal fonte.

Sua atuação é sentida no antecedente da norma tributária e em seu consequente. Na definição do fato gerador, admite-se que todos os fatos que indiquem a prática da materialidade do imposto devem ser considerados, independentemente de suas fontes, origens ou natureza. Na definição do elemento quantitativo da obrigação tributária, especificamente a base de cálculo do imposto, exige-se que tais fatos sejam considerados em sua plenitude, ou seja, universalmente.[205]

A universalidade é tratada por Ricardo Mariz de Oliveira da seguinte forma:

---

204. A tributação da renda auferida no exterior é fato imponível para a legislação do imposto sobre a renda, desde que haja vinculação do sujeito passivo com o Brasil (critério de conexão – domicílio fiscal). Importante lembrar que essa regra pode ser mitigada com a existência de acordos internacionais destinados a evitar a tributação em duplicidade, nos dois países (critério de fonte pelo país do local da renda e critério do domicílio pelo outro país).

205. "Por sua vez, o princípio da universalidade informa tanto o critério material do antecedente ('fato gerador') quanto um dos aspectos do critério material quantitativo do consequente – a base de cálculo – da norma do imposto sobre a renda e proventos de qualquer natureza. De acordo com esse princípio, todos os fatos, positivos e negativos, que contribuam para a identificação do conceito de renda ou proventos de qualquer natureza, deverão ser materialmente considerados para que ocorra tal tributação. Costuma-se afirmar que o princípio da universalidade é corolário dos princípios da igualdade e da capacidade contributiva (nesta hipótese, a objetiva)." Mais a frente, assim o conceitua: "...é o complemento, necessário e condicionante, do aspecto declaração prescritiva do antecedente das normas constitucionais de produção normativa relativas ao IR, portador de elevada carga axiológica, o qual exige que, ao se produzir a norma complementar de produção normativa relativa ao IR ou a norma do IR, seja, respectivamente, determinado ou incluído como critério material do antecedente e como base de cálculo (no critério material quantitativo do consequente) o conceito 'renda e proventos de qualquer natureza' o qual deve ser informado por todos os fatos (positivos e negativos) que contribuam par aa sua identificação, não importando quais sejam sua fontes, origens ou natureza." (QUEIROZ, Luís Cesar de Souza. *Imposto sobre a renda:* requisitos para uma tributação constitucional. Rio de Janeiro: Forense, 2003. p. 99).

> O princípio da universalidade significa que todo o patrimônio do contribuinte deve ser considerado na sua integralidade, sem qualquer fracionamento, seja no seu marco inicial de comparação (no momento inicial do período de apuração), seja no seu marco final (no momento final do período de apuração), portanto, também, quanto às suas mutações ocorridas no período. Ou seja, o princípio da universalidade requer que sejam considerados todos os – a universalidade dos – fatores positivos e negativos que compõem o patrimônio no início e no final do período de apuração, bem como a universalidade de todos os fatores que o aumentam ou diminuem dentro desse período de tempo fixado pela lei.[206]

Importante perceber, contudo, que a universalidade não estará definida somente pela análise dos momentos iniciais e finais, mas também as mutações patrimoniais ou consumo. A universalidade do imposto sobre a renda pressupõe a consideração de toda e qualquer renda, no exato momento em que ocorre. Ao final do período, se verificará o resultado de tais variações.

Roque Carrazza com isso concorda.

> O critério da universalidade também impede que apenas uma parte dos rendimentos obtidos pelo contribuinte seja levada à tributação, ainda que isso possa revelar-se, na prática, socialmente justo e economicamente adequado, como ocorreria caso os salários menos expressivos não fossem alcançados pelo imposto em tela. Pelo contrário, a renda e os proventos de qualquer natureza devem ser visualizados como um todo, de sorte a desvendar o real acréscimo patrimonial experimentado pelo contribuinte durante o período aquisitivo.[207]

Ou, ainda, com Mary Elbe:

> Relativamente ao imposto sobre a renda, a universalidade impõe que a incidência do imposto deverá alcançar todas as rendas e

---

206. OLIVEIRA, Ricardo Mariz de. *Fundamentos do imposto de renda*. São Paulo: Quartier Latin, 2008, p. 255.

207. CARRAZZA, Roque Antonio. *Imposto sobre a renda*. Perfil constitucional e temas específicos. 2. ed. São Paulo: Malheiros, 2006, p. 66.

O IMPOSTO SOBRE A RENDA E AS DEDUÇÕES DE
NATUREZA CONSTITUCIONAL

proventos de qualquer espécie, independentemente de denominação ou fonte, que deverão ser consideradas no seu conjunto. O sentido mais adequado é que a apuração da base de cálculo do imposto, que deverá ocorrer em um dado instante, abranja o total de rendimentos que for percebido em determinado período de tempo fixado na lei (periodicidade) como necessário para que se possa aferir a real capacidade contributiva dos sujeitos.[208]

Diante da imposição, por força do princípio da universalidade, da necessidade de incidência do imposto de renda sobre a totalidade das rendas auferidas, independentemente de suas características específicas, fere-se de morte, pela inconstitucionalidade, toda e qualquer tributação sobre a renda em separado, de maneira definitiva ou exclusiva na fonte. Todo impedimento de quantificação da renda, considerada sua totalidade, assim como as despesas e os abatimentos, implicará violação da Constituição Federal.

Roque Carrazza salienta isso:

> Em suma, o contribuinte, por força do princípio da universalidade, há de ter tributada a renda global, ou seja, a totalidade da riqueza nova percebida durante o período de apuração. Deveras, se for tributada por segmentos de renda, isto é, sem que se considere o conjunto dos rendimentos auferidos, acaba recolhendo além da conta, já que se vê privado das deduções e abatimentos que a legislação o autoriza a fazer. É o que está ocorrendo – de modo inconstitucional, frise-se – com os rendimentos provenientes do 13º salário, de aplicações financeiras, de aplicações em fundos de investimentos financeiros (FIF), de aplicações em fundos de investimentos no exterior, de loterias, de sorteios, e assim avante.[209]

---

208. QUEIROZ, Mary Elbe. *Imposto sobre a renda e proventos de qualquer natureza.* Barueri: Manole, 2004, p. 37.

209. CARRAZZA, Roque Antonio. *Imposto sobre a renda.* Perfil constitucional e temas específicos. 2. ed. São Paulo: Malheiros, 2006, p. 67. O autor continua: "Inconstitucional o sistema de fonte definitivo, em que o recolhimento do IR faz-se de uma única vez, sem a possibilidade de posteriores compensações com prejuízos, despesas necessárias, deduções legalmente autorizadas etc."

FERNANDO FERREIRA CASTELLANI

De fato, não existe amparo constitucional para a tributação exclusiva ou definitiva. Considerar uma renda auferida, em separado, é atentar contra o princípio da universalidade, sem autorização constitucional.

E não enxergamos eventual conflito de princípios ou mesmo mitigação com base em interesse maior para tal exceção. Nada a justifica, em nosso sentir.

Por último, temos o princípio da progressividade, tão característico no imposto sobre a renda.

O princípio da progressividade é uma decorrência direta do princípio da isonomia e da capacidade contributiva. Trata-se, em regra, de uma técnica para a implementação dos valores expressos nos princípios citados.

São palavras de Roque Carrazza:

> A progressividade no IR encontra seus parâmetros mínimo e máximo nos princípios da igualdade e da capacidade contributiva. Máximo, quando causa a percepção de montantes que extravasam a capacidade econômica do contribuinte, a ponto de tornar o tributo confiscatório. E mínimo, quando incide sobre a parcela de renda necessária à subsistência do contribuinte e de seus dependentes econômicos.[210]

Explicando: pela isonomia, admitimos a tributação diferenciada das pessoas. O critério definidor das diferenças e semelhanças (critério de discriminação) admitidas no direito tributário é, em regra, a capacidade contributiva. Assim, admite-se a tributação diferenciada para diferenciadas capacidades contributivas. A forma de aplicar essa conclusão, na tributação, é a progressividade.

Esse princípio estabelece um sistema de alíquotas variáveis, a partir das variações da base de cálculo do tributo. Trata-se de grandezas diretamente proporcionais. Aumenta-se a

---

210. CARRAZZA, Roque Antonio. *Imposto sobre a renda*. Perfil constitucional e temas específicos. 2. ed. São Paulo: Malheiros, 2006, p. 69.

145

O IMPOSTO SOBRE A RENDA E AS DEDUÇÕES DE NATUREZA CONSTITUCIONAL

capacidade contributiva, aumenta-se a tributação. Nada mais adequada para *tratar igualmente os iguais e desigualmente os desiguais, na medida de suas desigualdades.*

Em outras palavras, a legislação deve implementar alíquotas variáveis, crescendo de acordo com a ampliação da renda tributável auferida.[211]

A progressividade do imposto sobre a renda é uma forma importante de praticar a justiça fiscal, além de permitir uma melhor distribuição da renda, já que onerará de maneira mais intensa os mais capacitados economicamente.

Na atual sistemática do imposto, temos uma tentativa de implementação do princípio da progressividade, de alcance limitado, em nossa visão.

Para as pessoas físicas, as alíquotas aplicáveis, para o ano-calendário de 2015, são representadas pelos seguintes patamares: 0 (zero), 7,5%, 15%, 22,5% e 27,5%. Para as pessoas jurídicas, tem-se uma alíquota única de 15%, com adicional de 10% para as rendas tributáveis mensais superiores a R$ 20.000,00.

A aplicação dos percentuais indicados e as faixas de renda correspondente são definidas pela legislação. Importante perceber que a alíquota efetiva somente deve incidir sobre o intervalo a ela reservado. Vejamos a tabela vigente para o ano de 2015, para valores de rendas mensais e suas respectivas alíquotas:

---

211. "Na imposição dos tributos, a progressividade sintetiza-se por meio de alíquotas crescentes e progressivas, em função do aumento das respectivas bases de cálculos, isto é, a incidência do tributo aumenta em percentuais à medida que aumentam as grandezas de valores que compõem a base de cálculo." (QUEIROZ, Mary Elbe. *Imposto sobre a renda e proventos de qualquer natureza*. Barueri: Manole, 2004, p. 39).

TABELA PROGRESSIVA ANUAL DO IRPF – Ano-calendário 2015

Base de cálculo (R$)	Alíquota (%)	Parcela a deduzir do IR (R$)
Até 1.903,98	-	
De 1.903,99 até 2.826,65	7,5	142,80
De 2.826,66 até 3.751,05	15	354,80
De 3.751,06 até 4.664,68	22,5	636,13
Acima de 4.664,68	27,5	869,36

A tabela colacionada indica, em uma coluna, o item *parcela a deduzir*. Esse valor é calculado para impedir que a alíquota de uma faixa incida sobre os valores da faixa anterior. Se essa técnica não existisse, teríamos a aberração de que pequenos ganhos extras pudessem implicar uma tributação maior e um valor líquido final menor.

Esse sistema é, como dito, parcialmente progressivo.

Independentemente dos graves problemas de deduções permitidas pelo sistema, a própria definição das alíquotas, por si só, não alcança, em sua plenitude, a progressividade esperada em um sistema aplicável a pessoas, físicas e jurídicas, capacidades contributivas enormemente diferentes. Fala-se, no imposto sobre a renda pessoa jurídica, de apenas duas faixas de alíquotas; no imposto de renda pessoa física, em quatro faixas de tributação. Parece pouco para um sistema que pretende, de fato, diferenciar as pessoas pela efetiva capacidade econômica.

Mas a situação é ainda pior. Quando pensamos na alíquota efetiva, ou seja, a alíquota real considerando os valores em cada faixa de renda, percebemos que temos, a partir de um determinado momento, um sistema meramente proporcional.[212]

---

212. Sistema proporcional é aquele que utiliza alíquota fixa, o que implica em uma tributação proporcionalmente idêntica em todas as faixas de renda. O sistema progressivo, por sua vez, é aquele que se utiliza de diferentes alíquotas, tributando de

O IMPOSTO SOBRE A RENDA E AS DEDUÇÕES DE NATUREZA CONSTITUCIONAL

Paulo Ayres Barreto, em trabalho sobre o imposto de renda pessoa física, utilizando dados da legislação vigente em 2004, organizou a seguinte tabela[213]:

Remuneração (R$)	Alíquota nominal (%)	Alíquota efetiva (%)
até 1.058	0	0
1.100,00	15	0,6
1.500,00	15	4,4
3.000,00	27,5	13,4
6.000,00	27,5	20,4
30.000,00	27,5	26,1
100.000,00	27,5	27,1
1.000.000,00	27,5	27,46

Pela tabela, percebe-se que a partir de uma determinada renda (R$ 3.000,00) não se tem variação da alíquota nominal. Trata-se, em nosso sentir, de um valor muito baixo para representar a alíquota nominal máxima. Mas, se pensarmos em alíquota efetiva, a situação não muda muito. A partir de determinado valor (R$ 30.000,00), a variação da alíquota efetiva é nula. Na verdade, em um intervalo consideravelmente dilatado, ao menos para a realidade econômica do Brasil (de R$ 6.000,00 para R$ 30.000,00), a variação da alíquota efetiva é praticamente irrisória.

O mesmo raciocínio, aplicado à pessoa jurídica, demonstra situação ainda pior, já que temos apenas duas alíquotas e um valor muito pequeno indicativo da aplicação do adicional de alíquota.

---

maneira mais intensa as faixas de maiores rendas.

213. BARRETO, Paulo Ayres. O imposto sobre a renda: pessoa física, pessoa jurídica e regime de fonte. *Curso de iniciação em direito tributário*. São Paulo: Dialética, 2004, p. 129. O autor refere-se à alíquota nominal como a indicada pela lei e alíquota efetiva decorrente da aplicação das parcelas a deduzir.

Remuneração (R$)	Alíquota nominal (%)	Valor	Alíquota efetiva (%)
10.000,00	15	1.500,00	15,00
15.000,00	15	2.250,00	15,00
20.000,00	15	3.000,00	15,00
30.000,00	15+10	5.500,00	18,33
100.000,00	15+10	23.000,00	23,00
200.000,00	15+10	48.000,00	24,00
400.000,00	15+10	98.000,00	24,50
1.000.000,00	15+10	248.000,00	24,80
2.000.000,00	15+10	498.000,00	24,90
4.000.000,00	15+10	998.000,00	24,95
20.000.000,00	15+10	4.998.000,00	24,99

Pela tabela, percebe-se que uma empresa que tenha renda tributável a partir de R$ 100.000,00 mensais, a tributação mantém-se em patamar quase idêntico, ainda que a capacidade contributiva seja aumentada em mais de 200 vezes. Não temos, aqui, uma progressividade efetiva, mas apenas formal.

Os três princípios aplicáveis ao imposto sobre a renda têm grande importância e, infelizmente, não têm sido objeto de correto trato, na medida em que sistemas incompatíveis com a Carta Magna permanecem em nosso sistema, a rigor, sem serem incomodados.[214]

Por fim, vale a ressalva de Ricardo Mariz de Oliveira:

> Em suma, os três princípios do inciso I do paragrafo 2º do art. 153 se entrelaçam e se interpenetram, exigindo-se, reciprocamente, na busca de uma tributação tecnicamente mais apurada. Quer dizer, eles formam um conjunto orgânico e sistemático de princípios, ou melhor, apenas pelo respeito aos três e pela sua aplicação conjunta é possível obter o resultado perseguido por cada um de per si, daí sendo esse resultado dependente do uso

---

214. Cite-se, como exemplo, a tributação em separado do ganho de capital e aplicações financeiras, que configuram nítida violação aos princípios da progressividade e da universalidade, na medida em que não medem o efetivo acréscimo patrimonial, mas apenas o resultado isolado de uma operação.

O IMPOSTO SOBRE A RENDA E AS DEDUÇÕES DE
NATUREZA CONSTITUCIONAL

orgânico e sistemático do seu conjunto. Outrossim, a conjunta ingerência de todos esses princípios na legislação ordinária deve refletir a essência do imposto de renda, tal como concebido constitucionalmente.[215]

---

215. OLIVEIRA, Ricardo Mariz de. *Fundamentos do imposto de renda*. São Paulo: Quartier Latin, 2008, p. 260.

CAPÍTULO VI
SISTEMATIZAÇÃO DAS DEDUÇÕES RELACIONADAS AOS DIREITOS FUNDAMENTAIS E À PRATICABILIDADE TRIBUTÁRIA

A capacidade contributiva, como visto, é um princípio importante, contextualizado e complementado por uma série de outros princípios e regras.

Inexistirá, ou, ao menos, deveria inexistir, qualquer tributação sobre a faixa de renda relacionada à manutenção da prévia e efetiva garantia do mínimo existencial ou vital. Tais valores são inatingíveis pela tributação, ao menos se respeitados a essência e o conteúdo de tal princípio.

Resta analisar, buscando elementos para a sistematização de identificação de tais valores, o perfil do consumo da família e do cidadão, para, ao menos de forma geral, traçar um adequado modelo para as deduções aplicáveis ao imposto sobre a renda da pessoa física.

Passemos a isso.

O IMPOSTO SOBRE A RENDA E AS DEDUÇÕES DE
NATUREZA CONSTITUCIONAL

6.1. O mínimo existencial e o mínimo existencial digno

Discorre-se, de maneira constante, sobre a necessidade de o Estado garantir, ao cidadão, uma série de direitos e de garantias mínimas, não apenas no campo jurídico, mas principalmente de maneira efetiva, ou seja, no dia a dia das famílias. Fala-se, então, na garantia de uma vida com dignidade.

A Constituição Federal, em seus artigos iniciais, assim dispõe:

> *Art. 1º A República Federativa do Brasil, formada pela união indissolúvel dos Estados e Municípios e do Distrito Federal, constitui-se em Estado Democrático de Direito e tem como fundamentos:*
>
> *(...)*
>
> *II — a cidadania;*
>
> *III — a dignidade da pessoa humana;*
>
> *(...)*
>
> *Art. 3º Constituem objetivos fundamentais da República Federativa do Brasil:*
>
> *I — construir uma sociedade livre, justa e solidária;*
>
> *II — garantir o desenvolvimento nacional;*
>
> *III — erradicar a pobreza e a marginalização e reduzir as desigualdades sociais e regionais;*
>
> *IV — promover o bem de todos, sem preconceitos de origem, raça, sexo, cor, idade e quaisquer outras formas de discriminação.*[216]

É transparente a determinação constitucional para a busca, pelo Estado, da garantia do exercício de uma cidadania digna. Percebe-se, mais que isso, que o Estado deverá tomar medidas concretas para a busca da existência de condições mínimas de sobrevivência com dignidade, sem deixar de atentar para o desenvolvimento nacional.

A definição dessa parcela da riqueza ou patrimônio deveria, ao menos em tese, obedecer a um critério inicial,

---

216. CF, arts. 1º e 3º.

nitidamente objetivo. Natural que se pense na natureza do bem objeto de proteção, sob o prisma da sua essencialidade e relação com a garantia dos direitos mínimos e das necessidades elementares.

Clara a relação, nesse aspecto, do mínimo essencial e o princípio da seletividade, aplicável, principalmente, aos impostos sobre o consumo (ICMS e IPI). Nesses impostos, trabalha-se com a variação de alíquotas a partir da análise da essencialidade ou não do produto, em uma relação de proporção inversa. Com isso, se tributa de maneira mais intensa o produto menos essencial, e de maneira menos intensa, o mais essencial.[217]

---

217. O princípio da seletividade tem uma nítida vertente extrafiscal, no sentido de pretender agir como elemento indutor na prática ou na abstenção de condutas. Apesar disso, nos impostos sobre o consumo, em especial, ao definir como critério definidor da variação a essencialidade dos produtos, acaba por mensurar, ainda que de forma presumida e geral, a capacidade contributiva da faixa de consumo e do respectivo consumidor. "No ápice da escala, a sofrer incidência pelas maiores alíquotas encontram-se os produtos de luxo, que por definição se tornam menos úteis e não essenciais ao consumo do povo, restringindo-se às necessidades das classes mais abastadas. (TORRES, Ricardo Lobo. *Tratado de direito constitucional, financeiro e tributário, Vol. III:* Os direitos humanos e a tributação: Imunidades e isonomia. Rio de Janeiro: Renovar, 2005, p. 441). O conceito de seletividade, contudo, é um conceito aberto e indeterminado, de forma que a legislação e a doutrina poderão atribuir diferentes significados e conteúdos. "Essencialidade não é, entretanto, conceito determinado. Surge, no texto constitucional, de forma aberta, podendo ser preenchido, a par das questões oriundas da justiça distributiva, igualmente por forças de ordem estrutural. Não parece impróprio, nesse sentido, entender 'essencial' um equipamento que possa modernizar o parque industrial, motivando, daí, alíquota seletiva mais reduzida que outro equipamento poluente, cuja produção se deseje desestimular." (SCHOUERI, Luís Eduardo. *Direito tributário.* São Paulo: Saraiva, 2012, p. 385). O autor ainda cita Ruy Barbosa Nogueira, na seguinte passagem: "Quando a Constituição diz que esse imposto será seletivo em função da essencialidade dos produtos, está traçando uma regra para que esse tributo exerça não só função de arrecadação mas também de política fiscal, isto é, que as suas alíquotas sejam diferenciadas, de modo que os produtos de primeira necessidade não sejam tributados ou o sejam por alíquotas menores; os produtos como máquinas e implementos necessários à produção, produtos de combate às pragas e endemias etc., também sofram menores incidências ou gozem de incentivos fiscais; produtos de luxo ou suntuários, artigos de jogos ou vícios etc., sejam mais tributados. Este é o sentido da tributação de acordo com a essencialidade." (NOGUEIRA, Ruy Barbosa. *Direito financeiro:* Curso de direito tributário. 3. ed. São Paulo: José Bushatsky, 1971, p. 90).

O IMPOSTO SOBRE A RENDA E AS DEDUÇÕES DE
NATUREZA CONSTITUCIONAL

Indiscutível a preservação, com tal regra, de produtos relacionados à proteção do mínimo existencial (ao menos, se bem feita a seleção para a definição da variação das alíquotas dos tributos). Aos produtos essenciais, necessários à manutenção da dignidade, estariam reservadas as menores alíquotas, tendente, inclusive, à inexistência da tributação.

Ao mesmo tempo, é razoável que se analise a definição do mínimo existencial a partir de um critério subjetivo. Não podemos deixar de analisar a parcela protegida por tal princípio de forma contextualizada com as características da pessoa, individualmente considerada.[218]

Claro que a individualização não pode ser absoluta, ou seja, considerando cada indivíduo em suas pormenores características, sob pena de inviabilizar a própria aplicação do direito. Pela praticabilidade, moldar-se-á esse critério, conforme veremos.

Entendemos, como bom ponto de partida para a análise da extensão do mínimo existencial protegido, ao menos para fins tributários, como sendo o rol de despesas e de investimentos que deveriam ser garantidos e custeados pelo chamado salário-mínimo.

A Constituição Federal, em seu art. 7º, assim determina:

> Art. 7º São direitos dos trabalhadores urbanos e rurais, além de outros que visem à melhoria de sua condição social:
>
> (...)
>
> IV — salário-mínimo, fixado em lei, nacionalmente unificado, capaz de atender a suas necessidades vitais básicas e às de sua família com **moradia, alimentação, educação, saúde, lazer, vestuário, higiene, transporte e previdência social** (grifo nosso), com

---

218. Mais uma vez, vale a ideia de que duas pessoas de mesma renda, com mesmo patrimônio, podem ter diferentes capacidades contributivas, pois diferentes são os mínimos essenciais, a depender da existência ou não de família vinculada, por exemplo.

reajustes periódicos que lhe preservem o poder aquisitivo, sendo vedada sua vinculação para qualquer fim;[219] *(...).*

O conceito de salário-mínimo, ao menos de acordo com a dicção constitucional, pode ser entendido como o mínimo de remuneração devida no Brasil, para o trabalhador, com o objetivo de garantir a satisfação de uma série finita de direitos.[220]

A Consolidação das Leis do Trabalho (CLT), no art. 76, estabelece que *salário-mínimo* é a contraprestação mínima devida e paga diretamente pelo empregador a todo trabalhador, inclusive ao trabalhador rural, sem distinção de sexo, por dia normal de serviço, e capaz de satisfazer, em determinada época e região do país, as suas necessidades normais de alimentação, habitação, vestuário, higiene e transporte.

Por fim, acompanhando o grande e saudoso professor Amauri Mascaro do Nascimento, referência no Direito do Trabalho, temos que o salário-mínimo "representa, para o direito do trabalho, uma ideia básica de intervenção jurídica na defesa de um nível de vida abaixo do qual será impossível ao homem que trabalha, uma existência digna e compatível com as necessidades elementares de sobrevivência humana."[221]

Percebe-se, seja pelos textos legais, seja pela definição doutrinária, que o chamado salário-mínimo está diretamente relacionado com o chamado mínimo existencial digno.

---

219. O salário-mínimo surgiu no Brasil em meados da década de 1930, mas somente no dia 1º de maio de 1940, com a assinatura do Decreto-Lei 2.162, pelo então presidente Getulio Vargas, foram fixados os valores do piso, que passaram a vigorar a partir do mesmo ano.

220. "Salário-Mínimo é a contraprestação mínima devida e paga diretamente pelo empregador a todo trabalhador, inclusive ao trabalhador rural, sem distinção de sexo, por dia normal de serviço, e capaz de satisfazer as suas necessidades normal de alimentação, habitação, vestuário, higiene e transporte. Praticamente, pois, o salário-mínimo correspondente a matéria de um *quantun* mínimo, indispensável à mantença do empregado em um dia, nele se incluindo, não somente o dinheiro necessário à alimentação." (PLÁCIDO e SILVA. *Dicionário jurídico.* 26. ed.).

221. NASCIMENTO, Amauri Mascaro. *Curso de direito do trabalho.* São Paulo: Saraiva, 2010, p. 830.

O IMPOSTO SOBRE A RENDA E AS DEDUÇÕES DE
NATUREZA CONSTITUCIONAL

Vale destacar uma interessante decisão do STF, acerca dos valores do salário-mínimo. Vejamos:

> A insuficiência do valor correspondente ao salário-mínimo, definido em importância que se revele incapaz de atender às necessidades vitais básicas dos trabalhadores e dos membros de sua família, configura um claro descumprimento, ainda que parcial, da Constituição da República, pois o legislador, em tal hipótese, longe de atuar como o sujeito concretizante do postulado constitucional, que garante à classe trabalhadora um piso geral de remuneração (CF, art. 7º, IV), estará realizando, de modo imperfeito, o programa social assumido pelo Estado na ordem jurídica. As situações configuradoras de omissão inconstitucional – ainda que se cuide de omissão parcial, derivada da insuficiente concretização, pelo poder público, do conteúdo material da norma impositiva fundada na Carta Política, de que é destinatário – refletem comportamento estatal que deve ser repelido, pois a inércia do Estado qualifica-se, perigosamente, como um dos processos informais de mudança da Constituição, expondo-se, por isso mesmo, à censura do Poder Judiciário. Contudo, assiste ao Supremo Tribunal Federal, unicamente, em face dos próprios limites fixados pela Carta Política em tema de inconstitucionalidade por omissão (CF, art. 103, § 2º), o poder de cientificar legislador inadimplente, para que este adote as medidas necessárias à concretização do texto constitucional.[222]

A própria ideia de que tais valores representam um mínimo, afasta, diretamente, a possibilidade de oneração, por meio de tributação, desses valores, sob pena de se impedir a satisfação das necessidades mínimas descritas.

A definição desse valor, monetariamente, torna-se extremamente difícil, diante, até, das grandes diferenças de custo de vida nas diferentes regiões do país. Apesar disso, é clara a determinação de imposição de custeio, por parte do chamado salário-mínimo, de todas essas despesas.

Ao se estabelecer a vinculação do salário-mínimo à quantificação do mínimo existencial, temos, de início, um bom trilho a ser percorrido.

---

222. STF, ADI 1.458-7, rel. ministro Celso de Mello.

Independentemente do valor, queremos destacar a finalidade da remuneração mínima, pautada nos tipos de despesas que devem, obrigatoriamente, ser suportadas.

A norma constitucional elenca as despesas com moradia, alimentação, educação, saúde, lazer, vestuário, higiene, transporte e previdência social. Mais que isso, estabelece que tais despesas referem-se à família, não ao trabalhador isolado.

A rigor, a definição do salário ou do mínimo existencial pode ser feita pela quantificação do valor correspondente ao custo de tais atividades, ou, ainda, de maneira mais simples, afastando a tributação dos valores destinados pelo trabalhador para o custeio de tais despesas.

O que se propõe é muito simples e não é novo. Pretende-se afastar da base de cálculo dos tributos que incidem sobre a renda do trabalhador (representada, de forma inicial, por suas remunerações e salários) todos os valores destinados a essas despesas.

É bem verdade que a legislação do imposto sobre a renda, incidentes sobre os rendimentos das pessoas físicas, já permite, de maneira tímida, o abatimento de partes desses gastos, como a totalidade de despesas com saúde, parte limitada com educação e com dependentes. Mas apenas isso.

A tributação sobre a renda, a rigor, jamais poderia incidir sobre valores destinados ao custeio de educação, em qualquer nível, assim como custeio de moradia (própria ou de terceiros), ou mesmo vestuário, higiene, assim como todas as demais elencadas como de responsabilidade de custeio pelo salário-mínimo.

A ideia, apesar de totalmente coerente no plano jurídico, mostra-se perigosamente imprecisa no plano da isonomia e da praticabilidade.

Em primeiro lugar, as despesas com cada um dos itens indicados no artigo constitucional podem estar dentro dos patamares do essencial, como podem adentrar no plano do

O IMPOSTO SOBRE A RENDA E AS DEDUÇÕES DE NATUREZA CONSTITUCIONAL

supérfluo (alimentação básica e alimentação de itens de extremo requinte; roupas básicas e roupas de costura internacional, e assim por diante).

Existindo essa dificuldade, aparentemente intransponível, o legislador optou por simplesmente ignorar o mandamento constitucional, mantendo a tributação sobre a quase totalidade dos rendimentos do sujeito passivo. Tal opção, a nosso sentir, não é a melhor.

Sendo assim, devemos buscar uma regra ou um critério de redefinição dos valores, em cada uma das despesas descritas, de forma a se manter no plano de essencial, caracterizador do mínimo existencial, e não no plano do supérfluo, caracterizador de valores passíveis de plena tributação.

Para construir essa norma, pensemos, inicialmente, nas atuais regras.

6.2. As atuais regras de deduções no imposto sobre a renda

A definição da base de cálculo de qualquer tributo é um aspecto extremamente importante na tributação. Sua correta medida é uma imposição não apenas da lei instituidora do tributo (lei federal, estadual ou municipal), como também das normas gerais tributárias (lei complementar) e, principalmente, da própria Constituição Federal.[223]

---

223. A base de cálculo tem ligação estreita com a materialidade do tributo, existindo autores que reconhecem como seu mais importante elemento (BECKER, Alfredo Augusto. *Teoria geral do direito tributário*. São Paulo: Noeses, 2012, p. 339). Aires Barreto afirma que "o arsenal de opções de que dispõe o legislador ordinário para escolha da base de cálculo, conquanto vasto, não é ilimitado. Cumpre-lhe erigir critério dimensível consentâneo com o arquétipo desenhado pela Excelsa Lei. Essa adequação é dela mesma extraível, antes e independentemente da existência da norma legal criadora do tributo. As várias possibilidades de que dispõe o legislador ordinário para a adoção da base de cálculo já se contém na constituição". (BARRETO, Aires. *Base de cálculo, alíquota e princípios constitucionais*. 2. ed. São Paulo: Max Limonad, 1998, p. 38).

Conforme muito discorremos, o imposto sobre a renda deve incidir sobre o acréscimo patrimonial decorrente das rendas auferidas, representativo de capacidade contributiva.

Existe, portanto, uma importantíssima e aparentemente simples operação matemática a ser feita. A renda tributável deve ser verificada a partir da totalidade dos rendimentos auferidos,[224] diminuído da totalidade dos gastos considerados essenciais para a materialização e efetivação dos direitos fundamentais e da própria manutenção da fonte produtiva da riqueza. Trata-se, aqui, das deduções da base do imposto.

A Constituição Federal, contudo, assim como o próprio Código Tributário Nacional, não definem os contornos dessas despesas passíveis de dedução. Essa definição é feita, na prática, pela lei ordinária federal, mesma espécie suficiente para a sua instituição e alteração.[225]

O imposto sobre a renda pessoa física, nosso principal escopo de trabalho, tem sua base de cálculo definida pela Lei 7.713/88[226] e as deduções definidas pela Lei 9.250/95.[227]

Apesar de a legislação utilizar-se do termo *rendimento bruto* para referir-se à base de cálculo do imposto, obviamente, isso não significa desvirtuamento, ao menos inicialmente, da regra constitucional. O imposto sobre a renda incide sobre a renda, ou seja, o valor decorrente dos rendimentos brutos, ajustados pelas despesas essenciais, que restará como acréscimo patrimonial.

---

224. Princípio da universalidade.

225. A competência da União para a intuição do imposto sobre a renda está definida no art. 153, III, da CF, sendo exercitada por intermédio de lei ordinária. Como o exercício da competência compreende a efetiva instituição e definição dos elementos essenciais, temos, naturalmente, as regras para a definição da base de cálculo do tributo, o que compreende a definição dos rendimentos considerados e das deduções permitidas. Vale ressaltar, apenas para registro, que é pacífica a orientação de possibilidade de trato de matérias de lei ordinária por lei complementar, sem configurar-se, com isso, violação das regras do processo legislativo.

226. Art. 3º O imposto incidirá sobre o rendimento bruto, sem qualquer dedução, ressalvado o disposto nos arts. 9º a 12 desta Lei.

227. Art. 8º da Lei.

O IMPOSTO SOBRE A RENDA E AS DEDUÇÕES DE
NATUREZA CONSTITUCIONAL

A utilização da expressão *rendimento bruto* na lei nada mais é do que a adoção de uma das técnicas possíveis a serem aplicadas ao imposto sobre a renda.[228] A efetiva medida do *acréscimo patrimonial*, objeto de tributação, será definido após as sucessivas operações de deduções de determinadas despesas.

A legislação elenca, sinteticamente, uma séria de despesas a serem deduzidas da apuração mensal do imposto, assim como algumas despesas a serem deduzidas no cálculo do ajuste anual. Pertencem ao primeiro grupo: despesas relacionadas à percepção da renda e da manutenção da fonte produtora (para rendas decorrentes de trabalhos não assalariados)[229], valores pagos a título de pensão alimentícia, valores fixos por dependente, contribuições para a previdência pública e privada e parcelas isentas de aposentadorias e pensões. Já em relação ao segundo grupo, podemos elencar as seguintes despesas: despesas com saúde, instrução, previdência pública e privada, pensão alimentícia e despesas escrituradas em livro-caixa. Obviamente, algumas despesas descontadas mensalmente, sobre os recolhimentos decorrentes de antecipação, são retratadas também nas deduções anuais, pois são, a rigor, a mesma despesa.

É importante destacar que, em cada uma das despesas elencadas, além de eventuais limitações referentes a valores, temos a seleção, pela legislação, de determinadas espécies de gastos em cada despesa dedutível. A IN 1500 RFB, de 2014, elenca de maneira didática, isso, em seus arts. 86 a 104.

---

228. Para a definição da renda tributável, o legislador poderia definir como base de cálculo inicial o efetivo acréscimo patrimonial decorrente de cada rendimento auferido, o que demandaria o complexo cálculo individualizado, ou simplesmente definir como base de cálculo a totalidade dos rendimentos, permitindo, posteriormente, uma série de deduções da base bruta. Esse foi o caminho adotado pelo legislador pátrio. A rigor, deveríamos, ao menos em tese, chegar ao mesmo resultado.

229. Lei 8.134/90, art. 6º.

O imposto sobre a renda das pessoas jurídicas tem sua base de cálculo definida pela Lei 4.506/64, com suas alterações, e complementada pela Lei 9.249/95.

A renda da pessoa jurídica é definida mediante três possíveis sistemas, chamados de lucro real, presumido ou arbitrado[230]. Evidentemente, o mais adequado e próximo da realidade da materialidade constitucional é o chamado *lucro real*. Essa técnica está intrinsecamente relacionada ao sistema contábil de apuração das sociedades, regulado pela lei societária e normas gerais de contabilidade.

Podemos dizer que o lucro real, base de cálculo do imposto sobre a renda da pessoa jurídica, é o lucro societário ajustado por determinações da legislação tributária.[231]

O lucro real é calculado a partir da receita bruta da pessoa jurídica, conceituada como o resultado das vendas de bens nas operações de conta própria, o preço dos serviços prestados e o resultado auferido nas operações de conta alheia[232].

A partir dessa receita bruta, apura-se a receita líquida de vendas e serviços, descontando-se, para isso, as vendas canceladas, os descontos concedidos incondicionalmente e os impostos incidentes sobre a operação[233]. Excepcionalmente, a legislação prevê taxativamente as hipóteses em que a pessoa jurídica pode deduzir outras parcelas da receita bruta.

---

230. Os sistemas de definição do lucro da pessoa jurídica, chamados de lucro presumido e lucro arbitrado, não implicam a efetiva medida do lucro auferido, já que se referem a presunções adotadas pela lei, opcionais ao contribuinte. Por tal razão, não vamos tecer comentários sobre eles.

231. Lucro real é a base de cálculo do imposto sobre a renda apurada segundo registros contábeis e fiscais efetuados sistematicamente de acordo com as leis comerciais e fiscais. A apuração do lucro real é feita na *parte A* do *Livro de Apuração do Lucro Real* – LALUR, mediante adições e exclusões ao lucro líquido societário do período de apuração (trimestral ou anual) do imposto e compensações de prejuízos fiscais autorizadas pela legislação do imposto de renda.

232. Nessa categoria de receitas, podemos elencar as comissões de vendas, por exemplo.

233. Basicamente, retira-se desse valor os impostos sobre o consumo (II, IPI, ICMS e ISS) e as contribuições sobre o faturamento (PIS e COFINS).

O IMPOSTO SOBRE A RENDA E AS DEDUÇÕES DE
NATUREZA CONSTITUCIONAL

Em uma próxima etapa, busca-se a definição do lucro societário ou lucro líquido, que corresponde à diferença entre a receita líquida e o custo e as despesas dos bens e serviços vendidos.

O lucro societário é a soma algébrica do lucro operacional, dos resultados não operacionais e das participações. O lucro operacional corresponde à diferença entre a receita operacional, decorrente das vendas e dos serviços, e os custos e as despesas operacionais necessárias, usuais e normais à atividade da empresa e à manutenção da respectiva fonte produtora. Trata-se de uma apuração feita com observância dos preceitos da lei comercial[234].

Apurado o lucro líquido societário, aplicam-se os chamados ajustes da lei tributária, compostos de uma série de adições, exclusões e compensações, permitidas pela lei, definindo-se, com isso, o lucro real tributável.

Perceba-se que o lucro real tributário é o lucro real societário ajustado (pelas adições, exclusões e compensações).

Sistematizando as informações, temos:

RECEITA BRUTA

(=)

(+) Resultado de vendas

(+) Resultado de serviços

(+) Operações conta alheia

(+) Outros resultados operacionais

RECEITA LÍQUIDA

(=)

(+) Receita bruta

---

234. Art. 195 do CTN, art. 51 da Lei nº 7.450/85, art. 6º e art. 9º do Decreto-Lei nº 1.598/77, art. 37 da Lei nº 8.981/95, art. 6º e art. 24 da Lei nº 9.249/95 e art. 1º e art. 2º da Lei nº 9.430/96.

(-) Vendas canceladas e devoluções

(-) Descontos incondicionais

(-) Impostos sobre as vendas (IPI, ICMS, ISS, PIS, COFINS, II)

(-) Valores decorrentes de ajuste a valor presente

LUCRO SOCIETÁRIO

(=)

(+) Lucro operacional

(+) Receita operacional

(-) Custos

(-) Despesas necessárias

(+) Resultado não operacional

(+) Participações

LUCRO REAL TRIBUTÁRIO

(=)

(+) Lucro societário

(+) Adições

(-) Exclusões

(-) Compensações de prejuízo fiscal

Apesar de o objeto do presente trabalho não estar relacionado ao imposto sobre a renda da pessoa jurídica, vale, apenas para fins de comparação, a sua análise, ainda que superficial.

Percebe-se que a definição da renda da pessoa jurídica adota um sistema muito mais complexo e efetivo do que na pessoa física. Ao permitir-se, como regra geral, a dedução de

163

O IMPOSTO SOBRE A RENDA E AS DEDUÇÕES DE
NATUREZA CONSTITUCIONAL

todos os custos[235] e as despesas necessárias[236], sem qualquer limitação, naturalmente se consegue apurar um valor correspondente ao acréscimo patrimonial da pessoa jurídica, decorrente da renda, próximo à dicção constitucional pretendida. Sem sombra de dúvidas, a definição da renda tributável da pessoa jurídica é muito mais eficaz do que na pessoa física.

6.2.1. Limitações às deduções na tributação da renda da pessoa física

As deduções de valores, previstos na legislação, tem por objetivo evidente a eleição de determinados gastos considerados essenciais para a preservação dos direitos considerados fundamentais, assim como permitir a preservação da própria vida e da fonte produtora de riquezas.

A quantificação da renda tributável, considerada a renda ajustada pelas despesas essenciais, deve ter por escopo o cabedal de direitos e de garantias fundamentais, previstos na Constituição Federal e demais diplomas legais, nacionais ou internacionais. Importante dizer, de imediato, contudo, que a renda tributável não deve levar em conta toda e qualquer despesa da pessoa física, assim como não deve considerar a totalidade dos valores incorridos em determinadas despesas.

---

235. O custo da produção dos bens ou serviços compreende, obrigatoriamente: a) o custo de aquisição de matérias-primas e quaisquer outros bens ou serviços aplicados ou consumidos na produção, inclusive os de transporte e seguro até o estabelecimento do contribuinte e os tributos não recuperáveis devidos na aquisição ou importação; b) o custo do pessoal aplicado na produção, inclusive na supervisão direta, manutenção e guarda das instalações de produção; c) os custos de locação, manutenção e reparo e os encargos de depreciação dos bens aplicados na produção; d) os encargos de amortização, diretamente relacionados com a produção; e e) os encargos de exaustão dos recursos naturais utilizados na produção. O custo de aquisição de mercadorias destinadas à revenda inclui os gastos de transporte e seguro até o estabelecimento do contribuinte e os tributos não recuperáveis devidos na aquisição ou importação.

236. As despesas realizadas pela pessoa jurídica, segundo sua origem, natureza e tipo podem ser dedutíveis ou indedutíveis na apuração da base de cálculo do lucro real e da contribuicão sobre o lucro, no momento em que forem incorridas e quando do forem necessárias, usuais ou normais e comprovadas.

Precisamos buscar, então, o razoável em cada modalidade. Explico.

É razoável que a quantificação da renda tributável considere despesas com saúde, por exemplo. Mas seria, talvez, permissivo ao extremo, permitir a dedução de despesas com tratamentos meramente estéticos, não relacionados, portanto, à saúde. É razoável que se considere as despesas com educação ligadas à mensalidade escolar e material escolar. Mas seria, talvez, exagerado permitir a dedução de gastos com cursos de objetivo nitidamente não profissional, ou mesmo a totalidade de material escolar adquirido.

O que se pretende, com esse raciocínio, é identificar que as deduções no cálculo da renda tributável decorrem de uma prévia seleção, pautada nos critérios jurídicos decorrentes da matriz constitucional do imposto sobre a renda. Esse arquétipo imporá, com isso, as deduções possíveis, mediante a eleição de determinadas despesas (tipificação, em um aspecto qualitativo) e a definição de determinados limites (medição efetiva ou arbitramento, em um aspecto quantitativo).

A legislação atual usa exatamente esse modelo.

Conforme já identificado, a legislação do imposto sobre a renda elenca uma série de despesas passíveis de dedução do cálculo do imposto.

Na perspectiva da tipificação, temos as despesas com saúde, educação, previdência pública e privada, pensão alimentícia, dependentes e despesas escrituradas em livro-caixa. Inserida na própria tipificação, a legislação seleciona e restringe determinados gastos, por considerá-los não essenciais. Podemos elencar, para a educação, por exemplo, valores destinados à aquisição de material escolar, livros, uniformes, ou ainda destinados ao custeio de aulas particulares ou de cursos preparatórios para vestibulares ou concursos públicos.[237]

---

237. IN 1.500, de 2014, da RFB. Art. 92. Não se enquadram no conceito de despesas com instrução: I - as despesas com uniforme, material e transporte escolar, as

O IMPOSTO SOBRE A RENDA E AS DEDUÇÕES DE
NATUREZA CONSTITUCIONAL

Ainda sem adentrarmos na crítica a essa enumeração, percebe-se, com clareza, que a norma tributária tipificou as situações consideradas relevantes para a manutenção da vida digna. Todos os demais gastos são considerados opcionais ou seletivos, representando, então, manifestações de capacidade contributiva, passíveis de oneração pelo imposto sobre a renda. Importante destacar que, ao lado dessas deduções, poderíamos considerar a parcela isenta do imposto como sendo a identificação de um conjunto de despesas não eleitas expressamente, mas presumidamente relacionadas à manutenção da vida digna.

Essa tipificação, contudo, não representa a possibilidade de dedução de todas as despesas correspondentes. A legislação estabelece, na perspectiva da definição dos valores permitidos, diferentes regimes. Em despesas como saúde, por exemplo, permite-se o abatimento da totalidade dos valores, assim como nas pensões alimentícias. Contudo, despesas relacionadas à manutenção dos dependentes e educação, própria e dos dependentes, encontra limites rígidos definidos (valor global)[238].

---

relativas à elaboração de dissertação de mestrado ou tese de doutorado, contratação de estagiários, computação eletrônica de dados, papel, fotocópia, datilografia, digitação, tradução de textos, impressão de questionários e de tese elaborada, gastos postais e de viagem; II - as despesas com aquisição de enciclopédias, livros, revistas e jornais; III - o pagamento de aulas de música, dança, natação, ginástica, tênis, pilotagem, dicção, corte e costura, informática e assemelhados; IV - o pagamento de cursos preparatórios para concursos ou vestibulares; V - o pagamento de aulas de idiomas estrangeiros; VI - os pagamentos feitos a entidades que tenham por objetivo a criação e a educação de menores desvalidos e abandonados; VII - as contribuições pagas às Associações de Pais e Mestres e às associações voltadas para a educação; e VIII - o valor despendido para pagamento do crédito educativo.

238. Lei 9.250/95, Art. 8º - A base de cálculo do imposto devido no ano-calendário será a diferença entre as somas: (...) II - das deduções relativas a: (...) b) a pagamentos de despesas com instrução do contribuinte e de seus dependentes, efetuados a estabelecimentos de ensino, relativamente à educação infantil, compreendendo as creches e as pré-escolas; ao ensino fundamental; ao ensino médio; à educação superior, compreendendo os cursos de graduação e de pós-graduação (mestrado, doutorado e especialização); e à educação profissional, compreendendo o ensino técnico e o tecnológico,

Com base nessas regras, construímos, na legislação do imposto sobre a renda atual, uma suposta renda tributável, representativa de uma capacidade contributiva arbitrada, não calculada. Mais que isso, uma capacidade contributiva falsa e inflada pela impossibilidade de deduções relacionadas a uma série de despesas necessárias para a manutenção da vida digna.

No paralelo, com o imposto sobre a renda pessoa jurídica, não estaria se permitindo a dedução de uma série de custos e de despesas essenciais, usuais e normais, necessárias para a manutenção e para a ampliação da atividade produtiva. Incoerente, então, para se dizer o mínimo.

Não há dúvida em se afirmar que essa sistemática implica tributar, como renda tributável, uma série de despesas importantes. Obviamente, ao se vedar a dedução de um valor, gera-se, matematicamente, a inclusão dessa despesa na base da renda. Tributa-se, pois, a própria despesa.

Incoerente, injusto, desigual e inconstitucional tal sistema. Passemos, então, à construção de um modelo mais adequado.

---

até o limite anual individual de: 1. R$ 2.480,66 (dois mil, quatrocentos e oitenta reais e sessenta e seis centavos) para o ano-calendário de 2007; 2. R$ 2.592,29 (dois mil, quinhentos e noventa e dois reais e vinte e nove centavos) para o ano-calendário de 2008; 3. R$ 2.708,94 (dois mil, setecentos e oito reais e noventa e quatro centavos) para o ano-calendário de 2009; 4. R$ 2.830,84 (dois mil, oitocentos e trinta reais e oitenta e quatro centavos) para o ano-calendário de 2010; 5. (revogado); 6. R$ 2.958,23 (dois mil, novecentos e cinquenta e oito reais e vinte e três centavos) para o ano-calendário de 2011; 7. R$ 3.091,35 (três mil, noventa e um reais e trinta e cinco centavos) para o ano-calendário de 2012; 8. R$ 3.230,46 (três mil, duzentos e trinta reais e quarenta e seis centavos) para o ano-calendário de 2013; 9. R$ 3.375,83 (três mil, trezentos e setenta e cinco reais e oitenta e três centavos) a partir do ano-calendário de 2014.

6.3. A construção de um modelo de deduções pautado no mínimo existencial digno

É ideia relativamente comum que o princípio da isonomia, especialmente no imposto sobre a renda, permite a tributação de valores, universalmente considerados, em diferentes patamares, a fim de identificar e de assegurar o tratamento diferenciado entre os sujeitos que se encontrem em diferentes situações (diferentes rendas).[239]

Esse tratamento diferenciado é instaurado, basicamente, pelo uso do princípio da progressividade[240], aplicado às alíquotas diferenciadas do imposto sobre a renda auferida apurada.

Contudo, essa variação de alíquotas, por si só, muito deixa a desejar no quesito medida da efetiva capacidade contributiva dos sujeitos passivos.

É muito importante perceber que a legislação do imposto sobre a renda não diferencia os valores de despesas e de abatimentos permitidos, com base na renda auferida. Pela regra legal vigente, independentemente da renda do sujeito passivo, permitir-se-á o abatimento do mesmo valor com educação, por exemplo.

O argumento mais simples para tanto é a indicação de impedimentos de privilégios, especialmente para as camadas mais abastadas da população. Permitir diferentes abatimentos, especialmente para os mais ricos, iria contra a ideia de tributar de maneira mais intensa aqueles com maior capacidade

---

239. O princípio da universalidade, ao definir a tributação da totalidade das rendas auferidas, permite a adoção de um tratamento isonômico, na medida em que não permitirá o surgimento de nenhum tipo de privilégio tributário pela exclusão de parte das rendas.

240. A progressividade, como técnica para a definição da alíquota do tributo, estabelece o uso de alíquotas maiores para a incidência em maiores bases, maiores riquezas. Com isso, apesar de instaurar um tratamento idêntico a todos, alcançando a totalidade das rendas, permite uma forte diferenciação, tributando em diferentes patamares.

contributiva e de tributar de maneira menos intensa aqueles com menor capacidade contributiva.

Não concordamos com isso.

Deixando a paixão e os conceitos econômicos de lado, podemos pensar, sim, em diferentes regras de abatimentos, para diferentes faixas de renda. Existe uma lógica razoável nisso.

A prática de mera observação cotidiana das famílias mostra que quanto maior a capacidade econômica do núcleo familiar, maiores as despesas com alguns tipos de investimentos, dentre os elencados como essenciais, especialmente no aspecto qualitativo. Em outras palavras, é nítido que quanto maior a renda familiar, melhor a escola frequentada, melhor a moradia utilizada, melhor o médico e o hospital frequentado, melhor a dieta alimentar, e assim por diante.

Percebe-se, ainda, de maneira empírica que, quanto maior a faixa de renda, maior o gasto e o custo das despesas relacionadas aos elementos ditos essenciais.

Isso significa, em outras palavras, que as despesas necessárias devem ser custeadas dentro de um patamar suficiente. Permitir dedução parcial em despesa essencial significa quantificar equivocadamente a renda disponível, caracterizadora de capacidade contributiva.

Buscaremos, então, a definição de critérios para a variação dos valores de dedução, de modo a proteger o mínimo existencial digno.

O conceito de mínimo existencial ou vital, inatingível pela tributação pela falta absoluta de capacidade contributiva, é um conceito jurídico, econômico e político. Jurídico porque decorre da interpretação das normas constitucionais acerca de isonomia, de propriedade, de livre iniciativa, de dignidade e de outros direitos fundamentais. Econômico, porque depende de quantificação, monetária, do necessário para a manutenção de tais despesas. Político, porque depende da vontade e das premissas de bem-estar social, influenciados

O IMPOSTO SOBRE A RENDA E AS DEDUÇÕES DE
NATUREZA CONSTITUCIONAL

pelas ideologias dominantes, mediante a adoção de posturas estatais mais ativas. Por evidente, o mais importante e estável critério é o jurídico.

Evidente que a definição dos valores necessários aos custeios de tais despesas, assim como a própria definição das despesas consideradas essenciais e, portanto, vitais, dependem dos elementos sociais envolvidos. Em outras palavras, cada sociedade, considerada em cada momento histórico, possuirá o cabedal dos princípios e das ideologias que definirão tal conjunto.

Sendo assim, nada mais natural que tal definição passe pela pesquisa e pela busca, no próprio seio social. A cultura dominante definirá o mínimo existencial vigente.[241]

Diante de tal premissa, mostra-se eficaz, então, buscar meios de percepção dessa cultura e dessa ideologia, no que se refere aos gastos essenciais e sua importância. Um método comum e relativamente eficaz é o utilizado nos censos demográficos, especialmente direcionados para a apuração dos gastos e de sua composição.

> Por meio de quadros fornecidos por um censo demográfico e social, compete ao legislador conhecer os custos necessários para sobrevivência de um cidadão e de sua família. Tais custos representam as despesas próprias da alimentação, vestuário, higiene, saúde, educação e lazer. Esses custos básicos para a sobrevivência digna do cidadão deveriam, por força das diversidades econômicas e sociais, ser apurados regionalmente. Assim, ao final do levantamento realizado pela pesquisa, teríamos vários mínimos existenciais para as diferentes regiões analisadas. O legislador fiscal analisaria, então, esse censo social, tomando principalmente, os indicadores de renda, e o orçamento familiar, nos mais diversos segmentos econômicos da sociedade. Dentre aqueles,

---

241. Tal ideia não é nova e foi observada pela doutrina: "É necessário definir o que é indispensável para um indivíduo, num dado momento histórico, para a sua sobrevivência e, se for o caso, de sua família, de modo que a partir daí, poderia ser identificada a sua capacidade contributiva." (ZILVETI, Fernando Aurelio. *Princípios de direito tributário e a capacidade contributiva*. São Paulo: Quartier Latin, 2004, p. 216).

170

segundo os resultados do censo, com renda suficiente para fazer frente ao mencionado orçamento, o legislador fiscal graduaria, então, a tributação segundo a capacidade contributiva.[242]

Construída a regra de definição e de quantificação dos valores considerados essenciais e, portanto, componentes do mínimo vital digno, a definição da capacidade contributiva dependerá de uma operação matemática muito simples: da renda realizada, subtrai-se o valor do mínimo necessário para a manutenção dos direitos fundamentais do cidadão e da família, com foco na dignidade.

A dificuldade, aqui, não está na definição da operação em si, mas, sim, de sua quantificação, no que se refere aos valores de dedução. Joachim Lang indica uma forma de quantificação de tais valores:

> O autor elaborou uma fórmula que prevê uma combinação entre o *spliting* conjugal e a dedução dos gastos com alimentos para os filhos, de modo que cada contribuinte teria sua base de cálculo determinada da seguinte forma: $\{a + b - c - (d1 + d2)\}/2$, onde 'a' e 'b' representam os gastos dos cônjuges, obtidos separadamente; 'c' representa os gastos com os filhos tal qual define o Código Civil, e 'd1' e 'd2' representam a soma do mínimo existencial correspondente a cada cônjuge, de acordo com as disposições previstas nas legislações assistenciais.[243]

Essa premissa tem amparo constitucional. Assim, independentemente da previsão da legislação, traçaremos o caminho para a definição das regras de deduções para o imposto sobre a renda, tanto em sua tipificação como em sua limitação.

Passemos a isso.

---

242. ZILVETI, Fernando Aurelio. *Princípios de direito tributário e a capacidade contributiva*. São Paulo: Quartier Latin, 2004, p. 217.

243. Citado por ZILVETI, Fernando Aurelio. *op. cit.*, p. 219.

O IMPOSTO SOBRE A RENDA E AS DEDUÇÕES DE
NATUREZA CONSTITUCIONAL

6.3.1. A tipificação das despesas dedutíveis: das despesas necessárias

A definição da renda tributável para a pessoa física deve levar em consideração a totalidade de suas rendas[244] e parte de suas despesas. A renda tributável não é a renda auferida, nem mesmo a renda acumulada ou mesmo consumida, mas, sim, a renda apurada, representativa de capacidade contributiva.

A busca desse conjunto de despesas, representativas de gastos relacionados ao mínimo existencial digno, passível de desconto dos rendimentos auferidos, como já tratado, decorrem da própria Constituição Federal.

Não nos parece difícil a constatação de que as despesas com moradia, alimentação, educação, saúde, lazer, vestuário, higiene, transporte e previdência social configuram a tipificação das deduções impostas constitucionalmente. Trata-se do conjunto a ser suportado, ao menos em tese, pelo salário-mínimo. Obviamente, a legislação poderia indicar ainda outras despesas, mas não poderia, em hipótese alguma, restringir tal relação.

A constatação, ainda, de que o salário-mínimo é direcionado à manutenção da família, núcleo da sociedade, implica o reconhecimento da obrigatoriedade de consideração das despesas com dependentes, quando vinculadas a esses elementos. Da mesma forma, as despesas necessárias para a geração da própria riqueza, o que acaba por inserir na relação os custos e as despesas essenciais da atividade profissional.

Percebe-se, então, de saída, que a relação de despesas dedutíveis seria, por coerência constitucional, muito mais ampla do que a atualmente prevista na lei.

A definição de tipos de despesas passíveis de dedução é uma regra imposta, especialmente, pela isonomia tributária.

---

244. O princípio da universalidade, aplicável ao imposto sobre a renda, estabelece essa abrangência.

172

Pretende-se tratar de maneira equivalente aqueles que possuem idêntica capacidade contributiva. A fim de dar tratamento adequado aos contribuintes com diferentes capacidades de geração de rendas e, obviamente, diferentes tipos de gastos, faz-se necessário definir um grupo de despesas, coexistente em todas as camadas, para usar como critério comparativo na definição das rendas tributáveis. Independentemente do perfil específico dos gastos, a padronização para a comparação é imposição lógica.

Pessoas com diferentes perfis de rendimentos e de gastos devem ser analisadas não com base em seu real perfil de consumo ou contabilidade familiar, mas, sim, com base em um perfil médio e usual, definida pelos critérios da dignidade estipulados pela Constituição Federal.

A renda tributável é a renda bruta auferida, descontada a totalidade das despesas relacionadas à preservação da vida digna e garantia dos direitos fundamentais, já enumeradas.

Importante ressaltar: não analisaremos a totalidade dos rendimentos e a totalidade dos gastos. Analisaremos os rendimentos classificados como renda e as despesas consideradas necessárias para a busca da plenitude da defesa da dignidade familiar e pessoal.

Essa tipificação, então, servirá de critério delimitador do tipo de despesa possível de ser considerada para fins de quantificação da renda disponível, caracterizadora de capacidade contributiva efetiva.

Vale perceber que o mesmo critério é aplicável, com base em outras premissas, para a pessoa jurídica. Ao eleger os custos para a produção do bem ou serviço, assim como as despesas necessárias, assim consideradas as usuais e normais, se procede, também, a uma tipificação que busca enumerar o mínimo necessário e suficiente para a manutenção da atividade produtiva e geradora de riquezas.

O IMPOSTO SOBRE A RENDA E AS DEDUÇÕES DE
NATUREZA CONSTITUCIONAL

Na legislação vigente, poderíamos exemplificar tal situação, ora de maneira coerente, ou, ao menos, aparentemente coerente, ora de maneira absolutamente inaceitável.

A legislação permite a dedução de despesas com educação, relacionadas à pré-escola, ensino fundamental, médio e superior, assim como profissionalizantes e de especialização. Contudo, não permite a dedução de despesas com cursos de idiomas, de informática ou de extensão, por mais essenciais que possam ser na atualidade. Essa tipificação, por mais que possa ser criticada em sua amplitude, deixando de fora aspectos essenciais na educação e na formação profissional, tem, ao menos, uma lógica racional.

A mesma legislação, contudo, nenhuma dedução permite no que se refere aos gastos com alimentação e com moradia. Desnecessária a argumentação sobre a essencialidade de tais gastos, mas, na tipificação legal, foram esquecidos.[245]

Em conclusão, a tipificação ou eleição dos elementos passíveis de dedução, em uma perspectiva familiar, são: moradia, alimentação, educação, saúde, lazer, vestuário, higiene, transporte, previdência social, dependentes e custos e despesas profissionais (quando geradores da renda). Nessa tipificação, vale dizer, devem-se considerar não apenas os valores diretamente envolvidos, mas também os indiretamente vinculados, como medicação para as despesas com saúde, material didático para as despesas com educação, entre outras possíveis.

6.3.2. A quantificação das despesas dedutíveis: das despesas suficientes

Eleitas as espécies de despesas dedutíveis, resta, ainda, um trabalho mais complexo: a definição dos limites de dedução, se é que eles podem existir.

---

245. Lembrando, mais uma vez, que se pode entender que a faixa de isenção do imposto sobre a renda é destinada exatamente para o custeio de atividades essenciais não enumeradas na lista de despesas passíveis de abatimento.

174

Pensamos que a construção desse limite tem por principal insumo o fato social, ou seja, a realidade das famílias e do cidadão brasileiro. Não se trata, aqui, de construção de um critério simplesmente jurídico de dedução. Trata-se de um critério jurídico, visto que é norma, construído pela mensuração do fato social e sua valoração.

Vale ressaltar que a eventual composição média do orçamento familiar é um importante instrumento de apuração das despesas dedutíveis, sem, contudo, configurar um critério definitivo. A principal matriz para a dedução da base de cálculo do imposto continua sendo o conceito constitucional de renda, de forma que nada impede que valores superiores ao usualmente apurado sejam usados para fins de abatimento.

Antecipadamente, pensamos que as despesas devem ser suficientes para garantir os direitos previstos na Constituição Federal, sem configurar a eleição desmedida de uma preferência pessoal. Assim, deve-se mesclar e equilibrar a opção pessoal com determinado gasto e sua essencialidade definida pelo sistema.

Para a definição do perfil de despesas, assim como seu impacto no orçamento familiar, utilizamos um método razoavelmente confiável e científico, conduzido pelo governo federal, por intermédio do Instituto Brasileiro de Geografia e Estatísticas – IBGE, conhecido como Sistema de Indicadores Sociais, organizado a partir da Pesquisa de Orçamentos Familiares – POF.

O método POF é uma pesquisa domiciliar, por amostragem, que investiga informações sobre domicílios, famílias e moradores, assim como seus orçamentos (despesas e receitas). Busca-se, com ele, definir o perfil do consumo da família brasileira.

Essa pesquisa apresenta, como dito, razoável metodologia e confiabilidade. É realizada, basicamente, por entrevistas conduzidas pelas Divisões Regionais do IBGE, mediante questionários aplicados e compilados pelo Instituto.

O IMPOSTO SOBRE A RENDA E AS DEDUÇÕES DE
NATUREZA CONSTITUCIONAL

Utilizaremos, para fins de construção do raciocínio acerca das deduções tributárias, os dados levantados no ano de 1995/1996, sistematizados, em diferentes planilhas, no trabalho de mestrado apresentado perante o programa de pós-graduação da Universidade de São Paulo, faculdade de Economia, Administração e Contabilidade, pelo pesquisador Hermes Moreti Ribeiro da Silva, sob orientação do professor e doutor Flávio Torres Urdan.[246]

Vale ressaltar que a utilização de tais dados é etapa necessária para a construção da regra de deduções que se pretende. Seu objetivo é demonstrar o impacto financeiro das despesas relacionadas aos direitos essenciais e às garantias constitucionais, definidores dos valores mínimos essenciais para a manutenção da existência familiar digna.

O trabalho, de acordo com a sistemática utilizada pelo IBGE, analisou o perfil de consumo das famílias brasileiras, de todas as regiões, divididas em faixas de renda média, conforme os seguintes patamares:

NÍVEIS DE RENDA	VALORES (em salários-mínimos)
1	até 2 SM
2	de 2 a 3 SM
3	de 3 a 5 SM
4	de 5 a 6 SM
5	de 6 a 8 SM
6	de 8 a 10 SM
7	de 10 a 15 SM
8	de 15 a 20 SM
9	de 20 a 30 SM
10	mais de 30 SM

---

246. O presente trabalho tem por objetivo construir uma regra de dedução para as despesas essenciais, relacionadas aos direitos fundamentais garantidores de sobrevivência digna. Assim, apesar dos valores utilizados na pesquisa referirem-se aos anos de 1995/1996, para fins de criação da regra, são suficientes. Obviamente que, com a repetição das pesquisas e edição dos resultados, os percentuais de comprometimento do orçamento podem, e devem, ser atualizados e revistos.

Nos diferentes patamares de renda, consideramos apenas as despesas relacionadas aos direitos essenciais garantidores de sobrevivência digna, a partir da eleição constitucional na definição dada aos objetivos do salario-mínimo. Assim, são elas: moradia, alimentação, educação, saúde, lazer, vestuário, higiene, transporte e previdência social. Tratam-se, como não poderia ser diferente, das despesas que indicamos na tipificação dos gastos dedutíveis.

Importante ressaltar que, nesse levantamento, as rubricas específicas não apresentam exata correspondência com a norma tributária. Significa dizer, enquanto despesas com saúde, no levantamento POF-IBGE, incluem pagamentos a médicos, a hospitais, a planos de saúde, a aquisição de medicamentos, entre outros, a legislação do imposto sobre a renda restringe a dedução às despesas com profissionais e hospitais, aliado a algumas próteses médicas.

Isso significa que o método POF-IBGE é extremamente adequado para a análise, já que corrige a distorção das exclusões injustificadas da legislação tributária.

Tendo em vista, então, as despesas descritas e as faixas de rendas analisadas, construiu-se a seguinte tabela referencial, indicativa dos percentuais de renda familiar comprometidos com cada tipo de despesa:

NÍVEIS DE RENDA										
DESPESA	1	2	3	4	5	6	7	8	9	10
Alimentação	62,5	46,3	35,5	29,1	25,8	22,2	18,3	15,2	13,4	7,8
Moradia	26,6	20,1	15,8	13,2	12,5	13	13,6	14,6	14,9	10,7
Saúde	11,3	7,3	6,7	6,3	6,4	6,5	6,3	6	6,1	4,4
Educação	3,2	2,4	2,3	2,8	2,6	2,9	3,6	4,2	4,7	3,8
Lazer	8,4	6,7	5,7	5,6	5,5	5,3	5,1	5,6	4,9	4,4
Vestuário	10,1	7,9	7,5	6,9	6,7	6	5,6	4,9	4	2,7
Higiene	9,4	6,5	5,8	5,1	4,7	4,1	3,8	3,4	2,9	1,9
Transporte	12,4	9,9	9,3	7,5	7,5	6,7	6	5,7	4,6	2,9
Previdência Social	2,1	1,4	1,3	1,8	2	2	2,1	2,3	2,7	2,9
TOTAL	147,0%	110,5%	92,9%	82,3%	78,7%	74,7%	71,4%	69,9%	67,2%	47,1%

O IMPOSTO SOBRE A RENDA E AS DEDUÇÕES DE NATUREZA CONSTITUCIONAL

Obs.: Os dados demonstram, percentualmente, o impacto da despesa na renda familiar.

A planilha colacionada, reafirme-se, com base em dados oficiais, produzidos mediante procedimento com rigor científico, demonstra alguns dados relevantes.

Inicialmente, demonstra a absoluta insuficiência de recursos das camadas populacionais com rendimentos até três salários-mínimos. Essa parte da população, apenas com as despesas consideradas essenciais, comprometem mais do que a totalidade de suas rendas. Isso mostra a mais absoluta incapacidade contributiva, para dizer o mínimo.

Analisando as camadas de forma genérica, temos o comprometimento médio de mais de 80% das rendas, apenas com tais despesas. Esse percentual é alcançado pela soma e divisão de todos os percentuais, das dez categorias de rendas indicadas na planilha. Esse dado é, no mínimo, assombroso.

Pode-se perceber, ainda, analisando as despesas isoladamente, que existe uma tendência, muito clara, de comprometimento percentual maior nas camadas de menor renda, valendo o contrário para as camadas de maior renda, com poucas exceções.

Isso mostra, de maneira simples, que, quanto maior a capacidade econômica da família, menor o comprometimento percentual com as despesas ditas essenciais, em que pese, sabiamente, maior dependência de serviços privados não custeados pelo Estado (planos de saúde particulares, escolas privadas, transporte próprio, entre outras).

Apenas para exemplificar, vejamos alguns dados apontados pela tabela:

i. Despesas essenciais em geral: Nas camadas de menor capacidade contributiva (até 2 salários-mínimos), compromete-se quase uma vez e meia a renda bruta familiar. Esse percentual mostra-se decrescente, chegando, nas faixas de renda superiores a 30 salários-mínimos, a valores menores do que

178

quarenta e oito por cento. As famílias de baixa renda gastam 200% mais com elementos considerados essenciais do que as famílias mais abastadas.

ii. Despesas com Alimentação: Nas camadas de menor capacidade contributiva (até 2 salários-mínimos), compromete-se mais de sessenta por cento da renda bruta familiar. Esse percentual mostra-se decrescente, chegando, nas faixas de renda superiores a 30 salários-mínimos, a valores menores do que oito por cento. As famílias de baixa renda gastam mais de 600% do que as famílias abastadas, com esse elemento.

iii. Despesas com saúde: Nas camadas de menor capacidade contributiva (até 2 salários-mínimos), compromete-se mais de onze por cento da renda bruta familiar. Esse percentual mostra-se decrescente, chegando, nas faixas de renda superiores a 30 salários-mínimos, a valores menores do que quatro e meio por cento. As famílias de baixa renda gastam quase 300% mais do que as famílias abastadas, com esse elemento.

iv. Despesas com Vestuário: Nas camadas de menor capacidade contributiva (até 2 salários-mínimos), compromete-se mais de dez por cento da renda bruta familiar. Esse percentual mostra-se decrescente, chegando, nas faixas de renda superiores a 30 salários-mínimos, a valores menores do que três por cento. As famílias de baixa renda gastam 200% mais do que as famílias abastadas, com esse elemento.

Essas pontuais constatações mostram a inexistência de razoabilidade nos patamares de tributação, pensando no mínimo essencial, nas despesas essenciais, no papel do salário-mínimo, entre outros elementos. A tributação sobre a renda é, no quesito de não tributação nos casos de ausência de capacidade contributiva, inadequada.

Diante dessas constatações, é importante verificar a aplicação de tais medidas na sistemática de dedução do imposto.

6.3.3. Do fato à norma, pela valoração

No item anterior, foi apresentada uma importante pesquisa, o POF-IBGE, realizada, sazonalmente, acerca do perfil do consumo das famílias brasileiras, assim como o impacto de cada tipo de gasto no orçamento familiar. Com essa pesquisa, identificamos pontos importantes no consumo familiar.

Há uma série de despesas essenciais, por imposição constitucional, que devem ser consideradas na definição da renda tributável, assim como há patamares de gastos apurados na organização social vigente, que devem ser computados de maneira mais simplificada.

Tomando por base a tabela analisada no tópico anterior, representativa dos percentuais de gastos, vinculados à renda auferida, propomos uma simplificação, pela aproximação dos percentuais e diminuição das faixas de rendimentos. Basicamente, em vez de trabalharmos com 10 diferentes faixas de renda, reunimos determinados patamares, em uma seleção meramente aleatória fazendo a média ponderada dos valores.

Faixa de rendimentos:

NÍVEIS DE RENDA	VALORES (em salários-mínimos)
1	até 5 SM
2	de 5 a 10 SM
3	de 10 a 20 SM
4	de 20 a 30 SM
5	mais de 30 SM

Descritivo das despesas, após reunião de patamares de renda:

DESPESA	NÍVEIS DE RENDA				
	1	2	3	4	5
Alimentação	48,1	25,7	16,75	13,4	7,8
Moradia	20,83	12,9	14,1	14,9	10,7
Saúde	8,43	6,4	6,15	6,1	4,4
Educação	2,63	2,77	3,9	4,7	3,8
Lazer	6,93	5,47	5,35	4,9	4,4
Vestuário	8,5	6,53	5,25	4	2,7
Higiene	7,23	4,63	3,6	2,9	1,9
Transporte	10,53	7,23	5,85	4,6	2,9
Previdência Social	1,6	1,93	2,2	2,7	2,9

Obs.: Os dados demonstram, percentualmente, o impacto da despesa na renda familiar.

A partir desta planilha, podemos estabelecer novos patamares de dedução, vinculados aos tipos de despesas. Faz-se, assim, uma análise qualitativa (tipo de despesa) e quantitativa (valor da despesa).

Entendemos, contudo, que a planilha, representativa dos valores médios dos gastos da família brasileira, não representa a situação ideal. A sociedade brasileira ainda apresenta distorções e injustiças que não devem ser tomadas como modelo para ser implantado, mas apenas como dados empíricos para serem sistematizados e analisados.

Em outras palavras, apesar de a planilha demonstrar que, em média, uma família com determinada renda compromete 30% de seu orçamento com despesas médicas, poderemos considerar que tal despesa sempre será essencial em sua plenitude de valores. Poderíamos ter, então, despesas dedutíveis em patamares superiores aos medidos na pesquisa de perfil de gasto, sem a aplicação da regra contrária.[247]

---

247. Ao menos em tese, no raciocínio inicial, não poderíamos permitir deduções em

O IMPOSTO SOBRE A RENDA E AS DEDUÇÕES DE NATUREZA CONSTITUCIONAL

Parametrizados os gastos, resta, ainda, a parametrização das deduções, em um modelo possível de ser aplicado.

6.4. O princípio da praticabilidade no direito tributário

O caminho a ser tratado parece ser simples e lógico. Devemos permitir a dedução da plenitude das despesas essenciais, em patamar suficiente para o cumprimento de sua função garantidora da dignidade familiar. Não devemos limitar o necessário, nem permitir o supérfluo.

Essa aparente facilidade encontra dificuldades. Como medir isso em cada caso concreto? Como ajustar isso em cada seio familiar?

Inegavelmente, a aparente simplicidade da construção teórica encontra uma barreira pragmática de difícil superação.

Como bem salienta Misabel Derzi, nesse sentido:

> A dedução dos gastos pessoais e familiares do contribuinte, por exemplo, necessários à aquisição e manutenção da renda e do patrimônio, torna, muitas vezes, difícil e complexa a arrecadação para o Fisco. Além de causar incômodos ao sujeito passivo, a consideração exaustiva de tais gastos, apurados caso a caso, inviabiliza a aplicação da lei pela Administração a milhares de casos.[248]

Essa premissa de impossibilidade de convivência do direito com a apuração constitucionalmente correta e a necessidade de operacionalização do sistema precisam ser mais bem ponderadas.

Exatamente nessa linha, é necessário lembrar o princípio da praticabilidade, também chamado de praticidade,

---

patamares inferiores ao medidos, se comprovadas despesas superiores relacionadas aos itens essenciais.

248. DERZI, Misabel. *Notas de atualização* in BALEEIRO, Aliomar. *Limitações constitucionais ao poder de tributar*. 7. ed. São Paulo: Forense, 1999, p. 580.

pragmatismo ou factibilidade.[249]

Por essa expressão, toma-se a qualidade ou característica do que é praticável, que, por sua vez, é definido como aquilo que pode ser posto em prática, factível, exequível, realizável[250], ou seja, aquilo que pode ser efetivamente operacionalizado.

Obviamente, a praticabilidade deve ser algo buscado pelo sistema jurídico. O Direito regula condutas humanas possíveis, de forma que suas regras devem ser, também, de possível implementação, sob pena de perecimento do próprio sistema.

Essa constatação foi salientada por Paulo de Barros Carvalho, que discorre sobre a existência de dois estratos de linguagens, não equivalentes, representados pelos fatos sociais e fatos jurídicos. Existe, assim, uma distância natural entre eles, cabendo aos segmentos da Sociologia Jurídica, da Axiologia, da filosofia do Direito, da História do Direito e outros ramos definirem qual a distância razoável e aceitável entre os estratos, devendo, contudo, a dogmática jurídica, tentar aproximar tais realidades[251].

---

249. Nomenclaturas lembradas por COSTA, Regina Helena. *Praticabilidade e justiça tributária*: Exequibilidade de lei tributária e direitos do contribuinte. São Paulo: Malheiros, 2009, p. 53.

250. *Grande dicionário Houaiss da língua portuguesa*, versão *on-line*, consulta dos verbetes *praticabilidade* e *praticável*.

251. CARVALHO, Paulo de Barros. *Fundamentos jurídicos da incidência*. São Paulo: Saraiva, 1998, p. 100. Em sentido similar, temos que "o direito positivo não é uma realidade metafísica, existindo e por si; a regra jurídica não é um fim em si mesma, mas um instrumento de convivência social. Todo o esforço do legislador consiste precisamente em criar este instrumento de ação social, moldando (transformando e deformando) a matéria-prima ('dados' e 'diretrizes'), oferecida pelas ciências (inclusive pela ciência jurídica), ao melhor rendimento humano, porquanto a regra jurídica somente existe (com natureza jurídica) na medida de sua praticabilidade. O direito positivo não se mantém em estado de 'ideal descarnado', pois o direito positivo só existe referindo-se à realidade social. A regra jurídica nasce na oportunidade de conflitos e situações sociais em que o Estado quer intervir. A regra jurídica deve ser construída não para um mundo ideal, mas para agir sobre a realidade social" (BECKER, Alfredo Augusto. *Teoria geral do direito tributário*. São Paulo: Noeses, 2012, p. 71).

O IMPOSTO SOBRE A RENDA E AS DEDUÇÕES DE NATUREZA CONSTITUCIONAL

A praticabilidade, nas palavras de Regina Helena Costa[252], "pode ser traduzida, em sua acepção jurídica, no conjunto de técnicas que visam a viabilizar a adequada execução do ordenamento jurídico." Afirma, ainda, que a praticabilidade é uma categoria lógico-jurídica e não jurídico-positiva, na medida em que tal regra é uma exigência do senso comum, anterior ao próprio direito positivo.

O princípio da praticabilidade deve ser aplicado em todos os ramos do direito, assim como em diferentes instrumentos jurídicos. Regina Helena Costa pensa dessa forma:

> O Estado, no desempenho de suas funções, há de buscar mecanismos que possibilitem o adequado atingimento de seus fins, resumidos na noção de *bem comum*. Entendemos, desse modo, que a praticabilidade está presente em toda atuação estatal, quer no exercício da função legislativa, quer no exercício das funções de aplicação da lei – administrativa e judicial –, como pretendemos demonstrar. Isso porque tanto as leis quanto os atos decorrentes de sua aplicação aos casos concretos – atos administrativos e jurisdicionais – devem expressar-se em termos exequíveis.[253]

---

252. COSTA, Regina Helena. *Praticabilidade e justiça tributária:* Exequibilidade de lei tributária e direitos do contribuinte. São Paulo: Malheiros, 2009, p. 53. Misabel Derzi salienta a característica geral e difusa de tal princípio, não sendo tipificado sequer no direito alemão, onde surgiu, estando, portanto, implícito nas normas constitucionais. Diz a autora: "(...) para tornar a norma exequível, cômoda e viável, a serviço da praticidade, a lei ou o regulamento muitas vezes se utilizam de abstrações generalizantes fechadas (presunções, ficções, pautas de valores, enumerações taxativas, somatórios e quantificações) denominadas por alguns autores de 'tipificações' ou modo de pensar 'tipificante'". (DERZI, Misabel. *Legalidade material, modo de pensar tipificante e praticidade no direito tributário*. Justiça tributária – 1º Congresso Internacional de Direito Tributário – IBET. São Paulo: Max Limonad, 1998, p. 639).

253. COSTA, Regina Helena. *op. cit.*, p. 54. Na sequência, a autora faz interessante análise da aplicação da praticabilidade na lei, nos atos administrativos e nos atos jurisdicionais. A lei deve ser dotada de generalidade e de abstração, o que amplia a importância de tal princípio. Pela generalidade, entende-se a indefinição prévia de seus destinatários, e pela abstração, sua indefinição prévia de circunstâncias materiais, tratando-se, pois, de situações-padrão identificadas, ou seja, são estruturadas de forma a não identificar pessoa ou fato específico. Ao mesmo tempo, a adoção, na lei, de tipos abertos e princípios, representa a possibilidade de adequação das normas legais às situações concretas, visando à sua aplicação e, portanto, à praticabilidade. Mesmo objetivo é buscado pelo uso das ficções e presunções do sistema. São afirmações de Humberto Ávila: "A legalidade, porém, não consiste só nisso. Em

E não poderia ser diferente. A atuação estatal somente tem sentido quanto passível de ser implementada. As complexidades e as dificuldades devem ser contextualizadas e vencidas, permitindo a operacionalização dos sistemas político, jurídico e legislativo.

Luís Roberto Barroso e Ana Paula de Barcellos indicam a importância no atual cenário jurídico dos princípios, instrumentos da praticabilidade.

> (...) a superação histórica do jusnaturalismo e o fracasso político do positivismo abriram caminho para um conjunto amplo e ainda inacabado de reflexões acerca do direito, sua função social e sua intepretação. O pós-positivismo é a designação provisória e genérica de um ideário difuso, no qual se incluem a definição das relações entre valores, princípios e regras, aspectos da chamada

---

primeiro lugar, porque as leis são feitas para o que geralmente acontece. O legislador edita normas para um número indeterminado de pessoas (generalidade) e uma quantidade indefinida de circunstâncias (abstração), na impossibilidade de prever todas as situações possíveis. Ele, por isso mesmo, orienta-se por aspectos da realidade, por razões políticas e jurídicas diversas, mediante a criação de modelos, que apreendem algumas características das circunstâncias, e abstrai outras para construir uma classe equivalente de fatos. O resultado é que a norma contida na lei proporciona um maior ou menor conhecimento sobre a realidade que visa a regular, mas nunca seu conhecimento e antecipações absolutos. É frequente, por isso, o uso dos denominados conceitos jurídicos indeterminados, das cláusulas gerais e dos princípios, os quais, deixando parcialmente aberta a decisão, transferem para o aplicador da norma a função de verificar as particularidades do caso concreto. O que se disse acima é suficiente para demonstrar que na lei não se encontram todas as possíveis decisões e que ela não define uma só como correta. A lei contém, geralmente tão só, normas gerais e abstratas, menos ou mais abertas, cuja aplicação depende das individualidades do caso apreciado, a serem analisadas no processo administrativo e/ou judicial. A lei contém um tipo que, ao contrário do conceito, é sempre em alguma medida, aberto." (ÁVILA, Humberto e ÁVILA, René Izoldi. *Legalidade tributária:* Aplicação e limites materiais. In: *Estudos em homenagem à memória de Gilberto de Ulhoa Canto.* Rio de Janeiro: Forense, 1998, p. 286). Os atos administrativos representam a praticabilidade pelas próprias características, como a presunção de legitimidade e de veracidade, a imperatividade e a autoexecutoriedade. A discricionariedade administrativa representa, ainda, uma margem de liberdade do agente da administração para buscar a adequação do ato à necessidade e à realidade posta. Nos atos judiciais, por fim, a instrumentalidade é demonstrativo de possibilidade de adequação das formas para satisfazer as necessidades para eficácia do processo, ou mesmo, com ainda mais força, a uniformização da jurisprudência, seja pela sistemática dos recursos repetitivos, da repercussão geral, seja pelas súmulas vinculantes.

O IMPOSTO SOBRE A RENDA E AS DEDUÇÕES DE
NATUREZA CONSTITUCIONAL

> nova hermenêutica constitucional e a teoria dos direitos fundamentais, edificada sobre o fundamento da dignidade humana. A valorização dos princípios, sua incorporação, explícita ou implícita, pelos textos constitucionais e o reconhecimento pela ordem jurídica de sua normatividade fazem parte desse ambiente de reaproximação entre Direito e Ética.[254]

No Direito Tributário, não é diferente a necessidade, e por que não a imposição, da praticabilidade como princípio constitucional implícito em outros dispositivos.

É fato notório que o sistema tributário atual é complexo e extremamente rebuscado. Um pouco, é verdade, pela complexidade da própria atividade econômica. Visando a tributar as mais variadas demonstrações de capacidade contributiva, diferenciando as diversas potencialidades econômicas, o sistema implementa uma série de tributos e de sistemas de apuração. A sistemática simplista e sempre lembrada pelos leigos, de uma tributação única, exclusivamente sobre consumo, é um sonho distante e irrealizável.

Na Constituição Federal, temos o alinhamento de alguns pontos fundamentais do Direito Tributário. Em apertada síntese, poderíamos elencar a repartição das competências tributárias, assim como suas limitações (princípios e imunidades), a definição da partilha das receitas tributárias entre os entes, a classificação e definição das espécies tributárias, assim como a definição das regras-matrizes de incidência de tributos.[255]

Construímos, ainda, a partir do texto constitucional, a imposição, ao sistema tributário nacional, da necessidade de respeito aos direitos e garantias fundamentais, na medida em

---

254. BARROSO, Luís Roberto; BARCELLOS, Ana Paula. *O começo da história*: a nova interpretação constitucional e o papel dos princípios no direito brasileiro. Rio de Janeiro: Forense, 2004, p. 179.

255. Ressaltando, apenas, que a definição constitucional do fato gerador ocorre apenas para impostos (CF, art. 153, 154, 155 e 156), taxas (CF, art. 145, II), contribuições de melhoria (CF, art. 145, III) e algumas contribuições especiais, como exceção (CF, art. 177 e 195).

que a tributação, de forma genérica, é uma violação de dois direitos fundamentos essenciais: o patrimônio e a liberdade. Evidentemente, a tributação adequada ao modelo constitucional eleito representará uma violação permitida e lícita, já que amparada constitucionalmente.

São palavras de Regina Helena Costa:

> Como sabido, os tributos atingem, obrigatoriamente, dois direitos fundamentais: o direito à propriedade e o direito de liberdade. O primeiro é alcançado direta e imediatamente pela tributação, porque o tributo consiste em prestação pecuniária compulsória, devida por força de lei, implicando sua satisfação, necessariamente, a redução do patrimônio do sujeito passivo – redução, essa, que, no entanto, jamais poderá caracterizar confisco. Por outro lado, o direito de liberdade, genericamente considerado, é alcançado pelo tributo indiretamente, por via oblíqua, conforme os objetivos a serem perseguidos, porquanto sua exigência pode influenciar comportamentos, determinando as opções dos contribuintes.[256]

Na seara tributária, a necessidade de aplicação do princípio da praticabilidade é muito sentida. Como o direito positivo baseia sua aplicação na definição de modelo legal prévio (instituição de tributo) e posterior incidência repetida, de forma ampla, contínua e amplamente difundida, gerando uma multiplicação das relações jurídicas decorrentes, a necessidade da sistematização de regras eficazes é enorme.

Misabel Derzi comenta tal situação:

> O Direito Tributário enseja aplicação em massa de suas normas, a cargo da administração, *ex officio*, e de forma contínua ou fiscalização em massa da aplicação dessas normas (nas hipóteses de tributos lançados por homologação). É preciso considerar exatamente as esquematizações, abstrações, e generalizações (tipificações em sentido impróprio e conceituações) que a norma inferior, em nome da praticidade, faz ou pode fazer. Por essa razão, exatamente no direito tributário, onde compete a órgão

---

256. COSTA, Regina Helena. *Praticabilidade e justiça tributária:* Exequibilidade de lei tributária e direitos do contribuinte. São Paulo: Malheiros, 2009, p. 87.

O IMPOSTO SOBRE A RENDA E AS DEDUÇÕES DE
NATUREZA CONSTITUCIONAL

estatal executar a forma em massa ou fiscalizar a sua execução, é que se coloca de forma mais aguda a questão da praticidade e seus limites.[257]

A praticabilidade, então, pode ser enxergada no próprio texto constitucional, como decorrência da supremacia do interesse público sobre o particular. A arrecadação deve ser implementada, de forma eficaz, utilizando-se instrumentos facilitadores e adequados às necessidades do Estado, sem, contudo, desconsiderar o conjunto mínimo de garantias e de direitos do contribuinte.

Mais uma vez, anotamos o entendimento de Regina Helena Costa, em obra sobre o tema:

> A nosso ver, trata-se de autêntico princípio, e não simples regra jurídica, porque apresenta traços característicos daquela espécie normativa: (i) contém elevado grau de generalidade e abstração, irradiando seus efeitos sobre múltiplas normas; e (ii) contempla valor considerado fundamental para a sociedade, qual seja, a viabilização da adequada execução do ordenamento jurídico, no campo tributário. Assim, laborará na delimitação do âmbito de atuação do legislador infraconstitucional, bem como na orientação dos agentes públicos acerca da interpretação e da aplicação a serem dadas a outras normas jurídico-tributárias. Representa limite objetivo destinado à realização de diversos valores, podendo ser apresentado com a seguinte formulação: *as leis tributárias devem ser exequíveis, propiciando o atingimento dos fins de interesse público por elas objetivado, quais sejam, o adequado cumprimento de seus comandos pelos administrados, de maneira simples e eficiente, bem como a devida arrecadação dos tributos.* (...) Assim sendo, pensamos seja o princípio da praticabilidade tributária desdobramento ou derivação de princípio maior, considerado essencial ao direito público: o *princípio da supremacia do interesse público sobre o particular,* também conhecido por *princípio da finalidade pública* ou do *interesse coletivo.*[258]

---

257. DERZI, Misabel. *Tratado de direito tributário contemporâneo* – dos princípios gerais do direito tributário. *Revista de Direito Tributário*, n. 83. São Paulo: Malheiros, p. 42.

258. COSTA, Regina Helena. *Praticabilidade e justiça tributária:* Exequibilidade de lei tributária e direitos do contribuinte. São Paulo: Malheiros, 2009, p. 93.

Pelo princípio da praticabilidade, então, admite-se uma limitada flexibilização em determinadas situações, afastando-se da realidade ou efetiva medida das coisas, adotando-se uma forma possível para a manutenção do sistema.

Ao pensarmos na importância dos princípios da isonomia e da capacidade contributiva, especialmente para os impostos, percebe-se, nitidamente, que praticabilidade choca-se, ao menos de início, com tais valores.

Admitida essa premissa, é fundamental definir alguns limites para essa flexibilização. Vale lembrar as palavras de Misabel Derzi, referindo-se à praticabilidade como um contra-princípio da igualdade, que autoriza a criação de presunções, tetos e somatórios em lei, sem, contudo, ferir e desconsiderar por completo as vedações de confisco e respeito à capacidade contributiva[259].

Com Heleno Torres, temos:

> A praticabilidade da tributação é inequívoca forma de estabelecer condições factíveis de isonomia na sujeição tributária quando empregada sem comprometer a legalidade ou a tipicidade, porquanto deva, ela própria, decorrer da própria legislação. Entabulada com a finalidade de garantir harmonia no sistema e conforto para os contribuintes diante dos procedimentos vários, estimulando, com isso, um desenvolvimento saudável, cordial, justo e equilibrado das relações tributárias.[260]

A busca do equilíbrio necessário entre as flexibilizações e relativizações necessárias a dar efetividade ao sistema e os

---

259. "(...) autoriza a criação de presunções, tetos e somatórios em lei, desde que, com isso, não fiquem anulados, princípios constitucionais como aquele que veda utilizar tributos com efeito de confisco ou aquele que determina a graduação dos impostos de acordo com a capacidade contributiva do contribuinte" (DERZI, Misabel. *Notas de atualização* in BALEEIRO, Aliomar. *Limitações constitucionais ao poder de tributar*. 7. ed. São Paulo: Forense, 1999, p. 581).

260. TORRES, Heleno. "Transação, arbitragem e conciliação judicial como medidas alternativas para resolução de conflitos entre a administração e contribuintes – simplificação e eficiência administrativa". *RD Tributário 86*. São Paulo: Malheiros, 2005, p. 45.

O IMPOSTO SOBRE A RENDA E AS DEDUÇÕES DE
NATUREZA CONSTITUCIONAL

direitos e garantias individuais, trilho da praticabilidade, será definido com base, principalmente, na razoabilidade.

Este é o entendimento de Regina Helena Costa:

> Desse modo, se a praticabilidade autoriza a adoção de padronizações de procedimentos, a desconsideração de peculiaridades pertinentes a situações individuais, com o intuito de tornar viável a execução da lei em massa, assim como de propiciar o adequado cumprimento das obrigações tributárias, a razoabilidade desponta, nesse âmbito, como diretriz de maior expressão, a nortear a atuação estatal na busca de equilíbrio nas opções efetuadas pelo legislador e pelo administrador público para o atingimento daqueles fins.[261]

Como instrumentos da praticabilidade, podemos enumerar uma série de técnicas. São as principais: presunções, ficções, indícios, normas de simplificação, conceitos jurídicos indeterminados, cláusulas gerais, normas em branco, analogia, privatização da gestão tributária e meios alternativos de resolução de conflitos.[262]

Ao mesmo tempo, a praticabilidade, apesar de suas inegáveis justificações, encontra uma série de limites. Podemos enumerá-los da seguinte forma: i. veiculação dos instrumentos de praticabilidade por lei, ii. observância do princípio da capacidade contributiva e subsidiariedade da utilização das técnicas presuntivas, iii. impossibilidade de adoção de presunções absolutas ou ficções para a instituição de obrigações tributárias, iv. transparência na adoção de técnicas presuntivas, v. observância do princípio da razoabilidade, vi. respeito

---

261. COSTA, Regina Helena. *Praticabilidade e justiça tributária:* Exequibilidade de lei tributária e direitos do contribuinte. São Paulo: Malheiros, 2009, p. 130.

262. Para completa explicação, analisando cada um deles, consultar COSTA, Regina Helena. *Praticabilidade e justiça tributária:* Exequibilidade de lei tributária e direitos do contribuinte. São Paulo: Malheiros, 2009, p. 158-210. A autora diferencia os meios em abstrações generalizantes (presunções, ficções, indícios, normas de simplificação, conceitos jurídicos indeterminados, cláusulas gerais e normas em branco) e outros meios (analogia, privatização da gestão tributária e meios alternativos de resolução de conflitos).

à repartição constitucional das competências, vii. justificação da norma de simplificação, viii. caráter excepcional e benefícios aos contribuintes dos regimes normativos de simplificação ou padronização, ix. limitação de recurso às clausulas gerais, conceitos jurídicos indeterminados e de competências discricionárias, pelo princípio da tipicidade, x. equilíbrio na implementação da privatização da gestão tributária e xi. respeito aos direitos e princípios fundamentais. [263]

6.4.1. Sistematização das deduções pela praticabilidade

A análise das regras gerais do princípio da praticabilidade mostra uma importante vertente no trabalho da definição da sistematização das despesas dedutíveis: o sistema de dedução tem que ser de simples implementação, sem deixar de lado a medida efetiva da capacidade contributiva.

As deduções no imposto sobre a renda da pessoa física são imposições constitucionais para a efetiva implementação da capacidade contributiva. Conforme já discutido e enumerado em item anterior, as despesas passíveis de dedução são todas aquelas relacionadas à garantia do mínimo existencial digno, em sua medida mais ampla possível.

Analisou-se, também, a importante quantificação econômica de tais despesas na organização familiar, pela importante e confiável fonte do levantamento realizado pelo Instituto Brasileiro de Geografia e Estatísticas – IBGE, conhecido como Sistema de Indicadores Sociais, organizado a partir da Pesquisa de Orçamentos Familiares – POF.

Em uma primeira perspectiva possível, defenderíamos a adoção de ampla regra de dedução, baseada, exclusivamente, no tipo de despesa, ou seja, na tipificação dos gastos.

---

263. Mais uma vez, recomendamos consulta à obra de COSTA, Regina Helena. *Praticabilidade e justiça tributária:* Exequibilidade de lei tributária e direitos do contribuinte. São Paulo: Malheiros, 2009, p. 211-220.

O IMPOSTO SOBRE A RENDA E AS DEDUÇÕES DE
NATUREZA CONSTITUCIONAL

Assim, adotaríamos, sem dúvida, a regra de ampla dedução de todas as despesas relacionadas à alimentação, moradia, saúde, educação, ao lazer, ao vestuário, à higiene, ao transporte e à previdência social, sejam próprias ou de dependentes, assim como as despesas necessárias para a geração de renda na atividade profissional.

Essa regra, contudo, não é de possível implementação. A medida efetiva da real capacidade contributiva de cada cidadão implicaria a possibilidade de dedução de toda e qualquer despesa relacionada aos itens enumerados. Isso geraria um sistema de apuração e de controle que inviabilizaria a atividade da administração tributária. Mais que isso, e muito mais importante, é a violação evidente gerada ao princípio da isonomia, pois permitiria a dedução de despesas formalmente vinculadas a tais atividades, mas nitidamente arbitrárias ou não essenciais, demonstradoras, com isso, de capacidade contributiva tributável.

Por essa razão, defendemos a necessidade de limitação de alguns gastos, dentro de certos parâmetros.

Inicialmente, entendemos que o princípio da praticabilidade é absolutamente adequado para a solução de tal problemática.

Dentre as técnicas possíveis de implementação, na praticabilidade, chama-nos a atenção, para a solução dos limites de dedução no imposto sobre a renda, a técnica da simplificação, espécie de abstração generalizante.

As abstrações generalizantes são representadas por técnicas legislativas para dar autonomia ao julgador perante a lei.[264] É bem verdade que a tipicidade estrita, aplicada ao di-

---

264. "As leis, porém, são hoje, em todos os domínios jurídicos, elaboradas por tal forma que os juízes e os funcionários da administração não descobrem e fundamentam suas decisões tão somente através da subsunção a conceitos jurídicos fixos, a conceitos cujo conteúdo seja explicitado com segurança através da interpretação, mas antes são chamados a valorar autonomamente e, por vezes, a decidir e a agir de um modo semelhante ao do legislador. E assim continuará a ser no futuro. Será

reito tributário, acaba por insinuar o afastamento do uso de abstrações ou termos vagos, dando preferência aos termos fechados, o que não significa, contudo, sua inaplicabilidade total.

Com muita frequência, vale destacar, as presunções ou mesmo as ficções são utilizadas no direito tributário, desempenhando papel de relevo em alguns momentos. Estevão Horvath assim se manifesta:

> Na verdade, o papel desempenhado no Direito pelas figuras aqui referidas, ademais de útil é, a nosso ver, absolutamente necessário. No Direito Tributário, reduzem a complexidade substancial inerente à matéria tributária, contribuem para atribuir maior segurança jurídica aos destinatários das normas deste campo do Direito, propiciam maior eficácia na arrecadação de tributos, auxiliam no combate à sonegação fiscal etc. Entretanto, a fixação de presunções e ficções pelo legislador sofre as limitações que são impostas pelos princípios e regras constitucionais tributários.[265]

De mesmo modo, Regina Helena Costa concorda que essas e outras técnicas legislativas, consideradas abstrações generalizantes, são fundamentais para o sistema e para o atingimento do interesse público, sob pena de comprometimento da equidade.[266]

As normas de simplificação representam um sistema de padronizações e confecção de esquemas e de somatórios muito utilizados e discutidos. José Casalta Nabais ensina que a lei é elaborada voltada para as situações típicas ou comuns, deixando de lado o absolutamente incomum ou raro, abarcado

---

sempre questão de uma maior ou menor vinculação a lei." Conforme ENGISCH, Karl. *Introdução ao pensamento jurídico.* 7. ed. Tradução de J. Baptista Machado. Lisboa: Fundação Calouste Gulbenkian, 1996, p. 208.

265. HORVATH, Estevão. *O princípio do não-confisco no direito tributário.* São Paulo: Dialética, 2002, p. 111.

266. COSTA, Regina Helena. *Praticabilidade e justiça tributária:* Exequibilidade de lei tributária e direitos do contribuinte. São Paulo: Malheiros, 2009, p. 161.

O IMPOSTO SOBRE A RENDA E AS DEDUÇÕES DE
NATUREZA CONSTITUCIONAL

pela regra de generalização. [267] O autor, ainda, destaca que a simplificação pode ser expressa pela técnica da tipificação quantitativa (identificando a tipicidade pela frequência com que determinada situação se repete) ou da tipificação qualitativa (identificando os requisitos que devem estar presentes). O autor conclui, identificando a utilidade da técnica da tipificação quantitativa no direito tributário:

> De resto, no direito fiscal (como nos restantes domínios jurídicos afetados pelo fenômeno da massificação) adquire um peso específico aquela primeira modalidade de tipificação, a qual, consubstanciando-se em quantificações, globalizações ou regimes *forfaitaires (pauschalierungen)*, conduz, nomeadamente, ao estabelecimento de rendimentos, matérias coletáveis ou impostos mínimos, ou à fixação de deduções ou abatimentos máximos expressos em percentuais ou em montantes numericamente definidos *(standard dedutions)*.[268]

As normas de simplificação buscam fundamento na própria praticabilidade administrativa (tornando possível e eficaz a atividade da gestão tributária), na segurança jurídica (determinando modelo específico de conhecimento do sujeito passivo) e na impossibilidade de descrição plena dos atos legislativos, consideradas as particularidades da realidade social.[269]

---

267. "...a lei é elaborada apenas para as situações ou casos típicos, com a abstração dos casos que, por serem raros ou anormais, se apresentam como atípicos, assim se desonerando a administração fiscal da espinhosa e dispendiosa, quando não mesmo impossível, missão de averiguação exaustiva e de apuramento total e integral dos múltiplos e complexos fatos tributários e dos aspectos em que os mesmos de desdobram, bem como da resolução das difíceis questões colocadas pela interpretação de casos limites." (NABAIS, José Casalta. *O dever fundamental de pagar impostos*. Coimbra: Livraria Almedina, 2004, p. 622).

268. NABAIS, José Casalta. *op. cit.*, p. 623. O regime *forfaitaires* refere-se aos regimes de despesas ou valores fixos, o que representa o mesmo do regime *pauschalierungen*, que significa generalizações.

269. Conclusões alcançadas por COSTA, Regina Helena. *Praticabilidade e justiça tributária:* Exequibilidade de lei tributária e direitos do contribuinte. São Paulo: Malheiros, 2009, p. 171.

FERNANDO FERREIRA CASTELLANI

Não se ignora que toda norma de simplificação implicará, potencialmente, violação, em algum grau, da capacidade contributiva do destinatário. Com isso, faz-se necessário o estabelecimento de premissas para aceitar essa violação.

Identifica-se como aspectos de validação da simplificação, entre outros possíveis, i. a idoneidade da simplificação, mostrando-se possível de controle administrativo, ii. a necessidade da simplificação, na medida em que o controle, sem tal simplificação, implicaria uso de outra medida, ainda mais nociva, ou seria impossível e iii. a ponderação dos bens jurídicos, de forma que a regra de simplificação aproxime, na maioria dos casos, à realidade, que seu uso mostre-se mais adequado do que sua ausência, que não haja desvio potencial relevante e que a não utilização da simplificação implique excessivo custo à administração.[270]

Nesse sentido, percebe-se, claramente, que a norma de simplificação deve representar uma distorção próxima da realidade, ou ao menos, mais próxima da realidade do que a técnica adotada.

---

270. Regina Helena Costa, elencando os limites que as regra de simplificação devem respeitar, assim se manifesta: "(1) *Idoneidade* – o preceito simplificador há de permitir o controle administrativo, que de outro modo resultaria impossível. (2) *Necessidade* – o controle administrativo não seria possível com outra medida que não ofenderia a capacidade econômica. Nesse caso, o controle do critério de necessidade supõe uma certa 'ponderação' de bens, uma vez que habitualmente será possível outra solução mais respeitosa com a contribuição, segundo a capacidade econômica, que originaria um maior custo administrativo. Portanto, concluiu que a 'necessidade' como critério autônomo de controle resulta, aqui, dificilmente aplicável. (3) À vista de tal ponderação de bens jurídicos, a medida de simplificação somente será admissível se concorrerem as seguintes condições: (i) que na maioria dos casos, a tributação individual se aproxime mais da capacidade econômica do que aconteceria se não existisse o mecanismo simplificador; (ii) que em nenhuma hipótese previsível pelo legislador se produza uma carga fiscal radicalmente distinta da que corresponderia com fundamento na capacidade econômica; (iii) que a medida de simplificação não possa ser suprimida sem um aumento desproporcionado dos custos da gestão, que repercutiria em prejuízo de todos os contribuintes. (COSTA, Regina Helena. *Praticabilidade e justiça tributária*: Exequibilidade de lei tributária e direitos do contribuinte. São Paulo: Malheiros, 2009, p. 172).

O IMPOSTO SOBRE A RENDA E AS DEDUÇÕES DE
NATUREZA CONSTITUCIONAL

Explica-se: entre uma situação de absoluta impossibilidade de medida da efetiva capacidade contributiva, que acaba por ignorá-la, e uma situação de medida simplificada eficaz, adota-se a segunda opção.

É exatamente o que ocorre, atualmente, no imposto sobre a renda da pessoa física. Sob o argumento de impossibilidade prática de medida da capacidade contributiva efetiva de cada cidadão, assim como a impossibilidade de controle dos gastos eventualmente declarados, opta-se, apenas, por não permitir as deduções. Isso viola, em seu maior grau, a capacidade contributiva e a base de cálculo constitucional do tributo.

Diante desse quadro, uma regra de simplificação, ainda que não seja exata, é melhor e mais próxima da real capacidade contributiva do que o modelo aplicado. Será, então, um benefício.[271]

E como gerar a simplificação? Pela regra média, ou seja, pelos dados obtidos na análise da repetição em massa das situações jurídicas alvo da regulamentação.

Klaus Tipke defende o uso da média representativa dos valores aproximadamente calculados, em situações similares.

> Se o princípio da capacidade contributiva fosse minuciosamente aplicado por leis altamente diferenciadas, as leis tributárias

---

271. Pedro Manuel Herrera Molina discorre sobre os objetivos da norma de simplificação, assim resumidos por Regina Helena Costa: "(i) garantir a arrecadação – o interesse arrecadatório não é um fim em si mesmo que possa entrar em conflito com a capacidade econômica, pois esta é, em princípio, a justa medida para a repartição da arrecadação; (ii) reduzir a elisão e a fraude; (iii) facilitar o controle da administração – os princípios da eficácia e da eficiência e economia na execução do gasto público tem um caráter predominantemente instrumental e não justificam, por si sós, uma restrição do princípio da capacidade econômica; (iv) simplificar a atuação do contribuinte – a simplificação para o contribuinte constituiu um reforço de sua segurança jurídica e também uma redução dos custos indiretos." (MOLINA, Pedro Manuel Herrera. *Capacidad económica y sistema fiscal – análisis del ordenamiento español a la luz del Derecho Alemán*. Madri, Real Academia de Ciencias Morales y Políticas, 1983, p. 160) *apud* COSTA, Regina Helena. *Praticabilidade e justiça tributária*: Exequibilidade de lei tributária e direitos do contribuinte. São Paulo: Malheiros, 2009, p. 174.

não poderiam mais ser aplicadas, isonomicamente, pelas autoridades fazendárias com o emprego razoável de pessoal e tempo, uma vez que tais autoridades têm milhões de contribuintes para fiscalizar. O princípio da isonomia da tributação seria violado.

Por isso, embora o princípio da capacidade contributiva se prenda à capacidade contributiva individual, é permitido, dentro de certos limites, que a lei tipifique certos casos medianamente comuns desconsiderando todos os desvios do caso concreto. Isso tem por consequência que casos desiguais sejam tratados igualmente e não desigualmente, o que, em si, não corresponde ao princípio da igualdade.

No entanto, as normas de simplificação, que desconsideram peculiaridades das situações individuais, devem partir da normalidade média. Se, por exemplo, a lei estabelece um montante presumido para despesas profissionais (custos operacionais), esse montante presumido deve partir dos gastos normais de um empregado médio. O mínimo existencial protegido da tributação deve ser mensurado de tal modo que seja adequado para a média dos contribuintes, isto é, que corresponda à necessidade vital da grande massa de contribuintes.

Quanto ao mais, regras de simplificação devem ser imprescindíveis e eficazes, não lhes sendo permitido privilegiar ou discriminar alguém excessivamente. O ganho em praticabilidade não pode ter por consequência um excessivo prejuízo da justiça no caso concreto.[272]

Voltando à nossa análise, então, para os dados médios medidos no Brasil, teremos uma boa fonte para a aplicação da praticabilidade, a partir de regras de simplificação das deduções.

Tendo por padrão os dados produzidos pelo Instituto Brasileiro de Geografia e Estatísticas – IBGE, mediante o Sistema de Indicadores Sociais, organizado a partir da Pesquisa de Orçamentos Familiares – POF, já reagrupados e aproximados, podemos sistematizar os parâmetros de comprometimento do orçamento familiar com as despesas consideradas essenciais para a pessoa física e sua família.

---

272. TIPKE, Klaus; YAMASHIDA, Douglas. *Justiça fiscal e princípio da capacidade contributiva*. São Paulo: Malheiros, 2002, p. 38.

O IMPOSTO SOBRE A RENDA E AS DEDUÇÕES DE
NATUREZA CONSTITUCIONAL

A aplicação pura e simples desses parâmetros implicaria permitirmos a dedução de todos os gastos, nos limites percentuais da renda bruta do contribuinte.

Essa aplicação, contudo, seria de difícil implementação. Enquanto algumas despesas são facilmente identificadas e comprovadas, como saúde e educação, outras são de difícil comprovação e controle, como alimentação, lazer ou higiene. Assim, a tabela precisa ser ainda mais aperfeiçoada.

6.4.2. Da simplificação das despesas dedutíveis e seus limites

Identificadas as despesas dedutíveis e demonstradas a viabilidade de utilização de valores médios, como técnica de simplificação, é oportuno lembrar os dados colhidos e sistematizados em passagem anterior.

DESPESA	NÍVEIS DE RENDA				
	1	2	3	4	5
Alimentação	48,1	25,7	16,75	13,4	7,8
Moradia	20,83	12,9	14,1	14,9	10,7
Saúde	8,43	6,4	6,15	6,1	4,4
Educação	2,63	2,77	3,9	4,7	3,8
Lazer	6,93	5,47	5,35	4,9	4,4
Vestuário	8,5	6,53	5,25	4	2,7
Higiene	7,23	4,63	3,6	2,9	1,9
Transporte	10,53	7,23	5,85	4,6	2,9
Previdência Social	1,6	1,93	2,2	2,7	2,9

Obs.: Os dados demonstram, percentualmente, o impacto da despesa na renda familiar.

Nessa tabela, destacaremos as despesas em dois diferentes grupos, para iniciarmos a definição da regra de dedução pela simplificação. A divisão proposta tem por critério, basicamente, a possibilidade de comprovação da despesa e a

198

possibilidade de demonstração de sua essencialidade. Não nos esqueçamos de que pretendemos trabalhar com uma tipificação qualitativa e quantitativa, sob pena de violação da isonomia.

São eles: (i) despesas plenamente dedutíveis e passíveis de controle pela comprovação; (ii) despesas parcialmente dedutíveis e não passíveis de controle.

6.4.2.1. Despesas plenamente dedutíveis

No grupo das despesas plenamente dedutível e passíveis de controle, identificamos as despesas que estão ligadas, em sua plenitude, à existência digna do contribuinte e de seus dependentes, já que somente em grau de exceção específica representariam gastos arbitrários, opcionais e demonstrativos de capacidade contributiva. Elenco, aqui, os gastos com saúde, educação e previdência.

Essas deduções plenas são justificadas, pois representam gastos relacionados com a própria manutenção da vida (saúde e previdência), preparação para o exercício da atividade produtiva (educação). Em um paralelo com a pessoa jurídica, são despesas essenciais, relacionadas à atividade produtiva pela manutenção da fonte produtora.

É bem verdade que alguns gastos com saúde e educação podem ser representativos de capacidade contributiva acima do mínimo essencial digno. Despesas médicas decorrentes de intervenções meramente estéticas, por exemplo, poderiam e deveriam ser desconsideradas como despesas médicas dedutíveis.

Aqui, contudo, como a própria lei atual já o faz, desconsidera-se essa possibilidade, pela pouca relevância no contexto geral das despesas médicas comuns. As intervenções médicas meramente estéticas representam, proporcionalmente, pequeno volume. O custo e a dificuldade de segregação, ou mesmo de fiscalização da correta classificação, poderia

O IMPOSTO SOBRE A RENDA E AS DEDUÇÕES DE NATUREZA CONSTITUCIONAL

inviabilizar o sistema de deduções. Aqui, então, por interesse da administração, simplifica-se a regra, admitindo-se a totalidade dos gastos médicos.

Ampliaríamos a dedução médica, apenas, estabelecendo a possibilidade de dedução de gastos com medicamentos de uso restrito, ou seja, aqueles que dependem de receituário médico. Bastaria, para isso, a implementação de uma obrigação acessória específica na venda de tais medicamentos, especialmente para estabelecimentos que comercializam diferentes produtos, além dos próprios medicamentos.

A permissão de dedução das despesas médicas, inclusive, gera um efeito interessante. Como a totalidade dos contribuintes pretenderá deduzir de seu imposto os valores pagos, limita-se, e muito, a sonegação de valores por parte dos hospitais, clínicas ou profissionais de saúde. O atual estágio de desenvolvimento dos sistemas de controle da Receita Federal do Brasil, inclusive potencializados pela escrituração digital, permite um competente cruzamento de dados e verificação da correspondente declaração da despesa e da receita.

Os gastos com educação devem seguir o mesmo modelo. A totalidade de valores destinados ao custeio de educação, em qualquer nível e qualquer seara, deve ser passível de dedução.

O setor de educação, especialmente pelo desenvolvimento de técnicas de ensino a distância, que permitem facilidade de contratação e ampliação da iniciativa dos cidadãos na busca do aperfeiçoamento, tem percebido significativo crescimento. A permissão pela dedução dos valores pagos geraria o mesmo efeito de controle das receitas geradas no sistema de saúde. A sonegação de receitas pelas empresas e profissionais de educação seria exponencialmente diminuída, já que a emissão de documentação fiscal idônea seria uma exigência da totalidade dos contratantes.

A seleção do tipo de despesa com educação, apesar de possível, limitando, por exemplo, apenas aos cursos de educação regulamentada (fundamental, médio, superior, pós-graduação

200

latu e *estrito senso,* cursos técnicos e profissionalizantes), não é adequada. Os investimentos com outros tipos de ensino, como cursos de línguas estrangeiras, informática, extensão e aperfeiçoamento, preparatórios para concursos ou para vestibulares, entre outros, são equivalentes aos gastos médicos estéticos. Representam uma certa liberalidade caracterizadora de capacidade contributiva, mas, no contexto geral da despesa, são pouco representativos e, de certa forma, vinculados a um conceito amplo de educação.

Entendemos, nessa seara, que toda e qualquer modalidade de ensino, que possa implicar desenvolvimento profissional, merece ser abarcada pela regra de dedução.

Inadequada, também, a ampla gama de restrições impostas pela legislação a determinadas despesas indiretas da educação, como uniforme, livros didáticos, material escolar, cursos de informática e outros.[273] As presentes limitações, apesar de passíveis de explicação e contextualização, não resistem à análise de constitucionalidade, baseada nas premissas de direitos fundamentais aplicadas ao Direito Tributário.

Toda modalidade de ensino, que implique mera possibilidade de desenvolvimento profissional, deve ser considerada como dedução permitida. Cursos preparatórios para vestibulares ou concursos públicos, aulas particulares, cursos de extensão ou aperfeiçoamento, entre outros, são importantes

---

273. A legislação impõe limitações às deduções por intermédio da IN 1.500, de 2014, da RFB. Segue o seu texto: "Art. 92. Não se enquadram no conceito de despesas com instrução: I — as despesas com uniforme, material e transporte escolar, as relativas à elaboração de dissertação de mestrado ou tese de doutorado, contratação de estagiários, computação eletrônica de dados, papel, fotocópia, datilografia, digitação, tradução de textos, impressão de questionários e de tese elaborada, gastos postais e de viagem; II — as despesas com aquisição de enciclopédias, livros, revistas e jornais; III — o pagamento de aulas de música, dança, natação, ginástica, tênis, pilotagem, dicção, corte e costura, informática e assemelhados; IV — o pagamento de cursos preparatórios para concursos ou vestibulares; V — o pagamento de aulas de idiomas estrangeiros; VI — os pagamentos feitos a entidades que tenham por objetivo a criação e a educação de menores desvalidos e abandonados; VII — as contribuições pagas às Associações de Pais e Mestres e às associações voltadas para a educação; e VIII — o valor despendido para pagamento do crédito educativo."

O IMPOSTO SOBRE A RENDA E AS DEDUÇÕES DE NATUREZA CONSTITUCIONAL

investimentos pessoais, visando ao incremento da capacidade produtiva e de geração de receitas próprias. Deve receber o mesmo tratamento do ensino formal.

Não podemos nos esquecer, ainda, do excepcional efeito dessa inclusão, consistente na natural formalização e diminuição da sonegação no segmento. Todos os tomadores desses serviços, pela possibilidade de dedução, exigirão a formalização do pagamento, por documento fiscal idôneo.

As despesas com livros didáticos, assim como revistas e jornais científicos e profissionais, por exemplo, poderiam seguir exatamente o mesmo modelo de deduções dos medicamentos de uso restrito, ou seja, implementar uma obrigação acessória de controle da aquisição.

Algumas despesas pontuais, como uniformes, deslocamentos, entre outros, acabam sendo abarcadas nas demais rubricas, como transporte ou vestuário. Seria possível, contudo, a inclusão, pela sistemática específica de prestação de serviço educacional, de todos esses valores em custo de educação, se a instituição de ensino fosse responsável pela integralidade das despesas (transporte escolar, alimentação na própria escola, disponibilização de material didático completo, aulas de reforço, entre outras) e os valores englobados na mensalidade escolar. Essa sistemática tornaria a dedução educacional ainda mais ampla e eficaz e de acordo com as premissas constitucionais da capacidade contributiva.

Vale lembrar, até, que no método de pesquisa POF-IBGE, os percentuais indicados de gastos familiares com saúde e com educação consideram, em seu cálculo, os valores com medicamentos, com material escolar, com uniforme escolar, ou seja, todas as despesas indiretamente vinculadas. Natural, portanto, que a legislação tributária assim permita, com as cautelas necessárias, a serem reguladas por instrumentos normativos e obrigações acessórias específicas.

Por fim, os gastos com previdência também devem ser plenamente dedutíveis.

Saliento, contudo, que incluo nesse item exclusivamente os custos com previdência oficial, ou seja, contribuição ao INSS. Não admito os valores direcionados aos planos de previdência privadas, sob pena de gerarmos um desvio no sistema, permitindo o afastamento da tributação de renda demonstrativa de capacidade econômica, pela escolha de um direcionamento que representa, em última análise, aplicação financeira.

Dessa forma, resumiríamos as despesas plenamente dedutíveis nessas três possibilidades. Obviamente, o contribuinte, em sua declaração, indicaria o valor e o beneficiário do pagamento, sujeitando-se a posterior controle de regularidade pela fiscalização, a famosa malha fina, com exibição dos documentos fiscais hábeis.

Incluiríamos nesse grupo, a depender da atividade explorada pelo sujeito passivo, os gastos necessários para a exploração de sua atividade profissional, conhecido como apuração de livro-caixa, já previsto no sistema atual. Essa sistemática permite a dedução dos custos e das despesas necessárias à atividade produtiva da pessoa física, em similitude com a pessoa jurídica.

6.4.2.2. Despesas parcialmente dedutíveis

No grupo das despesas parcialmente dedutível e não passíveis de controle, identificamos todas as demais despesas, quais sejam: alimentação, moradia, lazer, vestuário, higiene e transporte.

Essas despesas representam situações essenciais à vida digna, da mesma forma que saúde e educação. Não se cogita dizer que uma despesa médica é mais essencial que despesa para alimentação de subsistência. Trata-se de condição de manutenção da vida.

Deverá existir, então, uma razão para diferenciar o trato da saúde e da alimentação.

O IMPOSTO SOBRE A RENDA E AS DEDUÇÕES DE NATUREZA CONSTITUCIONAL

A razão é simples. O consumo de produtos alimentícios é muito mais propício aos excessos caracterizadores de capacidade contributiva. Na alimentação, assim como na higiene ou mesmo no transporte ou vestuário, existe uma margem de variação de produtos que permite o trânsito na escala de essencialidade de maneira muito abrupta.

A tabela de incidência de IPI mostra essa realidade. Existem diferentes itens relacionados como alimentos, tributados como produto essencial (alíquotas reduzidas) e como produto supérfluo (alíquotas aumentadas). A dedução do consumo de produtos básicos é razoável, mas a dedução de produtos requintados e eletivos, não.

Como essa diferenciação tornaria o sistema impossível de se operar, opta-se pela simplificação por abstração, a partir de cálculos médios.

Apenas para ilustrar, seria impossível esperar que, em um estabelecimento empresarial, como um grande mercado, fossem diferenciados os produtos em itens dedutíveis e não dedutíveis, gerando, inclusive, notas fiscais separadas. Isso inviabilizaria a busca do respeito à capacidade contributiva efetiva.

A praticabilidade, então, impõe a regra. Aplicaremos, nesses itens, exatamente os percentuais identificados na pesquisa de perfil de consumo da família brasileira da seguinte forma:

DESPESA	NÍVEIS DE RENDA				
	1	2	3	4	5
Alimentação	48,1	25,7	16,75	13,4	7,8
Moradia	20,83	12,9	14,1	14,9	10,7
Lazer	6,93	5,47	5,35	4,9	4,4
Vestuário	8,5	6,53	5,25	4	2,7
Higiene	7,23	4,63	3,6	2,9	1,9
Transporte	10,53	7,23	5,85	4,6	2,9
TOTAL	102,13	62,47	50,9	44,7	30,4

Obs.: Os dados demonstram, percentualmente, o impacto da despesa na renda familiar.

Visando à efetiva simplificação, propomos a utilização do somatório desses percentuais, atualizados regularmente pelos levantamentos periódicos, como uma dedução geral garantida a todos. Ou seja, seriam estabelecidos percentuais sempre vinculados às faixas de renda e aplicados em cada faixa, nos mesmos moldes da tributação progressiva.

Explica-se: para contribuintes com renda de até 5 salários-mínimos, haveria, em regra, uma isenção. Alteraríamos o limite de isenção para o valor adequado, conforme o levantamento dos gastos; para contribuintes com renda entre 5 e 10 salários, permite-se a dedução de um valor correspondente a 62,47% da renda auferida entre esse patamar, aliado ao valor isento de até 5 salários-mínimos; para contribuintes com renda entre 10 e 20 salários, permite-se a dedução de um valor correspondente a 50,90% da renda identificada nesse patamar, aliada à isenção dos 5 salários-mínimos e à dedução dos 62,47% da renda entre os 5 e 10 salários. Enfim, trata-se o cálculo da dedução da mesma forma que o cálculo do tributo devido, pelas alíquotas progressivas, fazendo a incidência do percentual específico na faixa específica.

Exemplificando numericamente, pensemos em um contribuinte com renda bruta mensal de 16 salários-mínimos. A dedução seria calculada em três níveis: isenção até 5 salários,

O IMPOSTO SOBRE A RENDA E AS DEDUÇÕES DE NATUREZA CONSTITUCIONAL

69,47% sobre o valor de 5 salários (valores entre 5 e 10 salários-mínimos) e 50,90% sobre 6 salários (valores entre 10 e 20 salários). Essa técnica permite afastar a mesma injustiça que existiria se as alíquotas progressivas do imposto sobre a renda fossem aplicadas no valor da renda, sem a consideração das faixas anteriores.

Para simplificar os índices, seria feita nova aproximação, facilitando os cálculos.

PERCENTUAL DE DEDUÇÃO	NÍVEIS DE RENDA				
	1	2	3	4	5
	100%	60%	50%	45%	30%

Obs.: Os dados demonstram, percentualmente, o impacto da despesa na renda familiar, nos patamares definidos (Nível 1: até 5 SM; Nível 2: de 5 a 10 SM; Nível 3: de 10 a 20 SM; Nível 4: de 20 a 30 SM; Nível 5: acima de 30 SM).

Por uma decisão arbitrária da lei, seria definido um limite máximo de dedução no último patamar, para evitar que os ganhos extraordinários permitissem deduções extraordinárias, incompatíveis com a isonomia que o sistema pretende. Esse patamar poderia ser definido, por exemplo, em 10 salários-mínimos (pouco mais do que 30% de 30 salários-mínimos, início da última faixa de renda para fins de cálculo das deduções).

6.4.3. Proposta de redação legislativa das deduções no imposto sobre a renda pessoa física

Com base nas premissas definidas nos itens anteriores, devemos, então, buscar a adequação da lei específica do imposto sobre a renda, para registrar efetivamente as técnicas de simplificação aqui descritas.

Vale ressaltar que a presente discussão não exclui outras deduções que o legislador, por motivos de política tributária, pretenda implementar.

206

FERNANDO FERREIRA CASTELLANI

A legislação atual do imposto sobre a renda das pessoas físicas regula a dedução das despesas no art. 8º da Lei 9.250/95 da seguinte forma:

Lei 9.250/95

Art. 8º A base de cálculo do imposto devido no ano-calendário será a diferença entre as somas:

I — de todos os rendimentos percebidos durante o ano-calendário, exceto os isentos, os não tributáveis, os tributáveis exclusivamente na fonte e os sujeitos à tributação definitiva;

II — das deduções relativas:

a) aos pagamentos efetuados, no ano-calendário, a médicos, dentistas, psicólogos, fisioterapeutas, fonoaudiólogos, terapeutas ocupacionais e hospitais, bem como as despesas com exames laboratoriais, serviços radiológicos, aparelhos ortopédicos e próteses ortopédicas e dentárias;

b) a pagamentos de despesas com instrução do contribuinte e de seus dependentes, efetuados a estabelecimentos de ensino, relativamente à educação infantil, compreendendo as creches e as pré-escolas; ao ensino fundamental; ao ensino médio; à educação superior, compreendendo os cursos de graduação e de pós-graduação (mestrado, doutorado e especialização); e à educação profissional, compreendendo o ensino técnico e o tecnológico, até o limite anual individual de:

(...)

9. R$ 3.375,83 (três mil, trezentos e setenta e cinco reais e oitenta e três centavos) a partir do ano-calendário de 2014.

c) à quantia, por dependente, de:

(...)

8. R$ 2.156,52 (dois mil, cento e cinquenta e seis reais e cinquenta e dois centavos) a partir do ano-calendário de 2014;

d) às contribuições para a Previdência Social da União, dos Estados, do Distrito Federal e dos Municípios;

e) às contribuições para as entidades de previdência privada domiciliadas no País, cujo ônus tenha sido do contribuinte, destinadas a custear benefícios complementares assemelhados aos da Previdência Social;

f) às importâncias pagas a título de pensão alimentícia em face das normas do Direito de Família, quando em cumprimento de

207

O IMPOSTO SOBRE A RENDA E AS DEDUÇÕES DE
NATUREZA CONSTITUCIONAL

decisão judicial, inclusive a prestação de alimentos provisionais, de acordo homologado judicialmente, ou de escritura pública a que se refere o art. 1.124-A da Lei nº 5.869, de 11 de janeiro de 1973 - Código de Processo Civil;

g) às despesas escrituradas no Livro Caixa, previstas nos incisos I a III do art. 6º da Lei nº 8.134, de 27 de dezembro de 1990, no caso de trabalho não assalariado, inclusive dos leiloeiros e dos titulares de serviços notariais e de registro.

h) (Vetado).

i) às contribuições para as entidades fechadas de previdência complementar de natureza pública de que trata o § 15 do art. 40 da Constituição Federal, cujo ônus tenha sido do contribuinte, destinadas a custear benefícios complementares assemelhados aos da Previdência Social. (Redação dada pela Lei n. 13.043, de 2014);

A partir das premissas definidas no trabalho, propomos a seguinte redação:

Lei 9.250/95

Art. 8º A base de cálculo do imposto devido no ano-calendário será a diferença entre as somas:

I - de todos os rendimentos percebidos durante o ano-calendário, exceto os isentos, os não tributáveis, os tributáveis exclusivamente na fonte e os sujeitos à tributação definitiva;

II - das deduções relativas:

a) aos pagamentos efetuados, no ano-calendário, a médicos, dentistas, psicólogos, fisioterapeutas, fonoaudiólogos, terapeutas ocupacionais e hospitais, bem como as despesas com exames laboratoriais, serviços radiológicos, aparelhos ortopédicos e próteses ortopédicas e dentárias, assim como de medicamentos de uso controlado, fornecidos mediante receita médica específica;

b) a pagamentos de despesas com instrução do contribuinte e de seus dependentes, efetuados a estabelecimentos de ensino, relativamente à educação infantil, compreendendo as creches e as pré-escolas; ao ensino fundamental; ao ensino médio; à educação superior, compreendendo os cursos de graduação e de pós-graduação (mestrado, doutorado e especialização); à educação profissional, compreendendo o ensino técnico e o tecnológico, assim como a todo e qualquer estabelecimento de ensino, assim considerado aqueles que explorem atividade identificada como educação;

208

FERNANDO FERREIRA CASTELLANI

c) às contribuições para a Previdência Social da União, dos Estados, do Distrito Federal e dos Municípios;

d) às contribuições para as entidades de previdência privada domiciliadas no País, cujo ônus tenha sido do contribuinte, destinadas a custear benefícios complementares assemelhados aos da Previdência Social;

e) às importâncias pagas a título de pensão alimentícia em face das normas do Direito de Família, quando em cumprimento de decisão judicial, inclusive a prestação de alimentos provisionais, de acordo homologado judicialmente, ou de escritura pública a que se refere o art. 1.124-A da Lei nº 5.869, de 11 de janeiro de 1973 - Código de Processo Civil [art. 733 do Novo CPC]

f) às despesas escrituradas no Livro Caixa, previstas nos incisos I a III do art. 6º da Lei nº 8.134, de 27 de dezembro de 1990, no caso de trabalho não assalariado, inclusive dos leiloeiros e dos titulares de serviços notariais e de registro.

g) às contribuições para as entidades de previdência complementar de que trata a Lei nº 12.618, de 30 de abril de 2012.

h) aos descontos gerais calculados com base na renda tributável, calculado com base nos seguintes percentuais, aplicados cumulativamente:

1. rendimentos tributáveis de até 5 salários-mínimos vigentes no ano-calendário: 100% (cem por cento);

2. rendimentos tributáveis superiores a 5 até 10 salários-mínimos vigentes no ano-calendário: 60% (sessenta por cento);

3. rendimentos tributáveis superiores a 10 até 20 salários-mínimos vigentes no ano-calendário: 50% (cinquenta por cento);

4. rendimentos tributáveis superiores a 20 até 30 salários-mínimos vigentes no ano-calendário: 45% (quarenta e cinco por cento);

5. rendimentos tributáveis superiores a 30 salários-mínimos vigentes no ano-calendário: 30% (trinta por cento), limitado ao valor máximo de 10 salários-mínimos;

Basicamente, inserimos a dedução de medicamentos, dedução plena de despesas com educação, não mais limitada quantitativamente ou mesmo qualitativamente, assim como a inserção de valor de dedução geral, calculada proporcionalmente à renda auferida.

O IMPOSTO SOBRE A RENDA E AS DEDUÇÕES DE
NATUREZA CONSTITUCIONAL

Evidentemente, identificamos, nessa sistemática, algumas falhas possíveis, ou mesmo não mensuração exata da capacidade contributiva, contudo, identificamos, também, significativa aproximação com a real capacidade econômica dos indivíduos, ao menos no que se refere ao cômputo das despesas relacionadas à manutenção do mínimo existencial digno.

CAPÍTULO VII
ANÁLISE PRAGMÁTICA: A INCONSTITUCIONAL LIMITAÇÃO DE DESPESAS COM EDUCAÇÃO

A inconstitucionalidade das limitações legais impostas às despesas relacionadas aos direitos e às garantias individuais, assim como os relacionados à manutenção do mínimo vital digno, não tem escapado da análise atenta de diversos doutrinadores e, felizmente, da jurisprudência.

Essa constatação nos mostra que o assunto, apesar de teórico, é, também, pragmático. Trata-se de assunto em plena discussão.

As principais ações existentes referem-se à discussão acerca da constitucionalidade de limitação de despesas relacionadas à educação.

Na linha de debates sobre as despesas com educação, surgem quatro nítidas possibilidades: a. Inconstitucionalidade de qualquer limitação, independentemente de valor ou tipo de investimento em educação; b. Inconstitucionalidade de qualquer limitação relacionada a valores aplicados em educação formal ou técnica; c. Inconstitucionalidade de definição de limites em valores insuficientes ou inadequados diante dos valores reais praticados pelo mercado; d. Constitucionalidade

211

O IMPOSTO SOBRE A RENDA E AS DEDUÇÕES DE NATUREZA CONSTITUCIONAL

das limitações, decorrentes da liberdade do legislador para a definição das deduções e fato gerador do imposto sobre a renda.

Conforme defendemos, em várias linhas, entendemos absolutamente inconstitucional toda limitação de despesas relacionadas à educação, pois se trata de despesa relacionada à capacitação da pessoa, equivalente a uma despesa necessária para o desenvolvimento da atividade, como um insumo para a pessoa jurídica.

Mais que isso, a educação deve ser considerada um meio para o atingimento dos objetivos fundamentais do Estado brasileiro, como a construção de uma sociedade livre, justa e solidária, o desenvolvimento nacional, a erradicação da pobreza e da marginalização, a redução das desigualdades sociais e regionais, dentre outros.[274]

7.1. Da delimitação da controvérsia

A Lei 9.250/95, em seu art. 8º, define uma série de regras acerca das deduções do imposto sobre a renda pessoa física, definindo, com isso, sua base de cálculo legal.

Especialmente no que se refere às despesas com educação, estabelece duas condicionantes para a dedução, de cunho qualitativo e quantitativo.

No aspecto qualitativo, somente permite abatimento de valores relacionados a pagamentos de despesas com instrução do contribuinte e de seus dependentes, efetuados a estabelecimentos de ensino, relativamente à educação infantil e fundamental, ao ensino médio, à educação superior e à educação profissional.[275]

---

274. BACH, Marcel Eduardo Cunico. "A (in)constitucionalidade das restrições à dedutibilidade das despesas com educação à luz dos objetivos fundamentais da República Federativa do Brasil". In: *Tributação: democracia e liberdade*, GRUPENMACHER, Betina Treiger (Org.). São Paulo: Noeses, 2014, p. 581.

275. Lei 9.250/95, art. 8º, II, "b": a pagamentos de despesas com instrução do

No aspecto quantitativo, limitam-se, anualmente, tais despesas a valores pré-estabelecidos, muito inferiores ao necessário. Nos termos da lei, para o exercício de 2014, por exemplo, o valor-limite, anual, individual, é de R$ 3.375,83 (três mil, trezentos e setenta e cinco reais e oitenta e três centavos).[276]

Relativamente a esses limites, em recente decisão, o Tribunal Regional Federal da 3ª Região analisou os dispositivos citados, em arguição de inconstitucionalidade cível n. 0005067-86.2002.4.03.6100/SP, de relatoria do Desembargador Federal Mairan Maia, tendo a seguinte ementa:

> Constitucional. Tributário. Imposto de Renda. Pessoa física. Limites à dedução das despesas com instrução. Arguição de inconstitucionalidade. Art. 8º, II, "b", da Lei n. 9.250/95. Educação. Direito social fundamental. Dever jurídico do Estado de promovê-la e prestá-la. Direito público subjetivo. Não tributação das verbas despendidas com educação. Medida concretizadora de diretriz primordial delineada pelo constituinte originário. A incidência do imposto sobre gastos com educação vulnera o conceito constitucional de renda e o princípio da capacidade contributiva.
>
> 1. Arguição de inconstitucionalidade suscitada pela e. Sexta Turma desta Corte em sede de apelação em mandado de segurança impetrado com a finalidade de garantir o direito à dedução integral dos gastos com educação na Declaração de Ajuste Anual do Imposto de Renda Pessoa Física de 2002, ano-base 2001.
>
> 2. Possibilidade de submissão da *quaestio juris* a este colegiado, ante a inexistência de pronunciamento do Plenário do STF, tampouco do Pleno ou do Órgão Especial desta Corte, acerca da questão.
>
> 3. O reconhecimento da inconstitucionalidade da norma afastando sua aplicabilidade não configura, por parte do Poder Judiciário, atuação como legislador positivo. Necessidade de o

---

contribuinte e de seus dependentes, efetuados a estabelecimentos de ensino, relativamente à educação infantil, compreendendo as creches e as pré-escolas; ao ensino fundamental; ao ensino médio; à educação superior, compreendendo os cursos de graduação e de pós-graduação (mestrado, doutorado e especialização); e à educação profissional, compreendendo o ensino técnico e o tecnológico, até o limite anual individual de (...).

276. Tais valores estão previstos na mesma lei 9.250/95, com correção e ajustes anuais. Para fins de comparação, os valores, em 2007, correspondiam a R$ 2.480,66.

O IMPOSTO SOBRE A RENDA E AS DEDUÇÕES DE NATUREZA CONSTITUCIONAL

Judiciário — no exercício de sua típica função, qual seja, averiguar a conformidade do dispositivo impugnado com a ordem constitucional vigente — manifestar-se sobre a compatibilidade da norma impugnada com os direitos fundamentais constitucionalmente assegurados. Compete também ao poder Judiciário verificar os limites de atuação do Poder Legislativo no tocante ao exercício de competências tributárias impositivas.

4. A Constituição Federal confere especial destaque a esse direito social fundamental, prescrevendo o dever jurídico do Estado de prestá-la e alçando-a à categoria de direito público subjetivo.

5. A educação constitui elemento imprescindível ao pleno desenvolvimento da pessoa, ao exercício da cidadania e à livre determinação do indivíduo, estando em estreita relação com os primados basilares da República Federativa e do Estado Democrático de Direito, sobretudo com o princípio da dignidade da pessoa humana. Atua como verdadeiro pressuposto para a concreção de outros direitos fundamentais.

6. A imposição de limites ao abatimento das quantias gastas pelos contribuintes com educação resulta na incidência de tributos sobre despesas de natureza essencial à sobrevivência do indivíduo, a teor do art. 7 °, IV, da CF, e obstaculiza o exercício desse direito.

7. Na medida em que o Estado não arca com seu dever de disponibilizar ensino público gratuito a toda população, mediante a implementação de condições materiais e de prestações positivas que assegurem a efetiva fruição desse direito, deve, ao menos, fomentar e facilitar o acesso à educação, abstendo-se de agredir, por meio da tributação, a esfera jurídico-patrimonial dos cidadãos na parte empenhada para efetivar e concretizar o direito fundamental à educação.

8. A incidência do imposto de renda sobre despesas com educação vulnera o conceito constitucional de renda, bem como o princípio da capacidade contributiva, expressamente previsto no texto constitucional.

9. A desoneração tributária das verbas despendidas com instrução configura medida concretizadora de objetivo primordial traçado pela Carta Cidadã, a qual erigiu a educação como um dos valores fundamentais e basilares da República Federativa do Brasil.

10. Arguição julgada procedente para declarar a inconstitucionalidade da expressão "até o limite anual individual de R$ 1.700,00

FERNANDO FERREIRA CASTELLANI

(um mil e setecentos reais)" contida no art. 8º, II, "b", da Lei nº 9.250/95.[277]

Em outra importante iniciativa, a Ordem dos Advogados do Brasil propôs a Ação Direta de Inconstitucionalidade – ADI n. 4974, em 25 de março de 2013. Essa ação, após manifestação da Procuradoria Geral da República, aguarda julgamento, sem data para sua definição.

Apesar de utilizarem uma argumentação não uniforme, as duas discussões têm pontos importantes em comum. É o que veremos.

7.2. Da arguição de inconstitucionalidade no TRF3 e a declaração de inconstitucionalidade dos limites de dedução

O Tribunal Regional Federal da 3ª Região foi instado a se manifestar em sede de arguição de descumprimento de preceito fundamental, decorrente de apelação em Mandado de Segurança no qual se discutia o direito à dedução integral dos gastos com educação na declaração do Imposto de Renda Pessoa Física de 2002, ano-base 2001, afastando-se, com isso, as limitações impostas pela Lei 9.250/95. A decisão inicial que deu margem à arguição ao Pleno do tribunal foi elaborada pela Desembargadora, atualmente Ministra do Superior Tribunal de Justiça, Regina Helena Costa.

> Tributário. Imposto de renda pessoa física. Despesas relativas à educação. Dedução. Limite anual individual previsto no art. 8º, inciso II, alínea "b", da Lei n. 9.250/95. Arguição de inconstitucionalidade. Art. 172 e seguintes do RITRF-3ª Região e art. 97, da Constituição Federal.
>
> I - O conceito de renda encontra-se delimitado constitucionalmente, traduzindo acréscimo patrimonial, riqueza nova, que vem se incorporar a patrimônio pré-existente, num determinado

---

277. Para visualização do inteiro teor do acordão, sugerimos a busca em portal do TRF3, assim identificável: <http://goo.gl/cP5Kua>. Acesso em: 21 set. 2015.

215

O IMPOSTO SOBRE A RENDA E AS DEDUÇÕES DE
NATUREZA CONSTITUCIONAL

período de tempo (art. 153, III, da Constituição Federal e arts. 43 a 45, do CTN).

II - Ao vedar ao contribuinte o abatimento da integralidade das despesas com instrução própria e de seus dependentes, impedindo-o de deduzir qualquer importância que exceda o limite legal autorizado, o legislador ordinário acabou por subverter o conceito constitucional de renda, sendo de rigor, por conseguinte, a declaração de inconstitucionalidade do art. 8°, II, *b*, da Lei 9.250/95.

III - A proibição de dedução integral das despesas de instrução efetivamente incorridas pelo contribuinte revela-se incompatível com o dever imposto ao Poder Público, pela Carta da República de 1988, de promover e incentivar a educação, visando ao pleno desenvolvimento da pessoa, seu preparo para o exercício da cidadania e sua qualificação para o trabalho.

IV - Deve ser reconhecida a inconstitucionalidade *incidenter tantum* da expressão "até o limite anual individual de R$ 1.700,00 (um mil e setecentos reais)", contida na alínea "b", do II, do art. 8° da Lei 9.250/95, para, por conseguinte, excluir a limitação de deduções com gastos em educação da base de cálculo do Imposto de Renda Pessoa Física.

V - Incidente de arguição de inconstitucionalidade acolhido, a teor do art. 97, da Constituição Federal, art. 481 e seguintes do Código de Processo Civil [arts. 948 a 950 do Novo CPC], bem como do art. 172 e seguintes do RITRF-3ª Região.

O tribunal, em apertada síntese, decidiu pela inconstitucionalidade, baseado, principalmente, na configuração da educação como um direito social fundamental, previsto no art. 6° da Constituição Federal, corroborado pelo art. 7°, definidor do salário-mínimo, além dos dispositivos dos arts. 23, 205 e 208, todos da Constituição Federal. Pela importância, vejamos os artigos:

Constituição Federal:

Art. 6° São direitos sociais a educação, a saúde, a alimentação, o trabalho, a moradia, o transporte, o lazer, a segurança, a previdência social, a proteção à maternidade e à infância, a assistência aos desamparados, na forma desta Constituição. (Redação dada pela Emenda Constitucional n° 90/2015)

FERNANDO FERREIRA CASTELLANI

Art. 7º São direitos dos trabalhadores urbanos e rurais, além de outros que visem à melhoria de sua condição social:

(...)

IV — salário-mínimo, fixado em lei, nacionalmente unificado, capaz de atender a suas necessidades vitais básicas e às de sua família com moradia, alimentação, educação, saúde, lazer, vestuário, higiene, transporte e previdência social, com reajustes periódicos que lhe preservem o poder aquisitivo, sendo vedada sua vinculação para qualquer fim;

(...)

Art. 23: É competência comum da União, dos Estados, do Distrito Federal e dos Municípios:

(...)

V - proporcionar os meios de acesso à cultura, à educação e à ciência;

(...)

Art. 205. A educação, direito de todos e dever do Estado e da família, será promovida e incentivada com a colaboração da sociedade, visando ao pleno desenvolvimento da pessoa, seu preparo para o exercício da cidadania e sua qualificação para o trabalho.

(...)

Art. 208. O dever do Estado com a educação será efetivado mediante a garantia de:

(...)

§ 1º. O acesso ao ensino obrigatório e gratuito é direito público subjetivo.

§ 2º. O não oferecimento do ensino obrigatório pelo Poder Público, ou sua oferta irregular, importa responsabilidade da autoridade competente.

Ainda, na presente ação, cita-se a Declaração Universal dos Direitos Humanos, subscrita pelo Brasil, especialmente seu art. 26:

1. Toda a pessoa tem direito à educação. A educação deve ser gratuita, pelo menos a correspondente ao ensino elementar fundamental. O ensino elementar é obrigatório. O ensino técnico e

O IMPOSTO SOBRE A RENDA E AS DEDUÇÕES DE
NATUREZA CONSTITUCIONAL

profissional dever ser generalizado; o acesso aos estudos superiores deve estar aberto a todos em plena igualdade, em função do seu mérito.

2. A educação deve visar à plena expansão da personalidade humana e ao reforço dos direitos do Homem e das liberdades fundamentais e deve favorecer a compreensão, a tolerância e a amizade entre todas as nações e todos os grupos raciais ou religiosos, bem como o desenvolvimento das atividades das Nações Unidas para a manutenção da paz.

3. Aos pais pertence a prioridade do direito de escolher o gênero de educação a dar aos filhos.

Todos os artigos constitucionais citados na ação e colacionados no texto mostram, de maneira irrefutável, a maneira incisiva com a qual o legislador constitucional atribuiu, ao Estado, o dever de prover a educação a todos os cidadãos.

Apesar da inegável responsabilidade do Estado pela prestação do serviço educacional, admite-se a sua exploração pela iniciativa privada, em atividade complementar à estatal e respeitando-se requisitos definidos constitucionalmente.[278]

Reconhece-se, ainda, que a existência da atividade privada de ensino é fundamental para se atingir os objetivos do Estado, tanto que as despesas relacionadas à educação, direcionadas ao pagamento, pelo usuário, de tais serviços, são passíveis de abatimento. O que não se entende, de plano, é a existência de limitação, em valores puramente arbitrários, constantes da legislação.

Entendeu, o Tribunal, que a educação trata-se de direito público subjetivo, essencial ao desenvolvimento humano, assim como a saúde.

> Posto como elemento imprescindível ao pleno desenvolvimento da pessoa, ao exercício da cidadania e à livre determinação do indivíduo, o direito à educação guarda estreita relação com

---

278. CF, art. 209. O ensino é livre à iniciativa privada, atendidas as seguintes condições: I - cumprimento das normas gerais da educação nacional; II — autorização e avaliação de qualidade pelo Poder Público.

FERNANDO FERREIRA CASTELLANI

os primados basilares da República Federativa e do Estado Democrático de Direito, sobretudo com o princípio da dignidade da pessoa humana, funcionando como verdadeiro pressuposto para a concreção dos demais direitos fundamentais.[279]

Ressalta-se que, apesar da natureza programática[280] das normas constitucionais que versam sobre a educação, a condição de direito público subjetivo confere plena eficácia e imediata aplicabilidade aos dispositivos. Isso gera a consequência

---

279. Desembargador Mairan Maia, na arguição de inconstitucionalidade n. 0005067-86.2002.4.03.6100/SP.

280. "Regras jurídicas programáticas são aquelas em que o legislador, constituinte ou não, em vez de editar regra jurídica de aplicação concreta, apenas traça linhas diretoras, pelas quais se hão de orientar os poderes públicos. A legislação, a execução e a própria justiça ficam sujeitas a esses ditames, que são como programas dados à sua função." (MIRANDA, Pontes de. *Comentários à Constituição de 1967 com a Emenda n. 1 de 1969*. Tomo I. São Paulo: Ed. RT, 1972, p. 126). "As normas constitucionais programáticas, dirigidas que são aos órgãos estatais, hão de informar, desde o seu surgimento, a atuação do Legislativo, ao editar leis, bem como da Administração e do Judiciário ao aplicá-las, de ofício ou contenciosamente. Desviando-se os atos de qualquer dos Poderes da diretriz lançada pelo comando normativo superior, viciam-se por inconstitucionalidade, pronunciável pela instancia competente." (BARROSO, Luís Roberto. *O direito constitucional e a efetividade de suas normas*. Rio de Janeiro: Renovar, 2003, p. 93). "...são programáticas aquelas normas constitucionais através das quais os constituintes, em vez de regular, direta e imediatamente, determinados interesses, limitou-se a traçar-lhes os princípios para serem cumpridos pelos seus órgãos (legislativos, executivos, jurisdicionais e administrativos), como programas das respectivas atividades, visando à realização dos fins sociais do Estado." (SILVA, José Afonso da. *Aplicabilidade das normas constitucionais*. São Paulo: Malheiros, 1998, p. 138). Analisando a questão das normas constitucionais, José Afonso da Silva afirmava que: "Temos que partir, aqui, daquela premissa já tantas vezes enunciada: não há norma constitucional alguma destituída de eficácia. Todas elas irradiam efeitos jurídicos, importando sempre uma inovação da ordem jurídica pré-existente à entrada em vigor da Constituição a que aderem e a nova ordenação instaurada (...) Se todas têm eficácia, sua distinção, sob esse aspecto, deve ressaltar essa característica básica e ater-se à circunstância de que se diferenciam tão só quanto ao grau de seus efeitos jurídicos. É insuficiente, a nosso ver, separá-las em dois grupos, como insinuam certos autores: a) normas constitucionais de eficácia plena, que seriam aquelas de imediata aplicação; b) normas constitucionais de eficácia limitada, distinguindo-se estas, ainda, em: 1) normas de legislação e 2) normas programáticas (...) Em vez, pois, de dividir as normas constitucionais, quanto à eficácia e aplicabilidade, em dois grupos, achamos mais adequado considerá-las sob tríplice característica, discriminando-as em três categorias: I – normas constitucionais de eficácia plena; II – normas constitucionais de eficácia contida; III – normas de eficácia limitada ou reduzida" (SILVA, José Afonso da. *Aplicabilidade das normas constitucionais*. São Paulo: Malheiros, 1998, p. 81).

O IMPOSTO SOBRE A RENDA E AS DEDUÇÕES DE
NATUREZA CONSTITUCIONAL

de concretização desse direito, independentemente de regulamentação normativa infraconstitucional. Lembra-se, aqui, a redação do art. 5º, § 1º da própria Carta Magna.

Esse reconhecimento, de direito público subjetivo do cidadão, impõe, ao Estado, o dever de atuação efetiva para a concretização de tais direitos.

Ao lado do dever de atuação, gera-se, indiretamente, um dever de abstenção. Ilustra, de maneira efetiva, tal situação a previsão de imunidades relacionadas à instituição de educação sem finalidade lucrativa, em uma nítida indicação da pretensão de estimular a prestação da atividade de educação pela iniciativa privada, aliada à própria incompetência tributária, decorrente do reconhecimento de sua natureza de direito subjetivo e papel do Estado.

Nessa linha de raciocínio, defendeu-se que a exclusão dos valores para o custeio da educação da base de cálculo do imposto sobre a renda tem a mesma finalidade da imunidade das instituições de educação, qual seja, desonerar a prestação da atividade que, a rigor, é obrigação do Estado, não cumprida por ele, com exclusividade, por incapacidade.[281] Trata-se, assim, de dever estatal, não mero favor fiscal ou discricionária manifestação de competência tributária pela isenção.

Trata-se, portanto, de uma ilícita restrição aos direitos subjetivos, garantidos constitucionalmente, permitir a tributação sobre valores destinados ao custeio de despesas com educação. Tributação dos valores despendidos com educação é tributação de despesas necessárias, não de renda.

---

281. Pedro Augustin Adamy assim se manifesta: "os direitos fundamentais sociais, econômicos e culturais — como é o caso da educação — reclamam, no mais das vezes, uma prestação positiva do Estado. Contudo, visto em relação com as imunidades e com base nos dispositivos constitucionais atinentes, o direito à educação possui, também, um caráter negativo-defensivo. Assim, a proteção e concretização do direito social à educação poderá se dar também por meio de um *non facere* estatal. A garantia de *não ação* por parte do Estado, especialmente no que concerne à impossibilidade de instituição de tributos, confere maior efetividade ao direito à educação". ("As imunidades tributárias e o direito fundamental à educação", *Revista Tributária e de Finanças Públicas*, v. 19, n. 96, RT, 2011, p. 101-132).

FERNANDO FERREIRA CASTELLANI

Em mais uma passagem objetiva, temos:

> Assim, se a Constituição da República estabelece ser dever do Estado prover educação, correspondendo a esta obrigação a possibilidade de se exigir a implementação material dos pressupostos básicos para a plena fruição deste direito, avulta-se a inconstitucionalidade da norma que veda ou restringe a dedução das despesas com instrução da base de cálculo do imposto de renda.

Discorre-se, ainda, sobre o conceito de renda, demonstrando-se tratar de acréscimo patrimonial experimentado pela pessoa, física ou jurídica, e que se agrega a seu patrimônio em certo lapso, representado pelo recebimento em pecúnia como retribuição de serviços de qualquer natureza.[282] Demonstra-se, ainda, a existência de correntes defensoras de conceito constitucional de renda, com as limitações decorrentes, impostas ao legislador infraconstitucional.

A capacidade contributiva, requisito para a incidência dos impostos, somente existirá onde houver acúmulo de valores superiores ao necessário para a satisfação das necessidades básicas da pessoa, ligadas à manutenção e ao desenvolvimento de seu núcleo familiar. Garante-se, com isso, o mínimo vital. Trata-se, na visão do tribunal, de legítima decorrência do princípio da isonomia.

Alerta o relator do recurso:

> Conjugando-se esses fatores acima examinados - a natureza de direito público subjetivo do acesso ao ensino público e gratuito, o dever do Estado de disponibilizar estabelecimentos com essas características, a existência de conceito constitucional de renda, fundado na ideia de acréscimo patrimonial, e a observância obrigatória do princípio da capacidade contributiva pelo legislador infraconstitucional - a inconstitucionalidade da norma que impõe limites à dedução evidencia-se de forma irretorquível.

---

282. No mesmo sentido, o Supremo Tribunal Federal já consignou não ser "possível a afirmativa no sentido de que possa existir renda ou provento sem que haja acréscimo patrimonial, acréscimo patrimonial que ocorre mediante o ingresso ou o auferimento de algo, a título oneroso (...)." (RExt nº 117.887-6/SP, Rel. Min. Carlos Velloso, 11.02.1993).

O IMPOSTO SOBRE A RENDA E AS DEDUÇÕES DE
NATUREZA CONSTITUCIONAL

(...)

Não é recente a advertência de doutrinadores e juristas no sentido de a supressão ou o estabelecimento de limites às deduções de despesas desse jaez resultar na incidência da exação sobre parte importante e essencial da renda do indivíduo acerca da qual não há qualquer disponibilidade, pois, antes mesmo de integrar definitivamente o patrimônio do contribuinte, se consuma com a satisfação de suas necessidades existenciais para cuja concretização sequer deveria concorrer de forma direta, além do montante já recolhido ao erário por meio de pagamento de tributos.

O direito ao abatimento integral das despesas de educação reconhece o julgador, decorre da mesma lógica que permite o abatimento integral das despesas com saúde (*ubi eadem ratio ibi eadem jus* – onde há a mesma razão deve ser aplicado o mesmo direito).

Concluiu, ao final, que o estabelecimento de qualquer limite, ainda mais em patamares ínfimos, configura violação direta à constituição, pelo afastamento do pleno exercício de direitos subjetivos reconhecidos pelo sistema.[283]

7.3. Da Ação Direta de Inconstitucionalidade – ADI – 4927

No ano de 2013, a Ordem dos Advogados do Brasil, por intermédio de seu Conselho Federal, propôs a Ação Direta de Inconstitucionalidade – ADI 4927[284], questionando a consti-

---

283. Desta feita, o art. 8º, II, "b", da Lei n. 9.250/95, ao restringir, de modo drástico e despido de qualquer critério informador, a dedução das despesas com educação por ocasião da apuração da base de cálculo do imposto sobre renda de pessoa física atua em direção oposta à apontada pelo Constituinte Originário, menoscabando um dos objetivos primordiais inscritos na Constituição da República, incidindo, por conseguinte, em insuperável vício de inconstitucionalidade. Ante o exposto, voto por julgar procedente a arguição de inconstitucionalidade para declarar a inconstitucionalidade da expressão "até o limite anual individual de R$ 1.700,00 (um mil e setecentos reais)" contida no art. 8º, II, "b", da Lei n. 9.250/95, devendo os autos retornarem à Turma para o prosseguimento do julgamento da apelação (trecho do voto relator, Desembargador Federal Mairan Maia).

284. A ação foi distibuída na data de 25.03.2013, tendo sido sorteada como realtora a

222

tucionalidade da limitação do abatimento das despesas com educação, na apuração da base de cálculo do imposto sobre a renda da pessoa física.

De maneira diversa da arguição de inconstitucionalidade debatida no TRF da 3ª Região, nesta ação, discute-se apenas a quantificação da limitação das despesas com educação. Argumenta, em apertada síntese, que os limites impostos pela atual legislação são irrisórios e absolutamente incompatíveis com os valores praticados pelas instituições privadas de ensino, não havendo, contudo, inconstitucionalidade no estabelecimento de algum limite quantitativo. Discute-se, assim, apenas o valor razoável de abatimento.

> Duas são as censuras em princípio oponíveis ao art. 8º, II, "b", da Lei no 9.250/95 (com redação da pela Lei n. 12.469/2011):
>
> • a sua insuficiência objetiva, por não contemplar inúmeras atividades essenciais à formação e ao aprimoramento intelectual e profissional do cidadão, como, entre outras, a aquisição de material didático, as aulas particulares e os cursos de idiomas, de artes e pré-vestibulares;
>
> • a sua insuficiência quantitativa, por estabelecer – em relação às despesas autorizadas – limite de dedução claramente irrealista.
>
> Volta-se a presente Ação Direta apenas contra o segundo defeito acima indicado, o qual decorre de uma conduta ativa do legislador (fixar teto simbólico), constituindo, pois, caso de inconstitucionalidade por ação.

Indica-se entender possível eventual limitação de gastos com educação, desde que em valores razoáveis e compatíveis com os custos efetivos de mercado. Parte-se, portanto, ao menos de início, de uma perspectiva completamente diferente.

Destaca-se, na ação, que não se busca, de forma alguma, inovações no sistema jurídico pela atuação judicial, o que caracterizaria atividade legislativa positiva indireta pelo Poder

---

Ministra Rosa Weber. Após a juntada de algumas manifestações, o processo encontra-se conclusos com o relator desde 28.07.2015, aguardando julgamento. Disponível em: <http://goo.gl/iUPYKJ>. Acesso em: 15 set. 2015.

O IMPOSTO SOBRE A RENDA E AS DEDUÇÕES DE NATUREZA CONSTITUCIONAL

Judiciário[285]. Pretende-se, ao contrário, uma atividade de restrição de aplicação de normas, o que configura uma atividade indireta de legislador negativo.

Na sequência, a ação toca no ponto do reconhecimento da educação como um dever do Estado, caracterizado como uma política pública materializada por prestações positivas e negativas, garantindo a todos o acesso à educação. Elenca os arts. 6º, 23, 205, 208 e 227, todos da Constituição Federal. Equipara-se, aqui, em termos argumentativos, aos aspectos analisados na decisão do TRF da 3ª Região.

Utiliza, na ação, dados estatísticos relativos ao número de matrículas, índices de desenvolvimento do ensino básico, comparativos de desempenho das escolas públicas e privadas, relacionando-se com valores de anuidades, concluindo por uma demonstração clara de que o resultado escolar é diretamente proporcional ao custo destinado à educação, em uma presunção, ainda que relativa, de que as melhores escolas são, em regra, as mais caras. Faz-se, ainda, uma série de demonstrações de valores médios de mensalidades nas regiões do país.

Constatada, empiricamente, a insuficiência dos valores de dedução constantes da legislação, argumenta-se, na ação, a violação direta dos princípios da capacidade contributiva, citando lições de Klaus Tipke e Joaquim Lang[286] e Humberto

---

285. O STF, em diversas oportunidades, tem acolhido a tese de impossibilidade de o Poder Judiciário atuar como legislador positivo, o que afasta sua análise acerca da constitucionalidade das limitações de deduções das despesas com educação. "Agravo regimental no Recurso Extraordinário. Direito Tributário. Imposto de renda. Limites impostos à dedução com educação. Impossibilidade de atuar o Poder Judiciário como legislador positivo. Precedentes. Julgado recorrido fundado em norma infraconstitucional. – Lei n. 9.250/1995. Ofensa constitucional indireta. Agravo regimental ao qual se nega provimento." (*STF, RE 603060 AgR, Rel. Min. Carmen Lúcia, j. 08.02.2011*).

286. "Para o pagamento do imposto não é disponível o que o sujeito passivo precisa despender para sua própria subsistência ou para a subsistência de sua família. Por isso, o mínimo vital e as obrigações de manutenção devem diminuir a base de cálculo. Vale o princípio da dedutibilidade de despesas privadas inevitáveis (o assim chamado princípio de liquidez privada ou

Ávila[287], destacando a impossibilidade de tributação de despesas relacionadas à manutenção da vida digna e do mínimo vital.

E arremata sua argumentação acerca das normas constitucionais ligadas à manutenção do mínimo vital da seguinte forma:

> Em conclusão, a dedutibilidade das despesas com instrução da base de cálculo do IRPF não é favor fiscal sujeito ao alvedrio do legislador, mas consequência direta e inafastável, pelo menos, dos seguintes comandos constitucionais: — o conceito de renda, que, mesmo sujeito à densificação legal, contém um núcleo mínimo insuprimível que o equipara, para as pessoas físicas, ao valor disponível após o abatimento de despesas essenciais à existência digna do contribuinte e de seus dependentes (art. 153, III); — a capacidade contributiva, que só se manifesta para além do mínimo existencial (art. 145, § 1º); — o não confisco, que obsta a apropriação pelo Estado de valores necessários à satisfação deste mínimo (art. 150, IV); — o direito fundamental à educação pública ou privada (arts. 6º, *caput*, 23, V, 205, 208, 209 e 227); e — a dignidade humana, de que a educação é promotora (CF, art. 1º, III). O estabelecimento de limites de dedução irrealistas, ao lado desses dispositivos, ofende ademais a razoabilidade (art. 5º, LIV), na sua acepção de congruência.

Conclui o raciocínio, ao final, demonstrando, a partir de dados obtidos na própria Receita Federal do Brasil, que o valor total declarado de despesas com educação, comparado

---

subjetiva) (...) intolerável que o Direito Tributário não preserve os pressupostos materiais mínimos para uma existência humana digna", arrematando com a advertência de que "os pontos de vista orçamentários devem retroceder perante a realização de uma valoração constitucional prévia ao Direito Tributário" (TIPKE, Klaus e LANG, Joaquim. *Direito tributário*. Tradução de Luiz Dória Furquim. Porto Alegre: Sérgio Antônio Fabris, 2008, p. 463-464).

287. "Somente a renda disponível da atividade desempenhada pode ser tributada. Despesas indispensáveis à manutenção da dignidade humana e da família devem ser excluídas da tributação. Preservar a dignidade humana e a existência da família implica não as destruir por meio da tributação." (ÁVILA, Humberto. *Conceito de renda e compensação de prejuízos fiscais*. São Paulo: Saraiva, 2011, p. 17).

O IMPOSTO SOBRE A RENDA E AS DEDUÇÕES DE
NATUREZA CONSTITUCIONAL

com o total permitido de deduções e com a diminuição acarretada pelo eventual abatimento irrestrito, geraria um pequeno impacto nas contas públicas e na arrecadação. Demonstra-se que a renúncia fiscal, caracterizada pela perda de arrecadação decorrente dos abatimentos dos valores de educação, representaria menos de 2% (dois pontos percentuais) do total de investimentos em educação pelo governo federal, ao longo de um exercício.[288]

Na sequência, o Ministério Público Federal, por intermédio do Procurador Geral da República, emitiu parecer contrário à inconstitucionalidade da norma, argumentando que a escolha por ensino privado é opcional e que não caracteriza dever do Estado seu custeio integral. Alega, ainda, que isso violaria a isonomia, já que a maior parte da população não tem acesso ao ensino privado de alto custo, mas apenas uma pequena minoria. Segue parte de sua manifestação:

> No regime democrático, a educação deve ser universal, obrigatória e, tanto quanto possível, ao menos nos níveis iniciais, gratuita, garantida pelo Estado em benefício do povo, para desenvolvimento da sociedade. A criação de escolas particulares pagas (embora expressamente autorizadas pelo art. 209 da Constituição do Brasil) tem a finalidade de complementar o ensino público gratuito.
>
> Partindo dessas premissas, é lícito concluir: (I) os indivíduos têm liberdade de escolher matricular os filhos em estabelecimentos privados de ensino, mas isso não se traduz em obrigação de o Estado custear, ainda que de forma indireta, tais despesas; (II) ofensa ao direito à educação, na qualidade de direito

---

288. Quantificando os dados, em relação ao ano-base de 2010, exercício 2011, temos um total de investimentos do Governo Federal, em educação, da ordem de 215 bilhões de reais, correspondente a aproximadamente 6% do Produto Interno Bruto. No mesmo ano, foi informado nas declarações de imposto sobre a renda o total de gastos com educação da ordem de 32 bilhões de reais, tendo sido as deduções limitadas a pouco mais de 15 bilhões de reais. Caso a totalidade das despesas com educação tivesse sido abatida, teríamos uma renúncia equivalente a pouco mais de 4 bilhões de reais (aplicando-se a alíquota de 27,5% ao valor total das deduções não permitidas), o que representa, aproximadamente, 2% do total declarado de investimentos.

fundamental, somente se perpetraria se fosse obstado o acesso à educação nos estabelecimentos oficiais de ensino, não nos particulares.

Procede o argumento da UNIÃO segundo o qual o direito que o requerente quer ver garantido – de deduzir gastos com educação de forma ilimitada – somente beneficiaria minoria de contribuintes, cujas condições financeiras lhes permite matricular os filhos em escolas de mensalidades mais elevadas. Milhões de brasileiros têm, na escola pública, o único meio de se instruir e a seus filhos, e nem por isso se deve considerar, só por esse fato, aviltada sua dignidade. Tampouco se pode supor que essas famílias estejam em patamar inferior de dignidade em relação às demais.

Concluiu, ainda, que a escolha de despesas dedutíveis é atributo decorrente da oportunidade e da conveniência do legislador ordinário, não havendo um conceito constitucional de renda ou de despesas dedutíveis.

A ação está pendente de julgamento.[289]

7.4. Breve análise das ações propostas

Os posicionamentos tomados, inicialmente, na arguição de inconstitucionalidade analisada pela TRF da 3ª Região e, posteriormente, na ação direta de inconstitucionalidade, proposta pelo Conselho Federal da OAB, são, de plano, igualmente corretos, ao menos em suas conclusões.

Vale destacar, contudo, que as premissas adotadas para a decisão de inconstitucionalidade das limitações de despesas com educação, pelo TRF da 3ª Região, são mais consistentes, especialmente no que se refere à imposição de inexistência de limites e não simplesmente ao estabelecimento de limites monetários razoáveis.

Conforme se argumentou em capítulo anterior, existem despesas que não devem se sujeitar a qualquer limitação,

---

289. Nota do editorial: andamento processual verificado em: 08.09.2015. Acompanhamento processual disponível em: <http://goo.gl/2GoLoJ>. Acesso em: 21 set. 2015.

O IMPOSTO SOBRE A RENDA E AS DEDUÇÕES DE NATUREZA CONSTITUCIONAL

pois estão ligadas, em sua plenitude, ao desenvolvimento da fonte produtora de riquezas e à manutenção da vida digna. Identificamos, nesse grupo, as despesas com saúde (incluído remédios), educação (em todas suas vertentes), previdência oficial e despesas de livro-caixa para a atividade profissional.

Existem despesas, contudo, que não se sujeitam à lógica da plena dedutibilidade. Suas características geram um campo nebuloso e de difícil identificação do que se trata de realmente essencial e do que se trata de acidental ou opcional. Para essas despesas, que identificamos como parcialmente dedutíveis, elencamos os gastos com alimentação, moradia, lazer, vestuário, higiene e transporte. Aqui, sim, aplicam-se critérios definidores do valor razoável de dedução.

A argumentação da OAB, em sua petição inicial, é plenamente adequada para a definição de critérios de dedução para as despesas nas quais exista dificuldade de seleção e de identificação dos gastos efetivamente essenciais. Despesas relacionadas a esse tipo de gasto (moradia, transporte, alimentação, entre outras) são muito mais sujeitas aos desvios típicos da capacidade contributiva diferenciada, que gera a seletividade do consumo, do que as despesas com educação ou com saúde (essenciais, sempre).

A utilização de métodos de verificação dos gastos médios familiares, para fins de definição de limites razoáveis de despesas, parece ser a regra mais adequada. Neste trabalho, foram utilizados os dados do levantamento realizado pelo Instituto Brasileiro de Geografia e Estatísticas – IBGE, conhecido como Sistema de Indicadores Sociais, organizado a partir da Pesquisa de Orçamentos Familiares – POF. Não se ignora a existência de outros métodos possíveis, mas entendem-se corretos desde que vinculados, necessariamente, à faixa de rendas e a percentuais.

Nesse sentido, a ação direta de inconstitucionalidade discutida demonstra a insuficiência dos valores admitidos pela lei, sem criar ou indicar um caminho possível para tais quantificações.

Acreditamos que o Supremo Tribunal Federal, nessa nova oportunidade de manifestação sobre o assunto, tenderá a admitir a inconstitucionalidade da limitação das despesas, não impondo um novo limite razoável, mas simplesmente afastando qualquer tipo de limitação quantitativa.

Essa decisão, esperada pelos estudiosos e contribuintes, não representará o final da jornada, mas, sim, o primeiro passo para a concretização da aplicação correta dos princípios da capacidade contributiva e isonomia, permitindo uma interpretação sistemática e ampla do mínimo vital, da dignidade e das despesas dedutíveis, em sua plenitude.

CONCLUSÕES

As teorias sobre a renda

1. A doutrina, até os dias atuais, ainda diverge acerca da existência de conceito constitucional de renda, decorrendo, disso, duas posições antagônicas muito claras, no sentido de existência de limitações para o legislador estabelecer as regras do tributo, seja em sua materialidade, seja em sua base de cálculo possível.

2. Identifica-se, com nitidez, a existência de teorias consolidadas acerca do conceito de renda, especialmente: i. econômica, ii. produtos de uma fonte, iii. acréscimo patrimonial e iv. legalistas.

3. A adoção de uma matriz de conceituação de renda a partir da Constituição Federal é condição necessária para a correta construção dos contornos do tributo, afastando, de plano, a liberdade atribuída aos adeptos da definição meramente legal de renda, posição retratada pela legislação brasileira.

O IMPOSTO SOBRE A RENDA E AS DEDUÇÕES DE NATUREZA CONSTITUCIONAL

As nuances constitucionais para a construção do conceito de renda

1. O sistema tributário brasileiro tem forte vocação constitucional. Por força disso, os termos usados pela Constituição Federal, ao definir competências tributárias, devem ser profundamente analisados e contextualizados, para definir seus efeitos na legislação tributária. A interpretação literal, apesar de ser, aparentemente, a mais simples, é o passo inicial fundamental para a correta interpretação do sistema.

2. A Constituição Federal utiliza em inúmeras passagens a terminologia *renda* e *proventos de qualquer natureza*. Os significados possíveis de tais signos, construídos a partir desse diploma, podem ser: rendimentos decorrentes de trabalho pessoal, receitas líquidas disponíveis, renda média de uma região, ganho de capital, riqueza nova, remuneração de aposentados e como fato gerador do imposto sobre a renda (sem definir conteúdo).

3. Para a construção do significado de *renda*, especialmente no aspecto relacionado à competência tributária federal, pode-se utilizar da técnica de exclusão de bases, partindo da premissa de que os tributos expressamente distribuídos pela Constituição Federal deverão ser exclusivos, afastando a possibilidade de duplicidade de mesma materialidade.

4. A exclusão de materialidades, a fim de apuração do campo de competência do imposto sobre a renda, deve ser pautada em uma classificação jurídica, cujos elementos sejam decorrentes, diretamente, do texto constitucional. Identificamos, assim, a seguinte classificação para as materialidades tributárias: *i. Fatos geradores relacionados às operações com produtos ou serviços*: II, IE, IPI, IOF, ICMS, ISS, CIDE Combustíveis, INSS patronal, PIS/COFINS importação; *ii. Fatos geradores relacionados à transmissão de bens ou direitos*: ITCMD, ITBI; *iv. Fatos geradores relacionados ao patrimônio*: IGF, ITR, IPVA, IPTU; *v. Fatos geradores relacionados ao resultado econômico*: IR, PIS/COFINS, CSLL, INSS trabalhador, INSS prêmios.

5. Os diferentes fatos relatados pela Constituição Federal são reciprocamente excluídos, ou seja, o conceito de renda deve ser, necessariamente, diferente do conceito de todos os demais conceitos apontados.

6. A *renda* não pode ser caracterizada por atos que sejam isoladamente considerados patrimônio, operação, transmissão, pagamento, receita, entre outros. Deve ser, obrigatoriamente, algo distinto, apesar de todos esses elementos, em algum momento e de algum forma, poderem ser objeto de composição do fato gerador *renda*. A composição da eventual base de cálculo do imposto sobre a renda poderá, em tese, considerar os resultados auferidos a partir das transmissões, das operações, dos pagamentos, entre outros, contudo, em momentos e em contextos diferentes.

As acepções de renda e proventos nas normas gerais em matéria tributária (Lei Complementar tributária)

1. A Lei Complementar é uma espécie tributária de grande relevância no direito tributário, por suas funções típicas e atípicas definidas pela Constituição Federal. É veículo introdutor federal e nacional. Dentre elas, destaca-se a função de determinar normas gerais em matéria tributária, desempenhada, em sua maior parte, pelo Código Tributário Nacional.

2. Atribui-se ao conceito de *renda* a necessidade dos elementos (i) *acréscimo patrimonial*, (ii) *origem* e (iii) *disponibilidade*.

3. Renda não se confunde com patrimônio, ou mesmo com o próprio capital. É resultado de determinado processo, o que implica a imposição de verificação de situação anterior e de custos e de despesas relacionados ao processo de geração da riqueza. E ao falar em resultado, impõe-se, ainda, a noção de periodicidade para sua apuração. Toda tributação isolada, ou seja, que não passa pelo crivo da contextualização no processo e no tempo, é nitidamente inconstitucional.

O IMPOSTO SOBRE A RENDA E AS DEDUÇÕES DE NATUREZA CONSTITUCIONAL

4. As disponibilidades econômicas e jurídicas, caracterizadoras do fato gerador do imposto sobre a renda, têm campos de aplicação diferentes. Não são situações equivalentes. O Código não colocou as duas expressões caraterizadoras da disponibilidade (*econômica* e *jurídica*) como sinônimos, mas, sim, como realidades alternativas, de maneira que uma ou outra é suficiente para gerar a incidência do imposto de renda.

O imposto sobre a renda e os princípios fundamentais

1. O Direito Tributário tem importante papel na definição do financiamento do Estado. A tributação, contudo, não pode existir e ser aplicada de maneira a ignorar os direitos fundamentais. Trata-se de evidente limitador ao poder de tributar.

2. Impõe-se a isonomia no Direito Brasileiro. A isonomia tributária decorre da correta verificação e quantificação da tributação, a partir da capacidade contributiva do sujeito passivo. A capacidade contributiva, ou capacidade de contribuir, no sentido de disponibilidade para a contribuição tributária ao Estado, será definida, em regra, pelas características individuais do cidadão. Ninguém poderá contribuir para o Estado enquanto não puder garantir a própria existência, assim como daqueles que dele dependem.

3. O respeito à capacidade contributiva implica respeito ao mínimo existencial ou essencial. Trata-se, de maneira simples, de uma limitação constitucional implícita para a tributação de parcelas de seu patrimônio ou de suas rendas, considerados essenciais para a manutenção da dignidade do sujeito passivo e de sua família, se pessoa física. Aquilo que é necessário e fundamental para a manutenção da vida digna não pode ser objeto de tributação, já que indisponível. Trata-se, por que não, de incompetência tributária, ou competência negativa.

4. A tributação é limitada, expressamente, pelo princípio do não confisco, que tenta estabelecer mais uma barreira

234

para a garantia da tributação justa. Destina-se, especialmente, para a definição das alíquotas aplicáveis.

5. O princípio do não confisco apresenta uma enorme dificuldade empírica na definição de percentual máximo a ser aplicado aos tributos. Suas características demonstram possuir natureza jurídica de valor e não de regra, cabendo, à jurisprudência, a definição exata da limitação em casos concretos.

6. Os princípios da universalidade, generalidade e progressividade são de observação impositiva, devendo a legislação do imposto sobre a renda retratar tais enunciados. Em inúmeros casos, a legislação estabelece regras incompatíveis, sendo mantidas em vigor pela pouco aceitável complacência jurisprudencial.

Sistematização das deduções relacionadas aos direitos fundamentais e à praticabilidade tributária

1. A exclusão de competência pela inexistência de capacidade contributiva deve ser definida com base no critério de definição do mínimo existencial familiar digno. Isso não se confunde com mínimo necessário para a mera sobrevivência. Esse conceito, legalmente, decorre da previsão constitucional de salário mensal mínimo garantidor de uma série de necessidades familiares.

2. As atuais regras de dedução do imposto sobre a renda, especialmente da pessoa física, são absolutamente incompatíveis com os princípios constitucionais tributários aplicáveis.

3. As deduções atualmente previstas na legislação utilizam a técnica da tipificação cumulada com limitação. Os dois critérios mostram-se incompatíveis, em algum grau, com a Constituição Federal, seja deixando de fora despesas essenciais, e que, portanto, deveriam ser abatidas (tipificação insuficiente), seja limitando gastos essenciais a tetos puramente arbitrários (quantificação insuficiente).

O IMPOSTO SOBRE A RENDA E AS DEDUÇÕES DE
NATUREZA CONSTITUCIONAL

4. São dedutíveis todas as despesas necessárias à manutenção da vida familiar digna, elencadas pela própria Constituição Federal: moradia, alimentação, educação, saúde, lazer, vestuário, higiene, transporte e previdência social.

5. São dedutíveis os gastos relacionados a essas despesas, nos montantes suficientes para a garantia do mínimo essencial familiar digno, com o cuidado de diferenciar, em algumas, o gasto essencial do meramente eletivo. Existem despesas, portanto, totalmente dedutíveis e outras, parcialmente dedutíveis.

6. A definição de valores suficientes, para escapar da mera discussão jurídica, utiliza-se de padrões de consumo das famílias, identificado em levantamento governamental indicativo do percentual das rendas consumidas. Com isso, a construção da norma de dedução parte da identificação, na sociedade, do fato social específico.

7. A necessidade de operacionalidade ao sistema, pautado no princípio da praticabilidade, impede a mensuração exata para cada cidadão, o que seria o mais justo. Portanto, adotam-se critérios de padronização, a partir das médias indicadas no sistema de levantamento de gastos familiares, ajustados e simplificados para permitir sua utilização na legislação do imposto sobre a renda.

Análise pragmática: a inconstitucional limitação de despesas com educação

1. A constatação de inconstitucionalidades na limitação de despesas com elementos essenciais ao desenvolvimento humano e a dignidade não passam despercebidos pela jurisprudência, apesar de ainda serem poucas as decisões concretas sobre alguns assuntos.

2. Especialmente, uma decisão proferida pelo Tribunal Regional Federal da 3ª Região, reconhecendo a inconstitucionalidade da limitação de despesas com educação da Lei n.

9.250, de 1995, significa um importante marco jurisprudencial para o incremento das premissas defendidas nesse trabalho, já que, apesar de limitada a apenas uma das despesas elencadas, utiliza de um raciocínio jurídico similar, tentando demonstrar a inexistência de capacidade contributiva nos valores desembolsados para a manutenção da vida digna.

BIBLIOGRAFIA

ADAMY, Pedro Augustin. "As imunidades tributárias e o direito fundamental à educação", *Revista Tributária e de Finanças Públicas*, v. 19, n. 96, RT, 2011.

ALEXY, Robert. *Teoria de los derechos fundamentales*. Madri: Centro de Estudos Constitucionales, 1997.

AMARAL, Gustavo Valverde. *Coisa julgada em matéria tributária*. São Paulo: Quartier Latin, 2004.

AMARO, Luciano da Silva. "Conceito e classificação dos tributos". São Paulo: *RDT* 55.

_____. *Direito tributário brasileiro*. 10. ed. São Paulo: Saraiva, 2004.

ATALIBA, Geraldo. *Apontamentos de ciência das finanças, direito financeiro e tributário*. São Paulo: RT, 1969.

_____. *Hipótese de incidência tributária*. 5. ed., 6ª tiragem. São Paulo: Malheiros, 1997.

_____. *Lei complementar em matéria tributária. Revista de Direito Tributário*, São Paulo, n. 48, 1989.

_____. "Progressividade e capacidade contributiva. Princípios constitucionais tributários: aspectos práticos – Aplicações concretas". *Revista de Direito Tributário*, São Paulo, 1991.

O IMPOSTO SOBRE A RENDA E AS DEDUÇÕES DE NATUREZA CONSTITUCIONAL

_____. "Progressividade e capacidade contributiva". *Revista de Direito Tributário*, São Paulo, 1991.

_____. *República e Constituição*. 2. ed. São Paulo: Malheiros, 1998.

ÁVILA, Humberto. *Conceito de renda e compensação de prejuízos fiscais*. São Paulo: Saraiva, 2011.

_____. *Teoria dos princípios* – da definição à aplicação dos princípios jurídicos. 4. ed. São Paulo: Malheiros, 2004.

ÁVILA, Humberto; ÁVILA, René Izoldi. *Legalidade tributária:* Aplicação e limites materiais. In: *Estudos em homenagem à memória de Gilberto de Ulhoa Canto*. Rio de Janeiro: Forense, 1998.

BACH, Marcel Eduardo Cunico. "A (in)constitucionalidade das restrições à dedutibilidade das despesas com educação à luz dos objetivos fundamentais da República Federativa do Brasil". In: *Tributação:* democracia e liberdade. GRUPENMACHER, Betina Treiger (Org.). São Paulo: Noeses, 2014.

BALEEIRO, Aliomar. *Uma introdução à ciência das finanças*. Rio de Janeiro: Forense, 1981.

BARBOSA. Rui. *Oração aos moços*. São Paulo: Menfrario Acadêmico, 1920.

BARRETO, Aires. *Base de cálculo, alíquota e princípios constitucionais*. São Paulo: Ed. RT, 1987.

BARRETO, Aires Fernandino. *Base de cálculo, alíquota e princípios e princípios constitucionais*. 2. ed. São Paulo: Max Limonad, 1998.

BARRETO, Aires F.; BARRETO, Paulo Ayres. *Imunidades tributárias*: Limitações ao poder de tributar. 2. ed. São Paulo: Dialética, 2001.

BARRETO, Paulo Ayres. O imposto sobre a renda: pessoa física, pessoa jurídica e regime de fonte. *Curso de iniciação em direito tributário*. São Paulo: Dialética, 2004.

BARROSO, Luis Roberto. "Crise econômica e direito constitucional". *Revista Trimestral de Direito Público,* São Paulo, v. 6, 1997.

_____. *O direito constitucional e a efetividade de suas normas*: limites e possibilidades da Constituição Brasileira. Rio de Janeiro: Renovar, 1993.

BARROSO, Luís Roberto; BARCELLOS, Ana Paula. *O começo da história*: a nova interpretação constitucional e o papel dos princípios no direito brasileiro. Rio de Janeiro: Forense, 2004.

BASTOS, Celso; MARTINS, Ives Gandra da Silva. *Comentários à Constituição do Brasil,* v. 6, tomo II. São Paulo: Saraiva, 1990.

BECHO, Renato Lopes. *Lições de direito tributário*. Teoria geral e constitucional. São Paulo: Saraiva, 2011.

_____. *Sujeição passiva e responsabilidade tributária*. São Paulo: Dialética, 2000.

_____. *Filosofia do direito tributário*. São Paulo: Saraiva, 2009.

BECKER, Alfredo Augusto. *Teoria geral do direito tributário*. 5. ed. São Paulo: Noeses, 2012.

BELSUNCE, Horácio A. Garcia. *El concepto de crédito en la doctrina y en el derecho tributario*. Buenos Aires: Depalma, 1967.

BEVILÁQUA, Clóvis. *Teoria geral do direito civil*. 3. ed. Brasília: MJNI, 1966.

BIANCO, João Francisco. "Limites da integração no direito tributário". In: BOBBIO, Norberto. *Teoria do ordenamento jurídico*. 10. ed. Brasília: Editora da UnB, 1997.

O IMPOSTO SOBRE A RENDA E AS DEDUÇÕES DE NATUREZA CONSTITUCIONAL

BONAVIDES, Paulo. *Curso de direito constitucional*. 16. ed. São Paulo: Malheiros, 2005.

BORGES, José Souto Maior. *Lei complementar tributária*. São Paulo: Ed. RT, 1975.

BUJANDA, Fernando Sainz de. *Hacienda e Derecho. Enstituto de Estudios Políticos*: Madri, v. III, 1963.

CALIENDO, Paulo. "Imposto sobre a renda incidente nos pagamentos acumulados de débitos previdenciários". *Revista Interesse Público*, n. 24. Rio de Janeiro: Fórum, 2004.

CAMPOS, Francisco. *Direito constitucional*. São Paulo: Freitas Bastos, v. II. 1956.

CANOTILHO, Joaquim José Gomes. *Fundamentos da Constituição*. Coimbra: Coimbra Editora, 1991.

_____. *Discriminação de competência impositiva*. Tese de concurso à Cadeira de Direito Financeiro da Faculdade de Direito da Universidade de São Paulo, 1972.

CARRAZZA, Roque Antonio. *Curso de direito constitucional tributário*. 18. ed. São Paulo: Malheiros, 2003.

_____. A progressividade na ordem tributária. *Revista de Direito Tributário*. São Paulo: Malheiros, n. 64.

_____. *Imposto sobre a renda*. Perfil constitucional e temas específicos. 2ª ed. São Paulo: Malheiros, 2006.

_____. *O sujeito ativo da obrigação tributária*. São Paulo: Resenha Tributária, 1977.

CARVALHO, Paulo de Barros. *Apostila de filosofia do direito I*. Lógica Jurídica. São Paulo: PUC, 1999.

_____.*Curso de direito tributário*. 17. ed. São Paulo: Saraiva, 2005.

_____. *Direito tributário*: fundamentos jurídicos da incidência. 2. ed. São Paulo: Saraiva, 1999.

_____. *Direito tributário*: fundamentos jurídicos da incidência. 4. ed. São Paulo: Saraiva, 2006.

_____. *Direito tributário:* Linguagem e método. 4. ed. São Paulo: Noeses, 2011.

_____. *Fundamentos jurídicos da incidência*. São Paulo: Saraiva, 1998.

_____. "Regras gerais de interpretação da tabela NDN/SH (TIP/TAB)". *Revista Dialética de Direito Tributário*, n. 12.

COELHO, Fábio Ulhoa. *Curso de direito empresarial*. 16. ed. São Paulo: Editora Saraiva, *v. I*, 2012.

COELHO, Sacha Calmon Navarro. *Curso de direito tributário brasileiro*. Rio de Janeiro: Forense, 1999.

_____. *Curso de direito tributário brasileiro*. 7. ed. Rio de Janeiro: Forense, 2004.

CONTIZANO, Dagoberto Liberato. In: *O processo legislativo nas constituições brasileiras e no direito comparado*. Rio de Janeiro: Forense, 1985.

COSTA, Alcides Jorge; SHOUERI, Luís Eduardo; BONILHA; Paulo Celso B. *Direito tributário atual*. São Paulo: Dialética/IBDT, v. 17, 2003.

COSTA, Alcides Jorge. *Conceito de renda tributável*. In: MARTINS, Ives Grandra da Silva (Coord.). *Estudos sobre o imposto de renda*. São Paulo: Resenha tributária, 1994.

COSTA, Ramon Valdes. *Curso de derecho tributario*. 2. ed. Santa Fé de Bogotá: Temis, 1996.

COSTA, Regina Helena. *Curso de direito tributário*. São Paulo: Saraiva, 2012.

_____. *Imunidades tributárias* – Teoria e análise da jurisprudência do STF. São Paulo: Malheiros, 2000.

_____. *Praticabilidade e justiça tributária*. Equidade da lei tributária e direitos do contribuinte. São Paulo: Malheiros, 2009.

O IMPOSTO SOBRE A RENDA E AS DEDUÇÕES DE NATUREZA CONSTITUCIONAL

_____. *Princípio da capacidade contributiva*. 2. ed. São Paulo: Malheiros, 1996.

DANTAS, San Tiago. Igualdade perante a lei e *due process of law*: contribuição ao estudo da limitação constitucional do Poder Legislativo. Rio de Janeiro: *Revista Forense*, 1948.

DERZI, Misabel de Abreu Machado. In: BALEEIRO, Aliomar. *Limitações constitucionais ao poder de tributar*. 7. ed. atualizada. Rio de Janeiro: Forense, 1999.

DERZI, Misabel Abreu Machado. In: BALEEIRO, Aliomar. *Direito tributário brasileiro*. 11. ed. Rio de Janeiro: Forense, 2001.

DERZI, Misabel Abreu Machado. *Legalidade material, modo de pensar tipificante e praticidade no direito tributário*. Justiça tributária – 1º Congresso Internacional de Direito Tributário – IBET. São Paulo: Max Limonad, 1998.

DÓRIA, Antônio Roberto (Coord). "Princípios constitucionais tributários: aspectos práticos – aplicações concretas". Separata de *Revista de Direito Tributário*. São Paulo: Ed. RT, 1991.

ENGISCH, Karl. *Introdução ao pensamento jurídico*. 7. ed. Tradução de J. Baptista Machado. Lisboa: Fundação Calouste Gulbenkian, 1996.

FERNANDEZ, Javier Martin (Coord.). *El mínimo personal y familiar en el impuesto sobre la renta de las personas físicas: Análisis de la Ley 40/1998, de 9 de Diciembre, a luz de derecho Comparado*. Madri: Marcial Pons, 2000.

FERRAZ JR., Tércio Sampaio. *Introdução ao estudo do direito*. 3. ed. São Paulo: Atlas, 2001.

_____. *Notas sobre contribuições sociais e solidariedade no contexto do estado democrático de direito*. In: *Solidariedade social e tributação*. São Paulo: Dialética, 2005.

FOUNROUGE, Giuliano. *Derecho financiero*. 2. ed. Buenos Aires: De Palma.

244

GONÇALVES, José Artur Lima. *Imposto sobre a renda. Pressupostos constitucionais.* São Paulo: Malheiros, 2002.

_____. *Contribuições de intervenção.* In: ROCHA, Valdir de Oliveira (Coord.). *Grandes questões atuais do direito tributário.* São Paulo: Dialética, v. 7.

GRAU, Eros Roberto. *O direito posto e o direito pressuposto* 2. ed. São Paulo: Malheiros, 1998.

_____. *A ordem econômica na Constituição Federal de 1988.* São Paulo: Malheiros, 2001.

_____. *Ensaio e discurso sobre a interpretação/aplicação do direito.* São Paulo: Malheiros, 2002.

GRECO, Marco Aurélio. *Contribuições (uma figura sui generis).* São Paulo: Dialética, 2000.

GRECO, Marco Aurélio (Coord.). *Contribuições de intervenção no domínio econômico e figuras afins.* São Paulo: Dialética, 2001.

_____. *Contribuição ao estudo do regime jurídico das normas tributárias indutoras como instrumento de intervenção sobre o domínio econômico.* Tese apresentada como parte dos requisitos para a inscrição em concurso de professor titular do departamento de direito econômico e financeiro, área de legislação tributária, da Faculdade de Direito da Universidade de São Paulo. São Paulo, 2002.

_____. (Org.). *Solidariedade e tributação.* São Paulo: Dialética, 2005.

GRUPENMACHER, Betina Treiger. *Eficácia e aplicabilidade das limitações constitucionais ao poder de tributar.* São Paulo: Resenha Tributária, 1997.

_____. *Tributos e direitos fundamentais.* Dialética: São Paulo, 2004.

GUIBOURG, Ricardo A et al. *Lógica, proposicion e norma.* Bueno Aires: Astrea, 1995.

O IMPOSTO SOBRE A RENDA E AS DEDUÇÕES DE
NATUREZA CONSTITUCIONAL

HOFFMANN, Susy Gomes. *As contribuições no sistema constitucional tributário*. Campinas: Copolla, 1996.

_____. *Teoria da prova no direito tributário*. Campinas: Copolla, 1999.

HORVATH, Estevão. *O princípio do não-confisco no direito tributário*. São Paulo: Dialética, 2002.

_____. *Contribuições de intervenção no domínio econômico*. São Paulo: Dialética, 2009.

JARACH, Dino. *O fato imponível: teoria geral do direito tributário substantivo*. Tradução de CAMPOS, Djalma de. São Paulo: Ed. RT, 1989.

JUSTEM FILHO, Marçal. Peridiocidade do imposto de renda I, Mesa de Debates. *Revista de Direito Tributário*. São Paulo: Malheiros, DRT 63.

KELSEN, Hans. Tradução de MACHADO, João Baptista. *Teoria pura do direito*. 2. ed. São Paulo: Martins Fontes, 1985.

LIMA GONÇALVES, José Artur. *Imposto sobre a renda – Pressupostos Constitucionais*. São Paulo: Malheiros, 2002.

LUHMANN, Niklas. *Sociologia do direito II*. Rio de Janeiro: Tempo Brasileiro, 1985.

MACHADO, Brandão. *Breve exame crítico do art. 43 do CTN*: em memória de Henry Tilberty. São Paulo: Resenha Tributária, 1994.

_____. *Os princípios jurídicos da tributação na constituição de 1988*. 3. ed. São Paulo: Ed. RT, 2000.

MACHADO, Hugo de Brito. *Comentários ao Código Tributário Nacional*. São Paulo: Atlas, v. I, 2011.

MAIA, Luiz Fernando. "Emenda constitucional n. 39 – a contribuição de custeio do serviço de iluminação pública. Atípica, porém constitucional", *RET* 39/55, outubro 2004.

246

MARTINS, Ives Gandra da Silva. *As contribuições e o artigo 149 da Constituição Federal*. In: *Grandes questões atuais de direito tributário*. São Paulo: Dialética, v. 6, 2004.

_____. *As contribuições especiais no sistema tributário brasileiro, Caderno de Pesquisas Tributárias*. São Paulo: Resenha Tributária, n. 2, 1997.

MARTINS, Ricardo Lacaz. *Tributação da renda imobiliária*. São Paulo: Quartier Latin, 2011.

MELO, José Eduardo Soares de. *Curso de direito tributário*. São Paulo: Dialética, 2005.

_____. *Contribuições sociais no sistema tributário*. São Paulo: Malheiros, 2003.

_____. "PIS. Exclusão do ICMS de sua base de cálculo". *Revista de Direito Tributário*. São Paulo: Ed. RT, n. 35, 1986.

MELLO, Celso Antônio Bandeira de. *Curso de direito administrativo*. São Paulo: Malheiros, 2004.

_____. *O conteúdo jurídico do princípio da igualdade*. 3. ed. atual. São Paulo: Malheiros, 1995.

_____. *Elementos de direito administrativo*. São Paulo: Ed. RT, 1986.

MELLO, Gustavo Miguez de. "Lei complementar ou lei suplementar? Problemas importantes. A contribuição ao Finsocial". In: MARTINS, Ives Gandra da Silva (Coord.), *Cadernos de Pesquisas Tributárias* – Lei Complementar Tributária, v. 15.

MENDONÇA, Cristiane. *Competência tributária*. São Paulo: Quartier Latin, 2005.

MILLAN, Emílio Cencerrado. *El mínimo exento en el sistema tributario español*. Madri: Marcial Pons, 1999.

MINATEL, José Antônio. *Conteúdo jurídico de receita e regime jurídico de sua tributação*. 1. ed. São Paulo: MP, 2005.

MIRANDA, Pontes de. *Comentários à Constituição de 1967 com a Emenda n. 1 de 1969*. Tomo I. São Paulo: Ed. RT, 1972.

O IMPOSTO SOBRE A RENDA E AS DEDUÇÕES DE
NATUREZA CONSTITUCIONAL

MOLINA, Pedro Herrera. "Fundamento y confirmación del mínimo personal y familiar". In: MORAES, Alexandre de. *Direito constitucional*. 15. ed. São Paulo: Atlas, 2004.

MORAES, Alexandre de. *Curso de direito constitucional*. 27. ed. São Paulo: Atlas, 2012.

MOREIRA NETO, Diogo de Figueiredo; PRADO, Ney. Uma análise sistêmica do conceito de ordem econômica e social. In: *Revista de Informação Legislativa do Senado Federal*, n. 96/121.

MOSCHETTI, Francesco. *El principio de capacidad contributiva*. Madrid: Instituto de Estudios Fiscales, 1980.

MOSQUERA, Roberto Quiroga. *Renda e proventos de qualquer natureza*. São Paulo: Dialética, 1996.

_____. *O conceito constitucional de renda e proventos de qualquer natureza*. Dissertação (Mestrado)–PUC-SP, São Paulo, 1996.

MOUSALLEN, Tarek Moyses. *Fontes do direito tributário*. São Paulo: Max Limonad, 2001.

_____. *Revogação em matéria tributária*. São Paulo: Noeses, 2005.

NABAIS, José Casalta. *O dever fundamental de pagar impostos*. Coimbra: Almedina, 2004.

NADER, Paulo. *Curso de direito civil* – Parte Geral, v. 1, 4. ed., Rio de Janeiro: Forense, 2007.

NASCIMENTO, Amauri Mascaro. *Curso de direito do trabalho*. Saraiva: São Paulo, 2010.

NOGUEIRA, Ruy Barbosa. *Direito financeiro: curso de direito tributário*. 3. ed. São Paulo: José Bushatsky, 1971.

OLIVEIRA, Regis Fernandes de. *Regime constitucional do direito financeiro*. In: TORRES, Heleno Taveira. *Tratado de direito constitucional tributário*: estudos em homenagem a Paulo de Barros Carvalho. São Paulo: Saraiva, 2005.

248

OLIVEIRA, Regis Fernandes de; HORVARTH, Estevão. *Manual de direito financeiro*. 3. ed. São Paulo: Ed. RT, 2000.

OLIVEIRA, Ricardo Mariz de. *Fundamentos do imposto de renda*. São Paulo: Quartier Latin, 2008.

PAUSEN, Leandro. *Direito tributário*: Constituição e CTN à luz da doutrina e da jurisprudência. Porto Alegre: Livraria do Advogado, 2006.

PEDREIRA, José Luiz Bulhões. *Imposto sobre a renda:* pessoas jurídicas. Rio de Janeiro: Justec, v. 1, 1979.

PEREIRA, José Luiz Bulhões. *Imposto sobre a renda*: pessoas jurídicas. Rio de Janeiro: Justec, 1979, v. 1.

PERES DE AYALA, José Luiz; GONZALES, Eusébio. *Curso de derecho tributario*. 2. ed., tomo I. Madri: Editorales de Direcho Reunidas, 1978.

PINTO, Fabiana Lopes et al. *Leis complementares em matéria tributária*. Barueri: Manole, 2003.

PIOVESAN, Flavia; VIEIRA; Renato Stanziola. *A força normativa dos princípios constitucionais fundamentais*: a dignidade da pessoa humana. Temas de Direitos Humanos. São Paulo: Saraiva, 2009.

QUEIROZ, Mary Elbe. *Imposto sobre a renda e proventos de qualquer natureza*. Barueri: Manole, 2004.

QUEIROZ, Luís Cesar de Souza. *Imposto sobre a renda*. Requisitos para uma tributação constitucional. Rio de Janeiro: Forense, 2003.

_____. *Sujeição passiva tributária*. Rio de Janeiro, Forense, 1998.

REALE, Miguel. *Fisolofia do direito*. 17. ed. São Paulo: Saraiva, 1996.

ROBLES, Gregório. *O direito como texto*: quatro estudos de teoria comunicacional do direito. Tradução de ALVES, Roberto Barbosa. Barueri: Monole, 2005.

ROSA JÚNIOR, Luiz Emygdio F. da. *Manual de direito financeiro e direito tributário*. 10. ed. Rio de Janeiro: Renovar, 1995.

SAINZ DE BUJANDA, Fernando. *Hacienda y derecho*. Instituto de Estudios Políticos: Madri, 1963, Vol. III.

SANTI, Eurico Marcos Diniz de. *As classificações no sistema tributário brasileiro*. In: *Justiça tributária* – I Congresso Internacional de Direito tributário. São Paulo: Malheiros, 1998.

_____. *Decadência e prescrição no direito tributário*. 2. ed. São Paulo: Max Limonad, 2001.

_____. *Lançamento tributário*. 2. ed. São Paulo: Max Limonad, 1996.

SARLET, Ingo Wolfgang. *Dimensões da dignidade: ensaios de filosofia e direito constitucional*. 2. ed. Porto Alegre: Livraria do Advogado, 2001.

SCHOUERI, Luís Eduardo. *Direito tributário*. 2. ed. São Paulo: Saraiva, 2012.

_____. "Algumas considerações sobre a contribuição de intervenção no domínio econômico no sistema constitucional brasileiro. A contribuição ao programa universidade escola". In: SEGUNDO, Hugo de Brito Machado. *O imposto de renda das pessoas jurídicas e os resultados verificados no exterior*. In: ROCHA, Valdir de Oliveira (Coord). *Grandes questões atuais de direito tributário*. São Paulo: Dialética, v. 7, 2003.

SILVA, José Afonso da. *Aplicabilidade das normas constitucionais*. São Paulo: Malheiros, 1998.

_____. *Curso de direito constitucional positivo*. 22. ed. São Paulo: Malheiros, 2003.

_____. *Orçamento-programa no Brasil.* São Paulo: Ed. RT, 1973.

_____. *O fato gerador do imposto de renda.* São Paulo: Saraiva, 1950.

SOUZA, Rubens Gomes de. Imposto sobre a renda e o seguro dotal. *Revista de Direito Administrativo.* Rio de Janeiro: Fundação Getulio Vargas, 1952.

_____. Imposto de renda – amortização das ações das sociedades anônimas. *Revista de Direito Administrativo.* Rio de Janeiro: Fundação Getulio Vargas, 1963.

_____. A evolução do conceito de rendimento tributável. *Revista de Direito Público.* São Paulo: Revista dos Tribunais, 1970.

_____. *Pareceres – 1 – Imposto sobre a renda.* São Paulo: Resenha Tributária, 1975.

_____. *Pareceres – 2 – Imposto sobre a renda.* São Paulo: Resenha Tributária, 1975.

_____. *Pareceres – 3 – Imposto sobre a renda.* São Paulo: Resenha Tributária, 1975.

_____. O fato gerador do imposto sobre a renda. *Revista de Direito Administrativo. Seleção histórica.* Rio de janeiro: Renovar, 1991.

SOUZA, Hamilton Dias de. In: MARTINS, Ives Granda da Silva. *Comentários ao Código Tributário Nacional.* São Paulo: Saraiva, v. I, 1998.

_____. In: MARTINS, Ives Gandra da Silva. *Curso de direito tributário.* São Paulo: Saraiva, 2006.

TABOADA, Carlos Palao. *Isonomia e capacidade contributiva.* São Paulo: Revista de Direito Público, n. 4, 1978.

TÁCITO, Caio. "A razoablidade das leis". *Revista de Direito Administrativo*, 204/1-7, abril-junho, 1996.

O IMPOSTO SOBRE A RENDA E AS DEDUÇÕES DE
NATUREZA CONSTITUCIONAL

TAVARES, André Ramos. *Curso de direito constitucional*, 2. ed. São Paulo: Saraiva, 2003.

TILBERT, Henry. *Imposto sobre a renda e proventos de qualquer natureza*. Direito Tributário 3. São Paulo: José Bushatsky, 1975.

_____. *A tributação dos ganhos de capital*. São Paulo: Resenha Tributária, 1977.

_____. *A tributação dos ganhos de capital nas vendas de participação societária pelas pessoas físicas*. São Paulo: Resenha Tributária, 1978.

_____. *A tributação dos ganhos de capital das pessoas jurídicas*. São Paulo: Resenha Tributária, 1978.

TIPKE, Klaus; YAMASHIDA, Douglas. *Justiça fiscal e o princípio da capacidade contributiva*. Malheiros: São Paulo, 2002.

TIPKE, Klaus e LANG, Joaquim. *Direito tributário*. Tradução de Luiz Dória Furquim. Porto Alegre: Sérgio Antônio Fabris, 2008.

_____. "Princípio da igualdade e ideia de sistema no Direito Tributário". In: MACHADO, Brandão (Coord.). *Direito Tributário*. Estudos em homenagem ao professor Ruy Barbosa Nogueira. São Paulo: Saraiva, 1984.

TOMÉ, Fabiana Del Padre. *Contribuições para a seguridade social*: aspectos constitucionais. Curitiba: Juruá, 2003.

TORRES, Heleno. "Transação, arbitragem e conciliação judicial como medidas alternativas para resolução de conflitos entre a administração e contribuintes – simplificação e eficiência administrativa". *RD Tributário 86*. São Paulo: Malheiros, 2005.

TORRES, Ricardo Lobo. *Curso de direito financeiro e tributário*. 7. ed.. Rio de Janeiro: Renovar, 2000.

_____. *Os direitos humanos e a tributação*: Imunidades e Isonomia. 3. ed. Rio de Janeiro: Renovar, 2005, p. 152.

_____. *Tratado de direito financeiro e tributário*. 2. ed. Rio de Janeiro: Renovar, v. V, 2000.

_____. "Direitos humanos e Estatuto do Contribuinte". *Tratado de derecho tributario*. Coordenador Paulo de Barros Carvalho. Lima: Palestra, 2003.

_____. "O mínimo existencial e nos direitos fundamentais". *Revista da Procuradoria do Estado do Rio de Janeiro*, n. 42. Rio de Janeiro, 1990.

_____. *Tratado de Direito Constitucional, Financeiro e Tributário*. Os Direitos Humanos e a Tributação: imunidades e isonomia. 3. ed. Rio de Janeiro: Renovar, 2005, vol. III.

VALADÃO, Alexander Roberto Alves. *O mínimo existencial e as espécies tributárias*. Tese de doutoramento. Universidade Federal do Paraná, 2008.

VILANOVA, Lourival. *As estruturas lógicas e o sistema do direito positivo*. São Paulo: Max Limonad, 1997.

_____. Causalidade e relação no direito. 4. ed. São Paulo: Ed. RT, 2000.

_____. *Lógica Jurídica*. São Paulo: José Bushatsky, 1976.

VILLEGAS, Hector. *Curso de finanzas, derecho financiero y tributario*. 2. ed. Buenos Aires: Depalma, 1975.

ZILVETI, Fernando Aurelio. *Princípios de direito tributário e a capacidade contributiva*. São Paulo: Quartier Latin, 2004.

_____. "O princípio da realização da renda". Direito Tributário. SCHOUERI, Luís Eduardo (Coord.). São Paulo: Quartier Latin, 2003.

_____. *Capacidade contributiva e mínimo existencial*. In: SCHOUERI, Luís Eduardo; ZILVETI, Fernando Aurelio (Coord.). *Direito tributário*. Estudos em homenagem a Brandão Machado. São Paulo: Dialética, 1998.

Impressão e Acabamento

Bartira
Gráfica
(011) 4393-2911